# Das wirtschaftliche Eigentum an Aktien

# Europäische Hochschulschriften
## Publications Universitaires Européennes
## European University Studies

### Reihe II
### Rechtswissenschaft

Série II   Series II
Droit
Law

**Bd./Vol. 4744**

# PETER LANG
Frankfurt am Main · Berlin · Bern · Bruxelles · New York · Oxford · Wien

Kathleen Kolbinger

# Das wirtschaftliche Eigentum an Aktien

PETER LANG
Internationaler Verlag der Wissenschaften

**Bibliografische Information der Deutschen Nationalbibliothek**
Die Deutsche Nationalbibliothek verzeichnet diese Publikation
in der Deutschen Nationalbibliografie; detaillierte bibliografische
Daten sind im Internet über <http://www.d-nb.de> abrufbar.

Zugl.: Passau, Univ., Diss., 2008

Gedruckt auf alterungsbeständigem,
säurefreiem Papier.

D 739
ISSN 0531-7312
ISBN 978-3-631-58233-6

© Peter Lang GmbH
Internationaler Verlag der Wissenschaften
Frankfurt am Main 2008
Alle Rechte vorbehalten.

Printed in Germany 1 2 3 4 5   7

www.peterlang.de

*Meinen Eltern und Martin*

# Vorwort

Die vorliegende Arbeit wurde im März 2008 von der Juristischen Fakultät der Universität Passau als Dissertation angenommen.

Danken möchte ich zuerst meinem Doktorvater, Herrn Professor Dr. Hartmut Söhn, der mich zur Aufnahme der Arbeit motiviert und mich während ihrer Entstehung neben meiner beruflichen Tätigkeit stets begleitet hat. Seine zahlreichen Anregungen, seine persönliche Unterstützung und der große Freiraum, den er mir gewährt hat, waren mir eine unverzichtbare Hilfe.

Mein herzlicher Dank gilt auch Herrn Professor Dr. Herbert Bethge für die äußerst rasche Erstellung des Zweitgutachtens. Die Zeit an seinem Lehrstuhl und das, was ich von ihm lernen durfte, habe ich als große Bereicherung empfunden.

Bei der Juristischen Fakultät der Universität Passau insgesamt möchte ich mich bedanken für die hervorragende und engagierte Ausbildung, die ich dort erfahren habe.

Mein Interesse am Thema dieser Arbeit hat Herr Dr. Hubert Schmid, Partner der Kanzlei Clifford Chance in Frankfurt am Main, geweckt.

Ganz besonders dankbar bin ich meinen Eltern, die mir meine gesamte Ausbildung ermöglicht und mich stets bedingungslos unterstützt haben, und meinem Mann Martin, der mir immer zur Seite steht.

München, im April 2008                                   *Kathleen Kolbinger*

# Inhaltsverzeichnis

12

# Literaturverzeichnis

*Adler/Düring/Schmaltz*: Rechnungslegung und Prüfung der Unternehmen, Kommentar zum HGB, AktG, GmbHG, PublG nach den Vorschriften des Bilanzrichtlinien-Gesetzes (zitiert: *ADS*), Teilband 6, 6. Auflage, Stuttgart 1998.

*Assmann*, Heinz-Dieter/*Schütze*, Rolf A.: Handbuch des Kapitalanlagerechts (zitiert: Assmann/Schütze-*Bearbeiter*), 3. Auflage, München 2007.

*Baetge*, Jörg/*Kirsch*, Hans-Jürgen/*Thiele*, Stefan: Bilanzen, 9. Auflage, Düsseldorf 2007.

*Ball*, Kurt: Steuerrecht und Privatrecht (Theorie des selbständigen Steuerrechtssystems), Mannheim/Berlin/Leipzig 1924.

*Baumbach*, Adolf/*Hopt*, Klaus J.: Handelsgesetzbuch (zitiert: Baumbach/Hopt-*Bearbeiter*), 32. Auflage, München 2006.

*Baur*, Jürgen F./*Stürner*, Rolf: Sachenrecht, 17. Auflage, München 1999.

*Becker*, Enno: Die Reichsabgabenordnung, Berlin 1924.

–: Steuerrecht und Privatrecht, in: StuW 1934, S. 301 ff.

*Beck'scher Bilanz-Kommentar*: Handels- und Steuerbilanz – §§ 238 bis 339, 342 bis 342e HGB (zitiert: *Bearbeiter* in: Beck Bil-Komm.), 6. Auflage, München 2006.

*Beisse*, Heinrich: Die wirtschaftliche Betrachtungsweise bei der Auslegung der Steuergesetze in der neueren deutschen Rechtsprechung, in: StuW 1981, S. 1 ff.

–: Handelsbilanzrecht in der Rechtsprechung des BFH, in: BB 1980, S. 637 ff.

*Biergans*, Enno/*Stockinger*, Roland: Zum Einkommensbegriff und zur persönlichen Zurechnung von Einkünften im Einkommensteuerrecht (II), in: FR 1982, S. 25 ff.

*Blümich*: Einkommensteuergesetz, Körperschaftsteuergesetz, Gewerbesteuergesetz (zitiert: Blümich-*Bearbeiter*), Band 1 (§§ 1 bis 8 EStG, Losebl.), Band 2 (§§ 9 bis 24 EStG, Losebl.), München, Stand Mai 2007.

*Böcking*, Hans-Joachim: Betriebswirtschaftslehre und wirtschaftliche Betrachtungsweise im Bilanzrecht, in: Handelsbilanzen und Steuerbilanzen, Festschrift zum 70. Geburtstag von Prof. Dr. Heinrich Beisse, Düsseldorf 1997, S. 85 ff.

*Costede*, Jürgen: Die Aktivierung von Wirtschaftsgütern im Einkommensteuerrecht, in: StuW 1995, S. 115 ff.

*Crezelius*, Georg: Das Handelsbilanzrecht in der Rechtsprechung des Bundesfinanzhofes, in: ZGR 1987, S. 1 ff.

*Dautel*, Ralph: Repo-Geschäfte in der Steuerbilanz, in: BB 2000, S. 1287 ff.

–: Wertpapier-Darlehen in der Steuerbilanz, in: DB 2000, S. 495 ff.

*Dexheimer*, Friedrich Phillip: Der Eigentumsbegriff des Steuerrechts, Bückeburg 1931.

*Döllerer*, Georg: Leasing – wirtschaftliches Eigentum oder Nutzungsrecht?, in: BB 1971, S. 535 ff.

–: Maßgeblichkeit der Handelsbilanz in Gefahr, in: BB 1971, 1333 ff.

*Dörge*, Andreas: Wertpapierleih- und Wertpapierpensionsgeschäfte, in: AG 1997, S. 396 ff.

*Dötsch*, Ewald/*Eversberg*, Horst/*Jost*, Werner F./*Witt*, Georg: Die Körperschaftsteuer (zitiert: Dötsch/Eversberg/Jost/Witt-*Bearbeiter*), Band 2 (§§ 8 Abs. 3 bis 8b KStG nF), Stuttgart, Stand Juli 2007.

*Eibelshäuser*, Manfred: Wirtschaftliche Betrachtungsweise im Steuerrecht – Herkunft und Bedeutung, in: DStR 2002, S. 1426 ff.

*Einsele*, Dorothee: Wertpapierrecht als Schuldrecht – Funktionsverlust von Effektenurkunden im internationalen Rechtsverkehr, Tübingen 1995.

–: Wertpapiere im elektronischen Bankgeschäft, in: WM 2001, S. 7 ff.

*Ekkenga*, Jens: Gibt es wirtschaftliches Eigentum im Handelsbilanzrecht? – Besprechung der Entscheidung BGH II ZR 164/94, in: ZGR 1997, S. 262 ff.

*Falterbaum*, Hermann/*Bolk*, Wolfgang/*Reiß*, Wolfram/*Eberhart*, Roland: Buchführung und Bilanz, 20. Auflage, Achim 2007.

*Federmann*, Rudolf: Bilanzierung nach Handelsrecht und Steuerrecht, 11. Auflage, Berlin 2000.

*Freericks*, Wolfgang: Bilanzierungsfähigkeit und Bilanzierungspflicht in Handels- und Steuerbilanz, Köln/Berlin/Bonn/München 1976.

*Gieseke*, Horst: Die Ordnungsfunktion des Zivilrechts für die steuerliche Zurechnung, in: DStR 1982, S. 478 ff.

*Grimm*, Claus: Das Steuerrecht im Spannungsfeld zwischen wirtschaftlicher Betrachtungsweise und Zivilrecht, in: DStZ 1978, S. 283 ff.

*Groh*, Manfred: Die wirtschaftliche Betrachtungsweise im rechtlichen Sinne, in: StuW 1989, S. 227 ff.

*Hahne*, Klaus D.: Auslegungs- und Anwendungsfragen zur gesetzlichen Neuregelung für Aktiengeschäfte um den Ausschüttungstermin – Kritische Analyse des § 20 Abs. 1 Nr. 1 Satz 4 EStG n.F., in: DStR 2007, S. 605 ff.

–: Zeitpunkt des Übergangs des wirtschaftlichen Eigentums bei girosammelverwahrten Aktien – Erwiderung zum Beitrag von Rau, DStR 2007, S. 1192, in: DStR 2007, S. 1196 ff.

*Hannack*, Karlheinz: Das wirtschaftliche Eigentum im Sinne des § 11 StAnpG, Emsdetten 1962.

*Haun*, Jürgen/*Winkler*, Hartmut: Vertragsgestaltungen zur Verlagerung des Zeitpunkts der Besteuerung bei Anteilsveräußerungen, in: DStR 2001, S. 1195 ff.

*Häuselmann*, Holger: Wertpapier-Darlehen in der Steuerbilanz, in: DB 2000, S. 495 ff.

–: Repo-Geschäfte in der Steuerbilanz, in: BB 2000, S. 1287 ff.

–: Das richtige „Timing" bei der Kapitaleinkünftebesteuerung, in: DStR 2001, S. 597 ff.

–: Das Ende des „Steuerschlupfloches" Wertpapierleihe – Die Erfassung von Aktienleihgeschäften nach § 8b Abs. 10 KStG in der Fassung des Unternehmensteuerreformgesetzes 2008, in: DStR 2007, S. 1379 ff.

*Häuselmann*, Holger/*Wagner*, Siegfried: Pensions- und Wertpapierleihgeschäfte unter dem Halbeinkünfteverfahren, in: FR 2003, S. 331 ff.

*Häuselmann*, Holger/*Wiesenbart*, Thomas: Die Bilanzierung und Besteuerung von Wertpapierleihgeschäften, in: DB 1990, S. 2129 ff.

*Heidner*, Hans-Herrmann: Die rechtsgeschäftliche Treuhand im Steuerrecht, in: DStR 1989, S. 305 ff.

–: Die Behandlung von Treuhandverhältnissen in der Abgabenordnung, in: DB 1996, S. 1203 ff.

*Herrmann*, Carl/*Heuer*, Gerhard/*Raupach*, Arndt: Einkommensteuer- und Körperschaftsteuergesetz (zitiert: H/H/R-*Bearbeiter*), Band 2 (§§ 2 bis 3 Nr. 65 EStG, Loseblatt), Band 15 (§§ 1 bis 9 KStG, Loseblatt) Köln, Stand Mai 2007.

*Hinz*, Michael: Bilanzierung von Pensionsgeschäften, in: BB 1997, S. 1153 ff.

*Hirte*, Heribert: Kapitalgesellschaftsrecht, 5. Auflage, Köln 2006.

*Horn*, Norbert: Die Erfüllung von Wertpapiergeschäften unter Einbeziehung eines Zentralen Kontrahenten an der Börse – Sachenrechtliche Aspekte, in: WM 2002, Sonderbeilage Nr. 2, S. 3 ff.

*Hübschmann*, Walter/*Hepp*, Ernst/*Spitaler*, Armin: Abgabenordnung, Finanzgerichtsordnung (zitiert: HHSp-*Bearbeiter*), Band 2 (§§ 5 bis 50 AO, Loseblatt), Köln, Stand Juli 2007.

*Hueck*, Alfred/*Canaris*, Claus-Wilhelm: Recht der Wertpapiere, 12. Auflage, München 1986.

*Hüffer*, Uwe: Aktiengesetz, 7. Auflage, München 2006.

*Jarass*, Hans D./*Pieroth*, Bodo: Grundgesetz (zitiert: Jarass/Pieroth-*Bearbeiter*), 9. Auflage, München 2007.

*Kirchhof*, Paul/*Söhn*, Hartmut: Einkommensteuergesetz (zitiert: Kirchhoff/Söhn-*Bearbeiter*), Band 2 (§§ 1a bis 2b, Loseblatt), Band 4 (§ 3b bis 4 Teil E, Loseblatt), Heidelberg, Stand August 2007.

*Klein*, Franz: Abgabenordnung (zitiert: Klein-*Bearbeiter*), 8. Auflage, München 2003.

*Knapp*, Lotte: Was darf der Kaufmann als seine Vermögensgegenstände bilanzieren?, in: DB 1971, S. 1121 ff.

*Knobbe-Keuk*, Brigitte: Bilanz- und Unternehmensteuerrecht, 9. Auflage, Köln 1993.

*Koch*, Karl/*Scholtz*, Rolf-Detlev: Abgabenordnung (zitiert: Koch/Scholtz-*Bearbeiter*), 5. Auflage, Köln/Berlin/Bonn/München 1996.

*Körner*, Werner/*Weiken*, Heinz: Wirtschaftliches Eigentum nach § 5 Abs. 1 S. 1 EStG – Ausweis fremder Wirtschaftsgüter in der Bilanz aufgrund zeitlich begrenzter Nutzungsrechte, in: BB 1992, S. 1033 ff.

*Krause*, Martin: Zivilrechtliche Aspekte des Aktienhandels um den Dividendenstichtag unter besonderer Berücksichtigung des Dividendenstrippings, in: WM 1999, S. 1101 ff.

*Kruse*, Heinrich Wilhelm: Lehrbuch des Steuerrechts, Band I, München 1991.

*Kühn*, Rolf/*von Wedelstädt*, Alexander: Abgabenordnung und Finanzgerichtsordnung (zitiert: Kühn/v.Wedelstädt-*Bearbeiter*), 18. Auflage, Stuttgart 2004.

*Kümpel*, Siegfried: Bank- und Kapitalmarktrecht, 3. Auflage, Köln 2004.

–: Zur Girosammelverwahrung und Registerumschreibung der vinkulierten Namensaktien, in: WM 1983, Sonderbeilage Nr. 8, S. 1 ff.

*Küting*, Karlheinz/*Weber*, Claus-Peter: Handbuch der Rechnungslegung, Einzelabschluss (zitiert: Küting/Weber-*Bearbeiter*, HdR), Band I (Loseblatt), 5. Auflage, Stuttgart, Stand November 2006.

*Lenenbach*, Markus: Kapitalmarkt- und Börsenrecht, Köln 2002.

*Ley*, Ursula: Der Begriff ‚Wirtschaftsgut' und seine Bedeutung für die Aktivierung, 2. Auflage, Bergisch Gladbach/Köln 1987.

*Liebisch*, Arnold: Steuerrecht und Privatrecht, Köln 1933.

*Lorenz*, Karsten: Wirtschaftliche Vermögenszugehörigkeit im Bilanzrecht, Düsseldorf 2002.

*Martens*, Joachim: Wirtschaftliches Miteigentum, in: DStR 1962/63, S. 426 ff.

*Medicus*, Dieter: Bürgerliches Recht, 20. Auflage, München 2004.

*Meyer-Scharenberg*, Dirk E.: Vermögensgegenstand und Wirtschaftsgutbegriff, in: SteuerStud 1988, S. 299 ff.

*Mildner*, Martin: Kommentar zum Urteil des BFH VIII R 28/02 vom 17.02.2004, in: GmbHR 2004, S. 1041 ff.

*Moxter*, Adolf: Bilanzrechtsprechung, 6. Auflage, Tübingen 2007.

–: Zur wirtschaftlichen Betrachtungsweise im Bilanzsteuerrecht, in: StuW 1989, S. 232 ff.

*Mühlhäuser*, Felix/*Stoll*, Heiko: Besteuerung von Wertpapierdarlehens- und Wertpapierleihgeschäften, in: DStR 2002, S. 1597 ff.

*Münchener Kommentar zum Aktiengesetz*: (zitiert: MüKoAktG-*Bearbeiter*), Band 1 (§§ 1 bis 53), 2. Auflage, München 2000; Band 2 (§§ 53a bis 75), 2. Auflage, München 2003; Band 4 (§§ 118 bis 147), 2. Auflage, München 2004.

*Münchener Kommentar zum Handelsgesetzbuch*: (zitiert: MüKoHGB-*Bearbeiter*), Band 5 (§§ 343 bis 372), München 2001.

*Mutze*, Otto: Rechtliches oder wirtschaftliches Eigentum?, in: NJW 1963, S. 513 ff.

*Oho*, Wolfgang/*von Hülst*, Rüdiger: Steuerrechtliche Aspekte der Wertpapierleihe und des Repo-Geschäfts, in: DB 1992, S. 2582 ff.

*Pahlke*, Armin/*Koenig*, Ulrich: Abgabenordnung (zitiert: Pahlke/Koenig-*Bearbeiter*), München 2004.

*Prahl*, Reinhard/*Naumann*, Thomas K.: Überlegungen für eine sachgerechte Bilanzierung der Wertpapierleihe, in: WM 1992, S. 1173 ff.

*Palandt*, Otto: Bürgerliches Gesetzbuch (zitiert: Palandt-*Bearbeiter*), 66. Auflage, München 2007.

*Rau*, Stephan: Zeitpunkt des Übergangs des wirtschaftlichen Eigentums bei girosammelverwahrten Aktien; Kapitalertragsteuer bei Leerverkäufen über den Dividendenstichtag, in: DStR 2007 S. 1192 ff.

*Rau*, Stephan/*Sahl*, Ottmar: Dividendenstripping: Nachbetrachtung auf ein denkwürdiges Urteil und Ausblick auf weitere Entwicklungen, in: BB 2000, S. 1112 ff.

*Rund*, Thomas: Zeitliche Verlagerung der Besteuerung von Anteilsveräußerungen i.S.d. § 17 EStG in das Halbeinkünfteverfahren: Hinweise zur Vertragsgestaltung bei vorzeitigem Vertragsschluß, in: GmbHR 2001, S. 96 ff.

*Schiffbauer*, Siegfried: Das wirtschaftliche Eigentum im Steuerrecht, in: StuW 1956, Sp. 457 ff.

*Schimansky*, Herbert/*Bunte*, Hermann-Josef/*Lwowski*, Hans-Jürgen: Bankrechts-Handbuch (zitiert: Schimansky/Bunte/Lwowski-*Bearbeiter*), Band II, 3. Auflage, München 2007.

*Schmid*, Hubert/*Mühlhäuser*, Felix: Wirtschaftliches Eigentum und Gewinnrealisierung bei der Wertpapierleihe, in: BB 2001, S. 2609 ff.

*Schmid*, Hubert/*Stoll*, Heiko: Steuerliche Behandlung des echten Wertpapierpensionsgeschäfts nach dem Dividendenstripping-Urteil des BFH, in: DStR 2001, S. 2137 ff.

*Schmidt*, Karsten: Gesellschaftsrecht, 4. Auflage, Köln/Berlin/Bonn/München 2002.

*Schmidt*, Ludwig: Einkommensteuergesetz (zitiert: Schmidt/*Bearbeiter*), 26. Auflage, München 2007.

*Schmitt*, Joachim/*Hörtnagl*, Robert/*Stratz*, Rolf-Christian: Umwandlungsgesetz, Umwandlungssteuergesetz (zitiert: Schmitt/Hörtnagl/Stratz-*Bearbeiter*), 4. Auflage, München 2006.

*Scholz*, Franz: Kommentar zum GmbH-Gesetz (zitiert: Scholz-*Bearbeiter*), I. Band (§§ 1 bis 44, Anh. Konzernrecht), 9. Auflage, Köln 2000.

*Schwintowski*, Hans-Peter/*Schäfer*, Frank A.: Bankrecht (zitiert: Schwintowski/Schäfer-*Bearbeiter*), 2. Auflage, Köln/Berlin/Bonn/München 2004.

*Seeliger*, Gerhard: Der Begriff des wirtschaftlichen Eigentums im Steuerrecht, Stuttgart 1962.

–: Wirtschaftliches Eigentum und steuerliche Zurechnung, in: DStR 1962/63, S. 645 ff.

*Seibt*, Christoph H.: Unternehmenskauf und –verkauf nach dem Steuersenkungsgesetz, in: DStR 2000, S. 2061 ff.

*Sorgenfrei*, Ulrich: Einzelaspekte des Dividenden-Stripping, in: FR 2001, S. 291 ff.

*Stelling*, Walter: Das wirtschaftliche Eigentum im Steuerrecht, in: VJSchrStuFR 1933, S. 159 ff.

*Stengel*, Gerhard: Die persönliche Zurechnung von Wirtschaftsgütern im Einkommensteuerrecht, Berlin 1990.

*Stobbe*, Thomas: Die Verknüpfung handels- und steuerrechtlicher Rechnungslegung – Maßgeblichkeitsausprägungen de lege lata et ferenda, in: Schriften zum Steuerrecht, Band 39, München 1991.

–: Ist der Maßgeblichkeitsgrundsatz bei der Zurechnung des wirtschaftlichen Eigentums anwendbar?, in: BB 1990, S. 518 ff.

*Storg*, Alexander: Kapitalertragsteuer bei Leerverkäufen, in: NWB 2007, Fach 3, S. 14327 ff.

*Streck*, Michael: Körperschaftsteuergesetz mit Nebengesetzen (zitiert: Streck-*Bearbeiter*), 6. Auflage, München 2003 (Nachtrag März 2004).

*Tipke*, Klaus/*Kruse*, Heinrich Wilhelm: Abgabenordnung, Finanzgerichtsordnung (zitiert: T/K-*Bearbeiter*), Band I (§§ 1 bis 154 AO, Loseblatt), Köln, Stand August 2007.

*Tipke*, Klaus/*Lang*, Joachim: Steuerrecht (zitiert: Tipke/Lang-*Bearbeiter*), 18. Auflage, Köln 2005.

*Troll*, Max/*Gebel*, Dieter/*Jülicher*, Marc: Erbschaftsteuer- und Schenkungsteuergesetz (zitiert: Troll/Gebel/Jülicher-*Bearbeiter*), München, Loseblatt, Stand 15. Februar 2007.

*Tschesche*, Frank: Die Übertragung wirtschaftlichen Eigentums an Anteilen von Kapitalgesellschaften, in: Wpg 2002, S. 965 ff.

*Unfried*, Alexander: Besteuerung des Dividendenstripping nach der neueren Rechtsprechung des BFH, in: DStR 2000, S. 993 ff.

*Walz,* Rainer: Wirtschaftsgüter und wirtschaftliches Eigentum. Rechtsvergleichende Überlegungen zur Gegenstandswelt von Zivilrecht und Steuerrecht, in: Unternehmenspolitik und internationale Besteuerung, Festschrift für Lutz Fischer zum 60. Geburtstag, Berlin 1999, S. 463 ff.

*Wassermeyer,* Franz: Auswirkungen der neueren Entscheidungen des Großen Senats zum Bilanzsteuerrecht, in: DB 2001, S. 1053 ff.

*Weber,* Heinz: Der Begriff des wirtschaftlichen Eigentums im Steuerrecht, Münster 1955.

*Weber-Grellet,* Heinrich: Steuerbilanzrecht, München 1996.

*Werndl,* Josef: Wirtschaftliches Eigentum, Wien 1983.

*Westerfelhaus,* Herwarth: Zwei-Stufen-Ermittlung zum bilanzierungsfähigen Vermögensgegenstand, in: DB 1995, S. 885 ff.

*Wilhelm,* Jan: Kapitalgesellschaftsrecht (zitiert aus Kapitel G: Wilhelm/*Brauer*), 2. Auflage, Berlin 2005.

*Winnefeld,* Robert: Bilanzhandbuch, 4. Auflage, München 2006.

# Einführung

Das sogenannte „wirtschaftliche Eigentum" im Steuerrecht war bereits Gegenstand zahlreicher Abhandlungen.[1] Diese Arbeit will daher weder das wirtschaftliche Eigentum generell in Frage stellen,[2] noch erneut versuchen, den Begriff allgemein inhaltlich zu bestimmen. Vielmehr soll der Terminus, der sich im Laufe der Jahre herausgebildet hat, in Beziehung gesetzt werden zu einer bestimmten Gattung von Wirtschaftsgütern – den Aktien.

Ziel dieser Arbeit ist es, Kriterien für die vom zivilrechtlichen Eigentum abweichende Zurechnung von Aktien herauszuarbeiten. Dazu werden die Merkmale, anhand derer nach Aussagen der Rechtsprechung[3] und Literatur wirtschaftliches Eigentum an Aktien angenommen wird, daraufhin untersucht, ob sie diesem Ziel tatsächlich gerecht werden. Dies gilt insbesondere im Hinblick auf die heute übliche Verwahrart der Girosammelverwahrung und die Übertragung im Wege des Effektengiroverkehrs. Aufgeworfen wird letztlich die Frage, ob es ein vom zivilrechtlichen Eigentum abweichendes wirtschaftliches Eigentum an Aktien überhaupt gibt und was dem Steuersubjekt eigentlich zugerechnet wird.

Von Interesse sind dabei nicht die Fälle, für welche in § 39 Abs. 2 Nr. 1 Satz 2 AO und § 39 Abs. 2 Nr. 2 AO bereits eine gesetzliche Lösung existiert, sondern diejenigen, für die eine solche explizite Regelung fehlt. Nicht Gegenstand dieser Arbeit sind außerdem die Wertpapierpensions- und Wertpapierdarlehensgeschäfte, bei denen die Fragen des wirtschaftlichen Eigentums an den gegenständlichen Wertpapieren und der Zurechnung der während der Pensions-/Darlehenszeit anfallenden Wertpapiererträge bislang noch einer höchstrichterlichen Klärung harrten[4] und auch in der Literatur wie in der Finanzverwaltung bis

---

1   Vgl. nur *Dexheimer*, Der Eigentumsbegriff des Steuerrechts, 1931; *Hannack*, Das wirtschaftliche Eigentum im Sinne des § 11 StAnpG, 1962; *Seeliger*, Der Begriff des wirtschaftlichen Eigentums im Steuerrecht, 1962; *Stengel*, Die persönliche Zurechnung von Wirtschaftsgütern im Einkommensteuerrecht, 1990; *Weber*, Der Begriff des wirtschaftlichen Eigentums im Steuerrecht, 1955; *Werndl*, Wirtschaftliches Eigentum, 1983.

2   Vgl. dazu noch *Mutze*, NJW 1963, 513 (517) und die Replik von *Seeliger*, DStR 1962/63, 645 (646 ff.).

3   Vgl. insbesondere das sog. Dividendenstripping-Urteil: BFH I R 29/97, v. 15.12.1997, BStBl. II 2000, 527.

4   Allein der Große Senat des BFH hat in seinem Beschluß GrS 1/81, v. 29.11.1982, BStBl. II 1983, 272 ff., zu Pensionsgeschäften Stellung genommen und nur darüber

heute in Teilen umstritten sind.[5] Diese Geschäfte finden nun eine gesetzliche Regelung in § 8b Abs. 10[6] KStG.

---

entschieden, wem die (Zins-)Erträge von Pfandbriefen während der Dauer eines echten Pensionsgeschäftes zustehen. Nach Ansicht des Großen Senates des BFH kam es darauf, wem die Wertpapiere während der Pensionszeit wirtschaftlich zuzurechnen sind und wer sie demgemäß in der Bilanz zu aktivieren hat, für die Entscheidung nicht an, so daß diese ebenfalls zur Entscheidung vorgelegte Rechtsfrage nicht letztinstanzlich beantwortet ist.

5   Vgl. die Erlasse des BMF IV B 2 – S 2134 – 2/90, v. 03.04.1990, DStR 1990, 713 zur Wertpapierleihe und IV B 2 – S 2170 21/83, v. 12.07.1983, BStBl. I 1983, 392 zu Wertpapierpensionsgeschäften sowie exemplarisch *ADS*, § 246 HGB Rn. 336 ff.; *Dautel*, BB 2000, 1287 ff.; *ders.*, DB 2000, 495 ff.; *Dörge*, AG 1997, 396 ff.; *Förschle/Kroner* in: Beck Bil-Komm., § 246 HGB Rn. 24 ff.; *Förschle* in: Beck Bil-Komm., § 246 HGB Rn. 175 f.; *Häuselmann/Wagner*, FR 2003, 331 ff.; *Häuselmann*, BB 2000, 1287 ff.; *ders.*, DB 2000, 495 ff.; *Häuselmann/Wiesenbart*, DB 1990, 2129 ff.; *Hinz*, BB 1991, 1153 ff.; *Mühlhäuser/Stoll*, DStR 2002, 1597 ff.; *Oho/v.Hülst*, DB 1992, 2582; *Prahl/Naumann*, WM 1992, 1173 ff.; *Schmid/Mühlhäuser*, BB 2001, 2609 ff.; *Schmid/Stoll*, DStR 2001, 2137 ff.; Schmidt/*Weber-Grellet*, § 5 Rn. 270 „Pensionsgeschäfte", „Wertpapierleihe".

6   BGBl. I 2007, 1912 (1928). Vgl. dazu auch *Häuselmann*, DStR 2007, 1379 ff.

26

# Kapitel 1: Der Begriff des wirtschaftlichen Eigentums

Der heute für das Steuerrecht maßgebende Begriff des wirtschaftlichen Eigentums wurde im wesentlichen von *Gerhard Seeliger* in seiner gleichnamigen Schrift aus dem Jahr 1962 entwickelt und später vom Bundesfinanzhof im *Leasing-Urteil* vom 26. Januar 1970[7] übernommen.

## A. Die Seeliger-Formel

Wirtschaftlicher Eigentümer ist nach der sogenannten *Seeliger-Formel*,[8] „wer die tatsächliche Herrschaft über ein Wirtschaftsgut in der Weise ausübt, daß dadurch der nach bürgerlichem Recht Berechtigte auf Dauer von der Einwirkung auf das Wirtschaftsgut (rechtlich oder) wirtschaftlich ausgeschlossen ist. Der nach bürgerlichem Recht Berechtigte ist dann (rechtlich oder) wirtschaftlich von der Einwirkung ausgeschlossen, wenn ihm kein oder nur ein bedeutungsloser Herausgabeanspruch zusteht oder wenn er das Wirtschaftsgut herauszugeben verpflichtet ist." Im *Leasing-Urteil*[9] schloß sich der Bundesfinanzhof dieser von Seeliger entwickelten Formel ausdrücklich an und bestätigte: „... daß der wirtschaftliche Eigentümer nicht durch gewisse positive Möglichkeiten (Gebrauchen, Nutzen, Zerstören des Wirtschaftsgutes), auch nicht durch die Möglichkeit, Dritte von der Einwirkung auf das Wirtschaftsgut auszuschließen, sondern allein dadurch charakterisiert wird, daß er im Regelfall, das heißt in dem für die Situation typischen Fall, den rechtlichen Eigentümer für dauernd von der Einwirkung auf das Wirtschaftsgut wirtschaftlich ausschließen kann, so daß ein Herausgabeanspruch des Eigentümers keine wirtschaftliche Bedeutung mehr hat." Damit waren die bis dahin wahrgenommenen, erfolglosen Versuche,[10] das wirtschaftliche Eigentum in

---

7   BFH IV R 144/66, v. 26.01.1970, BStBl. II 1970, 264 (272), noch in Bezug auf § 11 StAnpG, die Vorgängernorm von § 39 AO. Dessen Einführung sollte an dem bis dahin von der Rechtsprechung konkretisierten Rechtsbegriff „wirtschaftliches Eigentum" allerdings nichts ändern, vgl. BT-Drs. VI/1982, S. 92 (113); BT-Drs. 7/4292, S. 39.
8   *Seeliger*, Der Begriff des wirtschaftlichen Eigentums im Steuerrecht, 1962, S. 89 f.
9   BFH IV R 144/66, v. 26.01.1970, BStBl. II 1970, 264 (272).
10  Vgl. nur *Dexheimer*, Der Eigentumsbegriff des Steuerrechts, 1931, S. 46 ff., 66 ff.; *Hannack*, Das wirtschaftliche Eigentum im Sinne des § 11 StAnpG, 1962, S. 52;

Anlehnung an die positiven Nutzungs- und Herrschaftsbefugnisse eines zivilrechtlichen Eigentümers allgemein inhaltlich zu bestimmen, überholt.

In der Folge wurde die – negative – Seeliger-Formel auf Vorschlag des Finanzausschusses des Bundestages in § 39 Abs. 2 Nr. 1 Satz 1 AO 1977 gesetzlich verankert. Dort heißt es seitdem: „Übt ein anderer als der Eigentümer die tatsächliche Herrschaft über ein Wirtschaftsgut in der Weise aus, daß er den Eigentümer im Regelfall für die gewöhnliche Nutzungsdauer von der Einwirkung auf das Wirtschaftsgut wirtschaftlich ausschließen kann, so ist ihm das Wirtschaftsgut zuzurechnen." Gleichzeitig wurden in § 39 AO wie bereits in § 11 des Steueranpassungsgesetzes (StAnpG) Regelungen für Treuhandverhältnisse, Sicherungseigentum, den Eigenbesitz und das Gesamthandseigentum getroffen. Der Begriff des wirtschaftlichen Eigentums wird daher in erster Linie mit § 39 Abs. 2 AO verbunden.[11] Eine ausdrückliche Legaldefinition des wirtschaftlichen Eigentums existierte jedoch nie. Wirtschaftliches Eigentum ist also kein subsumtionsfähiger juristischer Begriff. Es handelt sich eher um die untechnische Umschreibung einer Vielzahl zivilrechtlich ungleichartiger Situationen, die Nichteigentümern zu einer Rechtsposition verhelfen, die der eines bürgerlich-rechtlichen Eigentümers gleichkommt. Als wirtschaftlicher Eigentümer eines Wirtschaftsgutes wird derjenige angesehen, der über das Wirtschaftsgut eine Herrschaftsmacht besitzt, wie sie sonst eigentlich nur dem zivilrechtlich Berechtigten zukommt mit der Folge, daß er – wirtschaftlich betrachtet[12] – als Eigentümer anzusehen ist. Wirtschaftliches Eigentum bedeutet mithin, daß ein Dritter über Gegenstände wie über eigenes Vermögen verfügt.[13] Sachherrschaft, die eine Person ausschließlich oder ganz überwiegend im Interesse (für Rechnung) eines Dritten ausüben darf und auch tatsächlich ausübt, begründet dagegen kein wirtschaftliches Eigentum dieser Person.[14] Wann jemand wirtschaftlicher Eigentümer eines Wirtschaftsgutes ist, kann nicht pauschal beantwortet werden. Erforderlich ist eine Einzelfallbetrachtung, wobei die Voraussetzungen je nach Wirtschaftsgut differieren können. Vor-

---

*Schiffbauer*, StuW 1956, Sp. 457 ff.; die Verweise von *Seeliger* in: Der Begriff des wirtschaftlichen Eigentums im Steuerrecht, 1962, S. 21 ff.; *Stelling*, Das wirtschaftliche Eigentum im Steuerrecht, VJSchrStuFR 1933, 159 (253); *Weber*, Der Begriff des wirtschaftlichen Eigentums im Steuerrecht, 1955, S. 80.

11 Vgl. nur *ADS*, HGB, § 246 Rn. 262; *Förschle/Kroner* in: Beck Bil-Komm., § 246 HGB Rn. 6; *Falterbaum/Bolk/Reiß/Eberhart*, Buchführung und Bilanz, S. 432; Klein-*Brockmeyer*, § 39 Rn. 1; *Knobbe-Keuk*, Bilanz- und Unternehmensteuerrecht, S. 72; Koch/Scholtz-*Hoffmann*, § 39, Rn. 6; Pahlke/Koenig-*Koenig*, § 39 Rn. 13; Schmidt/*Seeger*, § 2 Rn. 40; T/K-*Kruse*, AO, § 39 Tz. 3; Tipke/Lang-*Lang*, Steuerrecht, § 5 Rz. 111; *Weber-Grellet*, Steuerbilanzrecht, § 14 Rn. 2.

12 Zur wirtschaftlichen Betrachtungsweise ausführlicher siehe unten Kapitel 1 D.II.

13 Vgl. BFH VIII R 170/74, v. 03.11.1976, BStBl. II 1977, 206.

14 Vgl. BFH VIII R 193/83, v. 27.09.1988, BStBl. II 1989, 414 (415).

liegend sollen ausschließlich die für Aktien maßgeblichen Kriterien herausgestellt werden.

## B. Historische Entwicklung

Der Begriff des wirtschaftlichen Eigentums hat bereits eine längere Tradition.[15] Er entwickelte sich in Konsequenz der im Steuerrecht Ende des 19. und Anfang des 20. Jahrhunderts maßgeblich werdenden wirtschaftlichen Betrachtungsweise.[16] Durch die Kodifikation der §§ 4, 80 Reichsabgabenordnung (RAO)[17] 1919 sowie des § 11 StAnpG[18] 1934[19] wurde diese Entwicklung beschleunigt. In der Folge fand „der wirtschaftliche Eigentümer" als Arbeitsbegriff Eingang in die Rechtsprechung des Reichsfinanzhofes,[20] was die bis 1920 nahezu ausschließliche Maßgeblichkeit[21] des zivilrechtlichen Eigentums und der zivilrechtlichen Formen für die Besteuerung beendete. Ein wesentliches Motiv für die Einführung der wirtschaftlichen Betrachtungsweise in §§ 4, 80 RAO 1919 war der hohe fi-

---

15 Ausfühlich zur geschichtlichen Entwicklung des Begriffs: *Hannack*, Das wirtschaftliche Eigentum im Sinne des § 11 StAnpG, 1962, S. 16 ff.; *Weber*, Der Begriff des wirtschaftlichen Eigentums im Steuerrecht, 1955, S. 24 ff.

16 Dazu unter Kapitel 1 D.II ausführlicher.

17 *§ 4 RAO*: „Bei der Auslegung der Steuergesetze sind ihr Zweck, ihre wirtschaftliche Bedeutung und die Entwicklung der Verhältnisse zu berücksichtigen."; *§ 80 Abs. 1 Satz 1 RAO 1919*: „Wer einen Gegenstand als ihm gehörig besitzt, wird im Sinne der Steuergesetze wie ein Eigentümer behandelt."; ab 1931 wortgleich die §§ 9, 98 RAO.

18 *§ 11 StAnpG 1934*: Für die Zurechnung bei der Besteuerung gelten, soweit nichts anderes bestimmt ist, die folgenden Vorschriften:
   1. Wirtschaftsgüter, die zum Zweck der Sicherung übereignet worden sind, werden den Veräußerern zugerechnet.
   2. Wirtschaftsgüter, die zu treuen Händen ... übereignet worden sind, werden dem Treugeber zugerechnet. ...
   4. Wirtschaftsgüter, die jemand in Eigenbesitz hat, werden dem Eigenbesitzer zugerechnet. Eigenbesitzer ist, wer ein Wirtschaftsgut als ihm gehörig besitzt. ... .

19 Vgl. *Ball*, Steuerrecht und Privatrecht, 1924, S. 71 ff.; *Dexheimer*, Der Eigentumsbegriff des Steuerrechts, 1931, S. 23 ff.; HHSp-*Fischer*, AO, § 39 Rz. 1 f.; *Schiffbauer*, StuW 1956, Sp. 457 ff.; *Stelling*, VJSchrStuFR 1933, 159 (171 ff.) m.w.N.; *Weber*, Der Begriff des wirtschaftlichen Eigentums im Steuerrecht, 1955, S. 24 ff. m.w.N.

20 Vgl. RFH I A 93/23 v. 28.09.1923, RFHE 12, 343 (348); VI A 899 u. 900/25, v. 18.11.1925, RFHE 18, 11 (14); III A 134/29, v. 06.03.1930, RStBl. 1930, Sp.1344 f.; III A 1016/30, v. 17.09.1931, RStBl. 1931, 868 (869); I A 180/30, v. 05.11.1931, RStBl. 1932, 63 (66); *Hannack*, Das wirtschaftliche Eigentum im Sinne des § 11 StAnpG, 1962, S. 21 m.w.N.

21 Vgl. dazu die Ausführungen bei *Ball*, Steuerrecht und Privatrecht, 1924, S. 31 ff.; *Dexheimer*, Der Eigentumsbegriff des Steuerrechts, 1931, S. 3 ff. m.w.N.

nanzielle Druck, der nach dem Ende des Ersten Weltkrieges wegen der Reparationszahlungen auf Deutschland lastete und der über Steuern ausgeglichen werden sollte. Dadurch erhielt das Problem der Steuerumgehung erhöhte Bedeutung. Es war nicht mehr einleuchtend, „... daß die willkürliche Wahl zivilrechtlicher Formen ohne weiteres die Steuerpflicht" beeinflussen, und eine „geschickte zivilrechtliche Formulierung ohne wirtschaftliche Änderung zur Steuerersparung führen" konnte.[22] Die Absicht der Regierungsvorlage war es, „der Besteuerung den Weg zu dem im wirtschaftlichen Sinne wahren Eigentümer zu bahnen und deshalb die enge Anlehnung der Besteuerung an die rechtlichen Formen des bürgerlichen Rechts zu vermeiden, wo sich der wirtschaftliche Gehalt der zu besteuernden Vorgänge im Verhältnisse von diesen rechtlichen Formen" entfernte.[23]

## C. Steuerrecht und Zivilrecht – Terminologisches

Geht man vom hergebrachten zivilrechtlichen Eigentumsbegriff aus und vergleicht diesen mit der Seeliger-Formel und § 39 Abs. 2 Nr. 1 AO, so ist der Terminus wirtschaftliches Eigentum mißverständlich und irreführend.[24]

### I. Der zivilrechtliche Eigentumsbegriff

An Wirtschaftsgütern gibt es kein Eigentum im zivilrechtlichen Sinne. Das BGB kennt nur das Eigentum an Sachen i.S.v. § 90 BGB, also an körperlichen Gegenständen (vgl. § 903 BGB).[25] Wirtschaftsgut ist ein originär steuerrechtlicher Begriff – die (bilanz-) steuerrechtliche Grundeinheit[26] und Bezugspunkt der steuer-

---

22 *Ball*, Steuerrecht und Privatrecht, 1924, S. 7.
23 Bericht des 11. Ausschusses über den Entwurf einer RAO, Nr. 759 der Drs. zu § 80, nach *Dexheimer*, Der Eigentumsbegriff des Steuerrechts, 1931, S. 24 und *Stelling*, VJSchrStuFR 1933, 159 (176).
24 Dazu schon *Becker*, StuW 1934, 301 (319); vgl. auch *Heidner* DStR 1989, 305; ähnlich T/K-*Kruse*, AO, § 39 Tz. 4.
25 Vgl. *Baur/Stürner*, Sachenrecht, § 24 Rn. 3 f.; Palandt-*Bassenge*, BGB, § 903 Rn. 2; T/K-*Kruse*, AO, § 39 Tz. 4. Forderungen und bestimmte Rechte sind zwar mittels Abtretung (§§ 398 ff., 413 BGB) übertragbar und damit umlauffähige Vermögensbestandteile (vgl. Palandt-*Grüneberg*, BGB, § 398 Rn. 1). Sie sind aber nur „wirtschaftlich" eigentumsfähig. Gleiches gilt für Immaterialgüterrechte oder Urheberrechte, wenngleich diese oft als „geistiges Eigentum" bezeichnet werden (vgl. *Baur/Stürner*, Sachenrecht, § 24 Rn. 4).
26 *Weber-Grellet*, Steuerbilanzrecht, § 8 Rn. 1.

lichen Zurechnung. Wirtschaftsgüter[27] können zwar auch Sachen i.S.v. § 90 BGB sein. Der Begriff geht aber viel weiter, wobei er in den Steuergesetzen nicht definiert, sondern vorausgesetzt wird.[28] Neben Gegenständen im zivilrechtlichen Sinn, wie Sachen oder Rechte, zählen dazu auch „tatsächliche Zustände" und „konkrete Möglichkeiten" sowie alle anderen vermögenswerten Vorteile, deren Erlangung sich das Steuersubjekt etwas kosten lassen würde.[29] Auch kann eine Sache (§ 90 BGB) aus mehreren selbständigen Wirtschaftsgütern bestehen, wenn diese in unterschiedlichen Nutzungs- und Funktionszusammenhängen stehen (z.B. die Etagen eines Gebäudes).[30] Verkürzt läßt sich daher sagen: „Ein Wirtschaftsgut ist ein greifbarer und selbständig zu bewertender Nutzen."[31] Dieser ist als solcher nicht eigentumsfähig im zivilrechtlichen Sinn.

## II. Der steuerrechtliche Eigentumsbegriff

Der Begriff „wirtschaftliches Eigentum" deutet zunächst darauf hin, daß es sich hier um einen eigenen steuerrechtlichen Eigentumsbegriff handelt, der seine gesetzliche Grundlage in § 39 Abs. 2 Nr. 1 AO findet.[32] Das sogenannte wirtschaftliche Eigentum als aliud zum zivilrechtlichen Eigentum zu sehen, wäre aber eine rein begrifflich orientierte Erwägung. Eine derartige Loslösung des Steuerrechts vom Zivilrecht wollte der Gesetzgeber jedoch nie;[33] sie findet auch im Gesetz keine Stütze. Der Gesetzgeber ging vielmehr bei der Konzeption sämtlicher Normen, die mit dem Begriff „wirtschaftliches Eigentum" verbunden werden,[34] vom zivilrechtlichen Eigentumsbegriff aus.[35] Das hat seinen Grund vor allem

---

27 Siehe dazu auch unter Kapitel 1 E.II.1.
28 *Weber-Grellet*, Steuerbilanzrecht, § 8 Rn. 4.
29 Vgl. BFH GrS 2/99, v. 02.08.2000, DStR 2000, 1682 (1684) m.w.N.; Blümich-*Schreiber*, EStG, § 5 Rz. 304 ff.; HHSp-*Fischer*, AO, § 39 Rz. 4; Pahlke/Koenig-*Koenig*, § 39 Rn. 7; Schmidt/*Weber-Grellet*, § 5 Rn. 94; T/K-*Kruse*, AO, § 39 Tz. 17; Tipke/Lang-*Hey*, Steuerrecht, § 17 Rz. 92; *Weber-Grellet*, Steuerbilanzrecht, § 8 Rn. 4 f.
30 Vgl. dazu Schmidt/*Weber-Grellet*, § 5 Rn. 131 ff. m.w.N.
31 *Weber-Grellet*, Steuerbilanzrecht, § 8 Rn. 4.
32 In diese Richtung (allerdings in Bezug auf § 80 Abs. 1 RAO): *Ball*, Steuerrecht und Privatrecht, 1924, S. 90 ff., 113 ff., 149 ff.; *Dexheimer*, Der Eigentumsbegriff des Steuerrechts, 1931, S. 1 ff.
33 Vgl. schon den „Schöpfer" der Reichsabgabenordnung 1919, *Becker*, StuW 1934, 301 (319 ff.).
34 § 39 AO 1977 sowie die Vorgängernormen § 80 RAO 1919, § 98 RAO 1931, § 11 StAnpG 1934.
35 Vgl. Begr. zu § 11 StAnpG 1934, RStBl. 1934, 1398 (1405); BT-Drs. VI/1982, 92 (113).

darin, daß sich das Steuerrecht zur Zeit der Entstehung der ersten (Reichs-) Abgabenordnung nach dem Ersten Weltkrieg als eigenes Rechtsgebiet noch im Werden[36] befand, während die Normen des Zivilrechts schon wesentlich früher entstanden waren.[37] Vom zivilrechtlichen Eigentumsbegriff auszugehen lag daher seinerzeit nahe und auch der Gesetzgeber der AO 1977 sah keine Notwendigkeit für einen eigenen steuerrechtlichen Eigentumsbegriff.

## 1. Der Eigentümer im Sinne von § 39 AO

Daß der Gesetzgeber vom zivilrechtlichen Eigentumsbegriff ausging, zeigt sich besonders deutlich in § 39 AO. Beide Absätze benennen stets den „Eigentümer" und gehen von ihm aus wie von einer Konstanten innerhalb der Rechtsordnung, um – so der Wortlaut – zu regeln, wem „das Wirtschaftsgut zuzurechnen" ist. § 39 Abs. 2 Nr. 1 Satz 1 AO enthielte einen Zirkelschluss, wollte die Vorschrift einen eigenen Eigentumsbegriff begründen. Zwar wäre es theoretisch denkbar, einen eigenen Eigentumsbegriff für das Steuerrecht zu schaffen – dies müßte aber wegen des Eingriffscharakters des Steuerrechts gesetzlich geregelt sein. Das ist nicht der Fall und folglich wird zwischen dem/den zivilrechtlichen Eigentümer/-n eines Wirtschaftsgutes und der für Besteuerungszwecke u.U. abweichenden Zurechnung des Wirtschaftsgutes zu einem Dritten differenziert, wenn die Voraussetzungen des § 39 Abs. 2 AO erfüllt sind. Die zivilrechtliche Eigentümerposition bleibt erhalten, nur die steuerrechtliche Zurechnung ändert sich, weil die Eigentümerposition wirtschaftlich wertlos geworden ist. Ein Beispiel hierfür ist die Sicherungsübereignung (vgl. § 39 Abs. 2 Nr. 1 Satz 2 Var. 2 AO). Hier ist der Sicherungsnehmer zwar (zivilrechtlicher) Eigentümer des Sicherungsgutes, dieses wird jedoch steuerrechtlich dem Sicherungsgeber zugerechnet, solange er den Sicherungsnehmer von der Einwirkung auf das Sicherungsgut ausschließen kann, indem er die ihm obliegenden Verpflichtungen erfüllt, das heißt, solange der Sicherungsfall noch nicht eingetreten ist.

## 2. Eigentum als zivilrechtlicher Hilfsbegriff

Der im Steuerrecht verwendete Begriff des Eigentums ist mit dem des Zivilrechts identisch.[38] Das Steuerrecht kennt keinen vom Zivilrecht abweichenden Eigen-

---

36 Vgl. die Ausführungen zur Abgrenzung des Steuerrechts vom Privatrecht bei *Ball*, Steuerrecht und Privatrecht, 1924; *Liebisch*, Steuerrecht und Privatrecht, 1933.

37 Vgl. *Becker*, StuW 1934, 301 (319 f.); *Grimm*, DStZ 1978, 283 (286).

38 Vgl. FG Rheinland-Pfalz 7 K 2215/90, v. 28.11.1990, EFG 1991, 644; Pahlke/Koenig-*Pahlke*, § 39 Rn. 10; *Schiffbauer*, StuW 1956, Sp. 457 (470); T/K-*Kruse*, AO, § 39 Tz. 21; siehe auch Begr. zu § 11 StAnpG, RStBl. 1934, 1398 (1405). Anders

tumsbegriff – erst recht keinen wirtschaftlichen.[39] Eigentum ist im Rahmen des Steuerrechts ein „zivilrechtlicher Hilfsbegriff", der eine güterzuordnende Funktion hat und in einem Wort das umfassendste Nutzungs- und Herrschaftsrecht kennzeichnet, das man an einer Sache haben kann.[40] Der Eigentümer kann, soweit nicht das Gesetz oder Rechte Dritter entgegenstehen, mit einer Sache nach Belieben verfahren und andere von jeder Einwirkung ausschließen (§ 903 Satz 1 BGB). Diese güterzuordnende Bedeutung des Begriffes Eigentum wird für die Zwecke des Steuerrechts nutzbar gemacht mit dem Ziel, einem bestimmten Steuersubjekt über Sachen (§ 90 BGB) hinaus auch Rechte, Forderungen, bestimmte wirtschaftliche Vorteile – also alles, was ein Wirtschaftsgut ist – zuzurechnen.[41] Der Steuergesetzgeber hat sich diesen damals im Zivilrecht bereits feststehenden Begriff zur Definition des von ihm gemeinten Lebenssachverhaltes gewissermaßen „ausgeliehen".[42] Hinter dem Begriff „wirtschaftliches Eigentum" verbirgt sich mithin kein eigener steuerrechtlicher Eigentumsbegriff, sondern lediglich eine Zurechnungsformel[43] zur Güterzuordnung unter wirtschaftlichen Gesichtspunkten, mit der von der steuerlichen Regelzurechnung beim (zivilrechtlichen) Eigentümer (vgl. § 39 Abs. 1 AO) abgewichen wird.

*III. Wirtschaftliches Eigentum als juristischer Terminus*

Die Bezeichnung „wirtschaftliches Eigentum" ist nach alledem jedenfalls mißverständlich. Zutreffender wäre es, die Überschrift des § 39 aufzugreifen und von subjektiver steuerrechtlicher Zurechnung[44] zu sprechen. Da das „wirtschaftliche Eigentum" aber als feststehende Begrifflichkeit gleichsam gewohnheitsrechtlich

---

noch *Dexheimer*, Der Eigentumsbegriff des Steuerrechts, 1931, S. 25 f., der davon ausging, daß das Steuerrrecht insbesondere beim Eigentum unter Umdeutung des Privatrechts einen eigenen öffentlich-rechtlichen Begriff schafft (vgl. S. 1 f.).
39 Allg. M., vgl. z.B. FG Rheinland-Pfalz 7 K 2215/90, v. 28.11.1990, EFG 1991, 644; *Becker*, StuW 1934, 301 (319 f.); *Hannack*, Das wirtschaftliche Eigentum im Sinne von § 11 StAnpG, 1962, S. 54; *Heidner*, DB 1996, 1203; HHSp-*Fischer*, AO, § 39 Rz. 2, 40; Koch/Scholtz-*Hoffmann*, § 39 Rn. 6; *Kruse*, Lehrbuch des Steuerrechts I, S. 134 f.; Pahlke/Koenig-*Koenig*, § 39 Rn. 13; *Schiffbauer*, StuW 1956, Sp. 457 (470); T/K-*Kruse*, AO, § 39 Tz. 21; Tipke/Lang-*Lang*, Steuerrecht, § 5 Rz. 111.
40 Vgl. *Baur/Stürner*, Sachenrecht, § 24 Rn. 5.
41 So auch *Hannack*, Das wirtschaftliche Eigentum im Sinne von § 11 StAnpG, 1962, S. 3, 31; *Heidner*, DStR 1989, 305.
42 Vgl. *Grimm*, DStZ 1978, 283 (286).
43 So schon *Schiffbauer*, StuW 1956, Sp. 457 (471).
44 So schon *Hannack*, Das wirtschaftliche Eigentum im Sinne des § 11 StAnpG, 1962, S. 55 f.

anerkannt ist, sind terminologische Änderungen wenig sinnvoll.[45] Der Begriff sollte daher aus praktischen Gründen beibehalten werden und wird auch hier verwendet.

## D. Dogmatische Grundlagen des wirtschaftlichen Eigentums

Das wirtschaftliche Eigentum läßt sich auf das aus dem allgemeinen Gleichheitssatz (heute Art. 3 Abs. 1 GG) folgende Gebot der Steuergerechtigkeit zurückführen.[46] Demnach ist die Besteuerung an der wirtschaftlichen Leistungsfähigkeit der Steuerpflichtigen auszurichten (*Leistungsfähigkeitsprinzip*), also jeder Bürger nach Maßgabe seiner finanziellen und wirtschaftlichen Leistungsfähigkeit mit Steuern zu belasten.[47] Das wirtschaftliche Eigentum ist außerdem eine Konsequenz der wirtschaftlichen Betrachtungsweise im Steuerrecht.

### I. Das Leistungsfähigkeitsprinzip

Die Verteilung der Steuerlasten nach der wirtschaftlichen Leistungsfähigkeit heißt in vertikaler Hinsicht, daß die Bezieher höherer Einkommen im Sinne einer verhältnismäßigen Gleichheit gegenüber denen mit niedrigerem Einkommen einen höheren Prozentsatz ihres Einkommens als Steuer zahlen.[48] Horizontal gesehen sind Steuerpflichtige mit gleicher Leistungsfähigkeit auch gleich hoch zu belasten.[49]

### 1. Das Leistungsfähigkeitsprinzip und die Zurechnung

Dem Leistungsfähigkeitsprinzip ist bereits bei der Einkommensermittlung, Rechnung zu tragen. Träger einer Steuerlast soll derjenige sein, der den wirtschaftli-

---

45 Ebenso bereits *Schiffbauer*, StuW 1956, Sp. 457 (471); *Seeliger*, Der Begriff des wirtschaftlichen Eigentums im Steuerrecht, 1962, S. 19 f.; *ders.*, DStR 1962/63, 645.

46 Vgl. BVerfG 2 BvF 1/57, v. 24.06.1958, E 8, 51 (68 f.); 1 BvR 620/78, v. 06.07.1982, E 61, 319 (343 f.); 1 BvL 18/81 u. 20/82, v. 21.10.1986, E 74, 182 (200); 1 BvL 4-7/87, v. 23.01.1990, E 81, 288 (236); 1 BvL 4/86, v. 29.05.1990, E 82, 60 (86); 1 BvL 12/86, v. 26.01.1994, E 89, 346 (352); BFH I R 43/99, v. 12.12.1990, E 163, 162 (166); Jarass/Pieroth-*Jarass*, Art. 3 Rn. 44.

47 Vgl. nur BVerfG 1 BvR 620/78, v. 06.07.1982, E 61, 319 (343 f.); Jarass/Pieroth-*Jarass*, Art. 3 Rn. 44.

48 Vgl. BVerfG 2 BvF 1/57, v. 24.06.1958, E 8, 51 (68 f.).

49 BVerfG 1 BvL 4/86, v. 29.05.1990, E 82, 60 (89 f.); 2 BvL 14/91, v. 25.09.1992, E 87, 152 (170).

chen Nutzen des Objektes der Besteuerung oder des der Besteuerung unterliegenden Vorganges hat.[50] Knüpft die Besteuerung an ein bestimmtes Wirtschaftsgut an, so stellt sich zunächst die Frage, ob dieses dem Steuersubjekt zuzurechnen ist. Den wirtschaftlichen Nutzen aber auch die Lasten eines Wirtschaftsgutes trägt regelmäßig dessen zivilrechtlicher Eigentümer (vgl. § 903 BGB). Unter dem Gesichtspunkt des Leistungsfähigkeitsprinzips ist eine steuerliche Erfassung bei ihm daher grundsätzlich folgerichtig. Übt jedoch ein anderer als der Eigentümer die tatsächliche Herrschaft über ein Wirtschaftsgut in der Weise aus, daß er den Eigentümer im Regelfall für die gewöhnliche Nutzungsdauer von der Einwirkung auf das Wirtschaftsgut ausschließen kann (vgl. § 39 Abs. 2 AO), so hat ein Dritter dauerhaft zumindest den Nutzen des Wirtschaftsgutes. Das zivilrechtliche Eigentum wird zur leeren Hülle ohne wirtschaftlichen Wert. Würde das Wirtschaftsgut in diesem Fall steuerlich weiterhin beim zivilrechtlichen Eigentümer erfaßt werden, so läge ein Verstoß gegen den Grundsatz der Besteuerung nach der Leistungsfähigkeit vor. Denn leistungsfähig ist hier nicht der zivilrechtliche Eigentümer, sondern der Dritte. Daher ist Letzterem das Wirtschaftsgut steuerlich zuzurechnen. Zivilrechtliches und wirtschaftliches Eigentum fallen auseinander.

## 2. Das Leistungsfähigkeitsprinzip und § 39 Abs. 2 AO

Eine Umsetzung des Leistungsfähigkeitsprinzips in reiner Form wird vom Gleichheitssatz nicht gefordert.[51] Die nach Art. 3 Abs. 1 GG zu vergleichenden Lebensverhältnisse sind nicht in allen, sondern stets nur in einzelnen Elementen gleich. Der Gesetzgeber darf sich im Steuerrecht – wie stets bei der Ordnung von Massenerscheinungen – zur Ausgestaltung seiner Normen generalisierender, typisierender und pauschalierender Regelungen bedienen.[52] Um eine solche handelt es sich auch bei § 39 Abs. 2 AO. Bei der Anwendung von § 39 Abs. 2 Nr. 1 Satz 1 AO müssen jedoch im Interesse des Leistungsfähigkeitsprinzips die Eigenheiten des jeweiligen Wirtschaftsgutes Berücksichtigung finden. Beispielsweise kann das Kriterium der „gewöhnlichen Nutzungsdauer" nicht entsprechend dem Wortlaut der Norm bei allen Wirtschaftsgütern uneingeschränkt angewendet werden. Ein nicht-abnutzbares Wirtschaftsgut hat nämlich im Gegensatz zu einem abnutzbaren Wirtschaftsgut theoretisch eine unendlich lange Nutzungsdauer – bis zum Verlust seiner Identität. An nicht-abnutzbaren Wirtschaftsgütern könnte damit bei wörtlicher Anwendung des § 39 Abs. 2 Nr. 1 Satz 1 AO niemals vom zivilrechtlichen Eigentum abweichendes wirtschaftliches Eigentum begründet

50 Vgl. *Weber*, Der Begriff des wirtschaftlichen Eigentums im Steuerrecht, 1955, S. 24.
51 BFH I R 62/86, v. 30.07.1990, E 161, 570 (571).
52 BFH I R 43/99, v. 12.12.1990, E 163, 162 (166).

werden. Das träfe beispielsweise für Grund und Boden oder Aktien zu. Denn hier könnte kein Dritter den zivilrechtlichen Eigentümer für die gewöhnliche Nutzungsdauer des Wirtschaftsgutes von der Einwirkung darauf ausschließen, weil das Wirtschaftsgut wegen dessen unendlicher Nutzungsdauer den Dritten „überleben" würde. Gleichwohl gibt es auch bei nicht-abnutzbaren Wirtschaftsgütern Situationen, in denen ein Dritter die tatsächliche Herrschaft hat und den Eigentümer wirtschaftlich von der Einwirkung ausschließen kann. Unabhängig vom Wortlaut des § 39 Abs. 2 Nr. 1 Satz 1 AO muß in einem solchen Fall der Dritte – schon im Hinblick auf das Leistungsfähigkeitsprinzip – als wirtschaftlicher Eigentümer angesehen werden und Zurechnungssubjekt des Wirtschaftsgutes sein.

## II. Die wirtschaftliche Betrachtungsweise

Grundlage des wirtschaftlichen Eigentums ist die wirtschaftliche Betrachtungsweise,[53] die sich Ende des 19. Jahrhunderts[54] entwickelte und auf der die durch Rudolf von Jhering begründete Interessenjurisprudenz fußt, mit der – in Abkehr von der Begriffsjurisprudenz[55] – die Frage nach dem Zweck im Recht aufgeworfen wurde.[56]

### 1. Bedeutung der wirtschaftlichen Betrachtungsweise

Die wirtschaftliche Betrachtungsweise ist eine am Gesetzeszweck orientierte teleologische Auslegungsmethode.[57] Das Steuerrecht ist insbesondere bei Personensteuern[58] darauf ausgerichtet, die Steuerpflichtigen gleichmäßig und nach Maßgabe ihrer Leistungsfähigkeit zu besteuern. Da es hierbei um die Erfassung wirtschaftlicher Vorgänge geht, ist es in Zweifelsfällen erforderlich, die für die

---

53 *Beisse*, StuW 1981, 1 (10); HHSp-*Fischer*, AO, § 39 Rz. 1; Klein-*Brockmeyer*, § 39 Rn. 2; *Schiffbauer*, StuW 1956, Sp. 457; Schmidt/*Seeger*, § 2 Rn. 40; *Seeliger*, Der Begriff des wirtschaftlichen Eigentums im Steuerrecht, 1962, S. 2; *Stengel*, Die persönliche Zurechnung von Wirtschaftsgütern im Einkommensteuerrecht, 1990, S. 39; T/K-*Kruse/Drüen*, AO, § 4 Tz. 321.
54 Vgl. Preuß. OVG V 8/96, v. 06.06.1896, PrOVGSt 5, 138 (142 f. m. Fn.).
55 Vgl. dazu Palandt-*Heinrichs*, BGB, Einl. Rn. 34.
56 *Beisse*, StuW 1981, 1 (2); *Grimm*, DStZ 1978, 283; *Seeliger*, Der Begriff des wirtschaftlichen Eigentums im Steuerrecht, 1962, S. 2 f. m.w.N.
57 Vgl. dazu z.B.: *Beisse*, StuW 1981, 1 (2 f., 13); *Biergans/Stockinger*, FR 1982, 25 (28); *Eibelshäuser*, DStR 2002, 1426; HHSp-*Fischer*, AO, § 39 Rz. 3; *Moxter*, StuW 1989, 232; *Seeliger*, Der Begriff des wirtschaftlichen Eigentums im Steuerrecht, 1962, S. 1 ff.
58 Steuern, welche die persönlichen Verhältnisse der Steuerpflichtigen berücksichtigen.

Besteuerung relevanten Rechtsverhältnisse nicht nach ihrer zivilrechtlichen Form, sondern nach ihrem inneren wirtschaftlichen Gehalt zu beurteilen. Das Steuerrecht darf nicht bei der äußeren (in der Regel zivilrechtlichen) Form eines Sachverhaltes stehenbleiben, sondern muß am wirtschaftlich Gewollten und den tatsächlich bewirkten Gestaltungen des wirtschaftlichen Lebens anknüpfen.[59] Das gilt insbesondere für die steuerliche Zurechnung von Wirtschaftsgütern, die Indikatoren der Leistungsfähigkeit.[60] Im Ergebnis muß derjenige besteuert werden, der wirtschaftlich den Tatbestand erfüllt, an den das Gesetz die Leistungsfähigkeit knüpft (vgl. § 38 AO).[61] Die wirtschaftliche Betrachtungsweise ist dabei eine allgemeine und keine spezifisch steuerrechtliche Auslegungsmethode.[62] Gerade die Zurechnung von Wirtschaftsgütern nach wirtschaftlichen Gesichtspunkten findet sich auch bei der handelsrechtlichen Bilanzierung von Vermögensgegenständen wieder.[63] Gleichwohl hat die wirtschaftliche Betrachtungsweise für das Steuerrecht eine besondere Bedeutung, weil sie zuläßt von zivilrechtlich geprägten Begriffen und vorgegebenen rechtlichen Gestaltungen wegen der besonderen Zwecke des Steuerrechts abzurücken. Sie hat die frühere Bindung an die Formen des bürgerlichen Rechts überwunden und die Entwicklung des wirtschaftlichen Eigentums erst ermöglicht.

## 2. Geschichtliche Entwicklung

Die wirtschaftliche Betrachtungsweise war im Steuerrecht nicht immer selbstverständlich, sondern sie hat sich erst durch die Abkehr von der Begriffsjurisprudenz entwickelt und mit dem Erlaß der ersten Reichsabgabenordnung von 1919 durchgesetzt.

Das *Reichsgericht*, dem bis zum Jahr 1918 die höchste Rechtsprechung in Reichssteuersachen zustand, verlangte noch, daß zivilrechtliche Begriffe auch im Steuerrecht strikt nach ihrer bürgerlich-rechtlichen Bedeutung auszulegen waren.[64] Besonders deutlich wurde das bei der Frage der Steuerpflicht von nichtigen

---

59 Vgl. zur Rspr. nur BFH III R 130/95, v. 15.02.2001, BFH/NV 2001, 1041 (1044) m.w.N.; vgl. auch *Beisse*, StuW 1981, 1 (3); *Seeliger*, Der Begriff des wirtschaftlichen Eigentums im Steuerrecht, 1962, S. 3 f.; im Ergebnis ebenso *Biergans/Stockinger*, FR 1982, 25 (26 f.).

60 Tipke/Lang-*Lang*, Steuerrecht, § 5 Rz. 110.

61 Vgl. dazu auch *Seeliger*, Der Begriff des wirtschaftlichen Eigentums im Steuerrecht, 1962, S. 1 ff.

62 Vgl. *Groh*, StuW 1989, 227 (228 f.); dazu auch schon *Liebisch*, Steuerrecht und Privatrecht, 1933, S. 2 ff.

63 Vgl. *Beisse*, StuW 1981, 1 (6 f.) m.w.N.; zur wirtschaftlichen Betrachtungsweise im Bilanzrecht insbesondere: *Moxter*, StuW 1989, 232.

64 Vgl. dazu *Ball*, Steuerrecht und Privatrecht, 1924, S. 33 ff.

oder unsittlichen Rechtsgeschäften. Das Reichsgericht vertrat die Ansicht, daß nur Sachverhalte mit staatlichen Abgaben belastet werden konnten, die an sich gestattet waren.[65] Die Erhebung einer Steuer von schlechthin strafbarem Tun sei mit der Rechtsordnung unvereinbar.[66] Erst in einigen späteren Urteilen hat das Reichsgericht die wirtschaftliche Betrachtungsweise berücksichtigt[67] und eine ausschließliche Orientierung an der zivilrechtlichen Auslegung der steuerrechtlichen Begriffe aufgegeben.[68] Eine allgemeine Hinwendung zur wirtschaftlichen Betrachtungsweise vollzog es jedoch nie.[69] Diese Rechtsauffassung des Reichsgerichts, die heute längst überwunden ist, widerspräche § 40 AO sowie der wirtschaftlichen Betrachtungsweise.

Demgegenüber ließ das *Preußische Oberverwaltungsgericht in Staatssteuersachen* schon früh eine Tendenz zur wirtschaftlichen Betrachtungsweise erkennen.[70]

Gesetzlich verankert wurde die wirtschaftliche Betrachtungsweise erstmals in der am 11. August 1919 verabschiedeten Reichsabgabenordnung (RAO).[71] § 4 RAO 1919 lautete: „Bei der Auslegung der Steuergesetze sind ihr Zweck, ihre wirtschaftliche Bedeutung und die Entwicklung der Verhältnisse zu berücksichtigen." Der spätere § 9 RAO 1931 lautete ebenso.

Enno Becker hat die RAO entworfen, aber nicht beansprucht, die wirtschaftliche Betrachtungsweise „erfunden zu haben".[72] § 4 RAO sei lediglich ein „Sicherheitsventil", das zwar „rechtlich", jedoch nicht praktisch, entbehrlich sei. Da

---

65  Vgl. RG 1145/84, v. 09.06.1884, RGStr. 11, 9 (14 f.).
66  Siehe RGStr. II 437/06, v. 28.09.1906, Str. 39, 186 (188 f.); II 449/06, v. 16.11.1906, Str. 39, 269 (271/273); II 28/07, v. 29.01.1907, Str. 39, 395 (396); III 613/08, v. 17.12.1908, Str. 42, 117 (119); III 808/09, v. 30.10.1909, Str. 43, 20 ff.
67  Vgl. RGZ VII 444/04, v. 18.04.1905, Z 60, 379 (387); VII 404/13, v. 05.01.1914, Z 84, 17 (21 f.); VII 375/19, v. 10.02.1920, Z 98, 181 (185). *Ball* spricht in: Steuerrecht und Privatrecht, 1924, S. 37 mit Fn. 119, von einer Sonderrechtsprechung des VII. Zivilsenates, die jedoch weder praktische Bedeutung noch Einfluß gewann, da der Senat seine Ansicht nie in Gegensatz zur sonstigen Rechtsprechung gestellt habe und sich des Gegensatzes wohl auch nicht bewußt gewesen sei.
68  Vgl. hierzu insbesondere noch *Stelling*, VJSchrStuFR 1933, 159 (168 ff.).
69  Siehe hierzu *Ball*, Steuerrecht und Privatrecht, 1924, S. 33 ff.; *Dexheimer*, Der Eigentumsbegriff des Steuerrechts, 1931, S. 3 ff.; weniger streng: *Stelling*, VJSchrStuFR 1933, 159 (168 ff.).
70  Vgl. z.B. Preuß. OVG XII a. 59/96, v. 17.10.1896, PrOVGSt 5, 221 (222 f.). Dazu auch *Dexheimer*, Der Eigentumsbegriff des Steuerrechts, 1931, S. 5 ff.; *Stelling*, VJSchrStuFR 1933, 159 (164 ff.); sowie m.w.N. *Weber*, Der Begriff des wirtschaftlichen Eigentums im Steuerrecht, 1955, S. 24 ff.
71  RGBl. 1919, 1993 (1994).
72  *Becker*, StuW 1934, 301 (307): „Die sogenannte wirtschaftliche Betrachtungsweise habe weder ich als Verfasser der RAO noch hat sie der RFH erfunden."

die Reichsabgabenordnung nach dem Ende des Ersten Weltkrieges in kurzer Zeit konzipiert werden mußte, war sich Enno Becker bewußt, daß wegen fehlender steuerrechtlicher Begrifflichkeiten in der Regel die geläufigen, aber für andere Zwecke geschaffenen zivilrechtlichen Begriffe in die Steuergesetze übernommen wurden.[73] § 4 RAO sollte hierbei lediglich der Gefahr entgegenwirken, diese Begriffe im Steuerrecht unbesehen nach einem rein zivilrechtlichen Verständnis anzuwenden[74] und die Akzeptanz der „Beiseitesetzung der privatrechtlichen Rechtsgestaltung und Gedankengänge" erhöhen, „wenn die Bedürfnisse des Steuerrechts diesen Schritt nötig machen, weil die Ergebnisse sonst mit Inhalt und Zweck des Steuergesetzes unvereinbar wären".[75] Enno Becker war aber klar, daß kein einziges Urteil, an dem er nach Erlaß der RAO beteiligt war, ohne § 4 RAO anders ausgefallen wäre. Über das Gebot der wirtschaftlichen Betrachtungsweise sagte er: „Soweit es überhaupt gilt, ist, war es immer selbstverständlich."[76]

Der 1918 gegründete *Reichsfinanzhof*[77] machte die wirtschaftliche Betrachtungsweise nach dem Erlaß der RAO zum festen Bestandteil seiner Rechtsprechung[78] und beschleunigte damit auch die Verselbständigung des Steuerrechts als eigenes Rechtsgebiet. § 1 Abs. 2 StAnpG 1934 bestimmte ebenfalls, daß bei der Auslegung „der Zweck und die wirtschaftliche Betrachtungsweise der Steuergesetze und die Entwicklung der Verhältnisse zu berücksichtigen" seien. § 1 Abs. 3 StAnpG, der zusätzlich die Anwendung der wirtschaftlichen Betrachtungsweise auf den zugrundeliegenden Sachverhalt regelte,[79] änderte in der Sache nichts, da dies schon bei der Schaffung des § 4 RAO 1919 vorausgesetzt und so auch praktiziert wurde.[80] Die AO 1977 enthält keine ausdrückliche Regelung der wirt-

---

73 Vgl. dazu auch *Ball*, Steuerrecht und Privatrecht,1924, S. 105 f.; *Hannack*, Das wirtschaftliche Eigentum im Sinne von § 11 StAnpG, 1962, S. 3.

74 *Becker*, StuW 1934, 301 (319 f.).

75 *Becker*, StuW 1934, 301 (324).

76 *Becker*, StuW 1934, 301 (307).

77 Durch die Reichssteuerreform 1919/1920 war ihm die höchste Rechtsprechung in Verbrauch-, Verkehr- und Besitzsteuersachen (darunter insbesondere die Reichseinkommensteuer) des Deutschen Reiches übertragen worden, so daß er ab dann die Steuerrechtsprechung führte.

78 Vgl. dazu RFH I A 10/22, v. 31.03.1922, E 9, 167 (169 ff.) sowie *Ball*, Steuerrecht und Privatrecht, 1924, S. 81 ff., jeweils m.w.N.

79 § 1 Abs. 3 StAnpG nannte das die „Beurteilung von Tatbeständen", gemeint war aber die Sachverhaltsbeurteilung (Allg.M., vgl. nur *Beisse*, StuW 1981, 1 (2); *Grimm*, DStZ 1978, 283 (284); T/K-*Kruse/Drüen*, AO, § 4 Tz. 328, jeweils m.w.N.).

80 Vgl. statt vieler *Beisse*, StuW 1981, 1 (2); *Grimm*, DStZ 1978, 283 (284); *Kruse*, Lehrbuch des Steuerrechts I, S. 131 f.; T/K-*Kruse/Drüen*, AO, § 4 Tz. 320; jeweils m.w.N.

schaftlichen Betrachtungsweise mehr. In den Gesetzesmaterialien[81] wird die wirtschaftliche Betrachtungsweise als allgemeingültige Auslegungsregel bezeichnet, deren Anwendung keiner besonderen Kodifikation bedarf.[82]

*3. Auslegung der Steuergesetze und wirtschaftliche Betrachtungsweise*

Die wirtschaftliche Betrachtungsweise beeinflußt auch die Auslegung der in Steuergesetzen verwendeten zivilrechtlichen Begriffe. Seit der Entwicklung der teleologischen Auslegung und der Erkenntnis der „Relativität der Rechtsbegriffe" gilt, daß gleichlautende Begriffe in Gesetzen nicht notwendig im gleichen Sinne zu verstehen sind und jeder Rechtssatz unter Berücksichtigung des jeweiligen systematischen Zusammenhangs und seines Normzwecks verstanden werden muß.[83] Von dem in den 50iger und 60iger Jahren teilweise favorisierten[84] „Primat des bürgerlichen Rechts vor dem Steuerrecht" haben sich das Bundesverfassungsgericht und der Bundesfinanzhof längst distanziert.[85]

Die wirtschaftliche Betrachtungsweise trägt den Besonderheiten des Steuerrechts Rechnung, weil mit Blick auf den Zweck des Steuertatbestands hinterfragt wird, ob Steuerrecht und Zivilrecht an die selben Vorgänge und Zustände anknüpfen,[86] und wenn dies nicht der Fall ist, ob in der Folge die wirtschaftliche Betrachtungsweise vorzuziehen ist oder eine strikte Bindung an zivilrechtliche Begriffsinhalte.[87] So sind etwa Begriffe zivilrechtskonform auszulegen, wenn damit der Gesetzeszweck zutreffend erfaßt wird, was sich regelmäßig aus expliziten gesetzlichen Verweisen auf das Zivilrecht, aus der Entstehungsgeschichte

---

81 BT-Drs. 7/4292 (Bericht des Finanzausschusses). Zur Streichung des vorgesehenen § 4 Abs. 2 AO 1977 vgl. S. 15/16.

82 Vgl. BT-Drs. 7/4292, S. 15/16. Siehe auch *Beisse*, StuW 1981, 1 f.; *Biergans/Stockinger*, FR 1982, 25 (27); *Grimm*, DStZ 1978, 283 (284 f.) m.w.N.

83 Vgl. *Beisse*, StuW 1981, 1 (2 f., 14); *Biergans/Stockinger*, FR 1982, 25 (28).

84 Vgl. BVerfG 1 BvR 845/58, v. 11.07.1961, E 13, 331 (340); BFH I 96/59 S, v. 12.07.1960, BStBl. III 1960, 387 (388); I 106/60 U, v. 05.12.1961, BStBl. III 1962, 52 (53); II 119/62 U, v. 20.10.1965, BStBl. III 1965, 697 (698); I 204/64, v. 12.07.1967, BStBl. III 1967, 781 (782). Siehe dazu auch *Beisse*, StuW 1981, 1 (5); *Grimm*, DStZ 1978, 283 (285 f.).

85 Vgl. nur BVerfG 1 BvR 488/62, v. 11.11.1964, E 18, 224; 1 BvR 495/63, v. 11.07.1967, E 22, 156 (160 f.); 1 BvR 58/67, v. 25.07.1968, E 24, 112 (117 f.); 1 BvR 136/62, v. 14.01.1969, E 25, 28 (35 ff.). Siehe dazu auch *Beisse*, StuW 1981, 1 (4 ff., 14); *Grimm*, DStZ 1978, 283 (286 f.) und den historischen Abriß bei *Stengel*, Die persönliche Zurechnung von Wirtschaftsgütern im Einkommensteuerrecht, 1990, S. 26 ff.

86 Vgl. dazu T/K-*Kruse/Drüen*, AO, § 4 Tz. 322 ff.

87 Vgl. *Beisse*, StuW 1981, 1 (3).

oder einer langjährigen höchstrichterlichen Rechtsprechung ergibt.[88] Beispielsweise knüpfen §§ 26 bis 26b EStG an das Bestehen einer Zivilehe an.[89] Gleiches gilt für den Begriff „Aktien" in §§ 17 Abs. 1 Satz 3, 20 Abs. 1 Nr. 1 EStG. Andere Besteuerungstatbestände, wie § 3 ErbStG, § 2 Abs. 1 GrEStG oder § 1 Abs. 1 KStG, verweisen ausdrücklich auf das Zivilrecht. Findet sich keine Verweisung in das Zivilrecht, so verlangt die teleologischen Auslegung die Berücksichtigung der wirtschaftlichen Betrachtungsweise.[90] Das gilt zum Beispiel für Begriffe wie „Leistung", „Wirtschaftsgut", „Veräußerung" oder „Betriebsvermögen", die als sogenannte steuerrechtliche Wirtschaftsbegriffe erst für Zwecke des Steuerrechts geschaffen wurden. § 39 Abs. 1 AO zeigt indes, daß selbst die Verwendung des zivilrechtlichen Begriffes „Eigentum" noch kein sachenrechtliches Verständnis rechtfertigt, da nicht jedes Wirtschaftsgut auch zivilrechtlich eigentumsfähig ist. Die wirtschaftliche Betrachtungsweise führt hier zu einem weiteren Begriffsverständnis und damit letztlich zu einer eigenen Zurechnung für die Zwecke des Steuerrechts.

*4. Das Verhältnis vom Steuertatbestand zum Sachverhalt*

Die wirtschaftliche Betrachtungsweise hat sich aus der Notwendigkeit der Verhinderung von Steuerumgehungen heraus entwickelt; sie erlaubt es, von der vorgegebenen zivilrechtlichen Gestaltung eines Sachverhaltes abzuweichen, um dessen wirtschaftlichen Inhalt unabhängig von zivilrechtlichen Formen zu erfassen.[91] Bei zivilrechtlich gestalteten Sachverhalten ist also zu prüfen, ob die wirtschaftliche Betrachtungsweise eine abweichende steuerrechtliche Beurteilung verlangt. Führt die wirtschaftliche Betrachtungsweise zu einem anderen Ergebnis, so ist diese maßgeblich.[92] Wirtschaftlicher Eigentümer ist daher in Zweifelsfällen stets derjenige, dem das Wirtschaftsgut tatsächlich und nicht nur nach der zivilrechtlichen Gestaltung zuzurechnen ist. § 39 Abs. 2 Nr. 1 AO bringt nach alledem zum

---

88  So auch *Beisse*, StuW 1981, 1 (8, 14).
89  Vgl. Schmidt/*Seeger*, § 26 Rn. 5; zu solchen im Steuerrecht verwendeten allgemeinen Statusbegriffen *Beisse*, StuW 1981, 1 (14); *Groh*, StuW 1989, 227 (230).
90  Vgl. zum folgenden auch *Eibelshäuser*, DStR 2002, 1426 (1430 ff.); Tipke/Lang-*Lang*, Steuerrecht, § 5 Rz. 80 ff.
91  Vgl. *Beisse*, StuW 1981, 1 (11 f.); *Hannack*, Das wirtschaftliche Eigentum im Sinne des § 11 StAnpG, 1962, S. 3; *Kruse*, Lehrbuch des Steuerrechts I, S. 131 ff.; Tipke/Lang-*Lang*, Steuerrecht, § 5 Rz. 80. *Ball*, Steuerrecht und Privatrecht, 1924, S. 107: „Wenn das Steuerrecht einen Vorgang oder Zustand der Steuer unterwirft, so meint es im allgemeinen den wirtschaftlichen Vorgang oder Zustand. An die festen Begriffe des Zivilrechts ist es nicht ohne weiteres gebunden."
92  Vgl. *Beisse*, StuW 1981, 1 (11); *Grimm*, DStZ 1978, 283 (289); Tipke/Lang-*Lang*, Steuerrecht, § 5 Rz. 68.

Ausdruck, daß das Steuerrecht nicht bei der äußeren Form halt machen darf, sondern den wirtschaftlichen Gehalt eines Vorganges erfassen muß.[93] Ebenso wie in §§ 40 bis 42 AO geht der Gesetzgeber auch hier von der wirtschaftlichen Betrachtungsweise aus.[94]

## E. Der Regelungsgehalt des § 39 AO

§ 39 AO befaßt sich mit der Frage der „Zurechnung" von Wirtschaftsgütern respektive deren steuerrechtlicher Zuordnung in persönlicher Hinsicht.[95] Bereits der Standort der Norm verrät einiges über ihre Bedeutung. Die Abgabenordnung gilt als Mantelgesetz[96] für alle Gebiete des Steuerrechts. Bei § 39 AO handelt es sich mithin um eine Vorschrift von allgemeiner Natur[97] mit grundsätzlich uneingeschränkter Geltungskraft für das gesamte Steuerrecht.[98] Die Bestimmung ist im „Zweiten Teil. Steuerschuldrecht" der Abgabenordnung angesiedelt, welcher ausschließlich Vorschriften des materiellen Rechts[99] beinhaltet. Sie hat daher keine verfahrensrechtliche Bedeutung.[100]

## I. Bedeutung der Zurechnung von Wirtschaftsgütern

Die persönliche Zurechnung eines Wirtschaftsgutes führt zu der Feststellung, bei welchem Steuersubjekt das Wirtschaftsgut wertmäßig zu erfassen ist, mit der Folge, daß das Zurechnungssubjekt diejenigen Steueransprüche zu erfüllen hat, die aus der Herrschaft über einzelne Wirtschaftsgüter resultieren (vgl. § 38

---

93 Vgl. schon *Hannack*, Das wirtschaftliche Eigentum im Sinne des § 11 StAnpG, 1962, S. 3 f.
94 So auch *Beisse*, StuW 1981, 1 (3); *Seeliger*, Der Begriff des wirtschaftlichen Eigentums im Steuerrecht, 1962, S. 7; T/K-*Kruse*, AO, § 39 Tz. 1. Zu § 80 RAO entsprechend schon *Becker*, RAO, § 80, Ziff. 1.
95 Vgl. Pahlke/Koenig-*Koenig*, § 39 Rn. 8; T/K-*Kruse*, AO, § 39 Tz. 2, 12.
96 BT-Drs. 7/4292, S. 1.
97 Dazu, wie sich § 39 AO zur wirtschaftlichen Vermögenszugehörigkeit im Handelsrecht und zum Maßgeblichkeitsprinzip (§ 5 Abs. 1 S. 1 AO) verhält, später.
98 Vgl. Koch/Scholtz-*Hoffmann*, § 39 Rn. 2; Pahlke/Koenig-*Koenig*, § 39 Rn. 2; T/K-*Kruse*, AO, § 39 Tz. 5; und bereits die Begr. zu § 11 StAnpG, RStBl. 1934, 1398 (1405).
99 BT-Drs. 6/1982, S. 96.
100 HHSp-*Fischer*, AO, § 39 Rz. 13; Klein-*Brockmeyer*, § 39 Rn. 7; Pahlke/Koenig-*Koenig*, § 39, Rn. 1.

AO).[101] Bei den Gewinneinkünften (§ 2 Abs. 2 Nr. 1 EStG) haben bilanzierende Steuerpflichtige (§ 4 Abs. 1 i.V.m. § 5 Abs. 1 EStG) ein Wirtschaftsgut dann bilanziell zu erfassen und damit zu aktivieren, wenn es ihnen zuzurechnen[102] ist, und umgekehrt. Von der Zurechnung eines Wirtschaftsgutes hängt also das „Ob" der Bilanzierung und dessen Zugehörigkeit zum Betriebsvermögen des Steuerpflichtigen ab.[103] Die Zurechnung ist auch maßgebend für den Zeitpunkt des Zu- und Abgangs von Wirtschaftsgütern (egal in welcher Form) mit den entsprechenden Folgen für die Bilanz (insb. Gewinn- und Verlustrealisierung) und damit für die Höhe des Gewinns. Die Gewinnermittlung durch Einnahmen-Überschußrechnung nach § 4 Abs. 3 EStG ist zwar eine reine Geldrechnung. Im Gegensatz zu den Überschußeinkünften (§ 2 Abs. 2 Nr. 2 EStG) gibt es aber auch hier ein Betriebsvermögen, dem nur dem Steuerpflichtigen zuzurechnende Wirtschaftsgüter angehören können.[104]

Gehören Wirtschaftsgüter zum Privatvermögen des Steuerpflichtigen, also insbesondere bei den Überschußeinkunftsarten, so ist deren Wertveränderung und damit auch ihre Zurechnung für das Einkommensteuerrecht[105] grundsätzlich[106] irrelevant. Ausnahmen existieren aber in den §§ 17 und 23 EStG sowie insbesondere für die Veräußerung von Anteilen an einer Körperschaft in § 20 Abs. 2 Nr. 1 Satz 1, Abs. 4 EStG.[107] Hier ist die Zurechnung entscheidend für die Zugehörigkeit des zu veräußernden Wirtschaftsgutes zum Vermögen des Veräußerers und den Veräußerungszeitpunkt.

---

101 Vgl. BVerfG 1 BvR 210/68, v. 16.12.1970, BStBl. II 1971, 381 (382); HHSp-*Fischer*, AO, § 39 Rz. 2; Kühn/v. Wedelstädt-*Blesinger*, AO, § 39 Rn. 1; Pahlke/Koenig-*Koenig*, § 39 Rn. 1, 8; T/K-*Kruse*, AO, § 39 Tz. 2. Siehe dazu schon die Begr. zu § 11 StAnpG, RStBl. 1934, 1398 (1405).

102 Ob § 39 AO oder § 5 Abs. 1 S. 1 EStG i.V.m. §§ 242 Abs. 1 HGB für die Zurechnung maßgebend ist, sei hier noch dahingestellt. Siehe dazu aber unter Kapitel 1 G.

103 Vgl. auch Blümich-*Wied*, EStG, § 4 Rz. 113.

104 Vgl. auch Blümich-*Wied*, EStG, § 4 Rz. 156.

105 Etwas anderes gilt für die Grundsteuer, wo Steuerschuldner derjenige ist, dem der Steuergegenstand zugerechnet ist (vgl. § 10 GrStG).

106 AfA-berechtigt ist derjenige, der das Wirtschaftsgut zur Einkunftserzielung verwendet und die Aufwendungen hierfür selbst getragen hat. Das ist regelmäßig, jedoch nicht zwingend derjenige, dem ein Wirtschaftsgut persönlich zuzurechnen ist. Vgl. dazu nur BFH GrS 1/97, v. 23.08.1999, BStBl. II 1999, 778 (780); Schmidt/*Kulosa*, § 7 Rn. 30, 32.

107 Einführung der Abgeltungssteuer mit dem Unternehmenssteuerreformgesetz 2008, BGBl. I 2007, 1912 (1916).

## II. Die Struktur des § 39 AO

§ 39 AO gibt die Grundprinzipien der steuerlichen Zurechnung eines Wirtschaftsgutes in persönlicher Hinsicht wieder.[108] Der Aufbau der Vorschrift folgt dem Muster von Regel und Ausnahme: Grundsätzlich, das heißt im Regelfall des § 39 Abs. 1 AO, ist der zivilrechtliche Eigentümer bzw. der Inhaber eines Wirtschaftsgutes auch dessen steuerrechtliches Zurechnungssubjekt. In den Ausnahmefällen des § 39 Abs. 2 AO löst sich die steuerrechtliche Zurechnung von der zivilrechtlichen Zuordnung. Bezugspunkt der Zurechnung ist dabei stets das „Wirtschaftsgut".

### 1. Das Wirtschaftsgut als Zurechnungsobjekt

Das „Wirtschaftsgut" in § 39 AO ist ein unbestimmter Rechtsbegriff, der im wesentlichen von der Rechtsprechung entwicklungsoffen definiert wurde.[109] Wirtschaftsgüter werden danach – im Allgemeinen – als wirtschaftliche Werte jeder Art verstanden, sofern sie

(i) objektiv als realisierbare Vermögenswerte[110] angesehen werden können, also „greifbar"[111] sind,

(ii) nach der Verkehrsauffassung im Rahmen eines einheitlichen Nutzungs- und Funktionszusammenhanges einer „selbständigen Bewertung fähig"[112] sind, und

(iii) in der Regel zu einem sich über mehrere Jahre erstreckenden Nutzen[113] führen.

Einzelveräußerlichkeit ist nicht erforderlich.[114] Der Vorteil muß aber nach Ansicht des Bundesfinanzhofs zumindest „seiner Art nach" zusammen mit dem

---

108  Vgl. HHSp-*Fischer*, AO, § 39 Rz. 2; T/K-*Kruse*, AO, § 39 Tz. 1 f.
109  Siehe bereits das Urteil des RFH I A 470/27, v. 27.03.1928, RStBl. 1928, 260 (261), Nr. 448, wo der Begriff wohl erstmals verwendet wird. Vgl. auch Blümich-*Schreiber*, EStG, § 5 Rz. 303 ff.; *Weber-Grellet*, Steuerbilanzrecht, § 8 Rn. 3, 4.
110  BFH IV R 201/74, v. 09.02.1978, BStBl. II 1978, 370 (371).
111  BFH GrS 2/99, v. 07.08.2000, DStR 2000, 1682 (1684); BFH I R 24/73, v. 18.06.1975, BStBl. II 1975, 809 (811).
112  BFH IV R 201/74, v. 09.02.1978, BStBl. II 1978, 370 (371). Vgl. aber auch schon RFH I A 470/27, v. 27.03.1928, RStBl. 1928, 260 (261).
113  Vgl. schon RFH I A 470/27, v. 27.03.1928, RStBl. 1928, 260 (261).
114  St.Rspr. BFH GrS 1/69, v. 02.03.1970, BStBl. II 1970, 382 (383); GrS 2/99, v. 07.08.2000, DStR 2000, 1682 (1684) m.w.N.; BFH IV 403/62 U, v. 29.04.1965, BStBl. III 1965, 414 (415); I R 218/82, v. 09.07.1986, BStBl. II 1987, 14; IV R 3/89, v. 06.12.1990, BStBl. II 1991, 346 (347) m.w.N.; I R 24/91, v. 26.08.1992, BStBl. II 1992, 977 (978); X R 139/93, v. 24.7.1996, BFH/NV 1997, 105; IX R

Betrieb übertragbar sein.[115] Steht eine Sache nur im Miteigentum des Steuer-pflichtigen, so wird nicht das Miteigentum als dingliches Anteilsrecht, sondern ein (ideeller) Teil der Sache als Wirtschaftsgut angesetzt.[116]

Dieser Wirtschaftsgutbegriff ist auf aktive Wirtschaftsgüter zugeschnitten. Die sogenannten passiven Wirtschaftsgüter (Verbindlichkeiten, Rückstellungen, Rücklagen) fallen nicht darunter.[117]

## 2. Die Regelzurechnung nach § 39 Abs. 1 AO

„Wirtschaftsgüter sind dem Eigentümer zuzurechnen." Ausgangspunkt der steu-erlichen Zurechnung ist danach stets die zivilrechtliche – die formaljuristische – Gestaltung der Eigentumsverhältnisse, unabhängig von der tatsächlichen Herr-schaft über das Wirtschaftsgut. Das entspricht der ursprünglichen, früher von der Rechtsprechung allgemein vertretenen Maßgeblichkeit der „Ordnungsfunktion des Zivilrechts". Die Zurechnung nach Maßgabe des bürgerlichen Rechts bildet also nach wie vor das Grundprinzip.[118] Gegen eine solche grundsätzliche Maß-geblichkeit des Zivilrechts spricht auch nichts.[119] Die Zurechnung bezweckt die richtige Zuordnung von Wirtschaftsgütern als „Indikatoren der Leistungsfähig-keit".[120] Geht man im Sinne des § 903 BGB davon aus, daß der Eigentümer die absolute zivilrechtliche Herrschaftsmacht und damit die umfassende Dispositi-onsbefugnis über ein Wirtschaftsgut innehat, so schließt das die wirtschaftliche Verfügungsbefugnis im Normalfall ein. Die Zurechnung eines Wirtschaftsgutes beim Eigentümer wird daher im Regelfall dem Leistungsfähigkeitsprinzip auch gerecht.[121] Daß die Begriffe: „Wirtschaftsgut" und „Eigentümer" nicht richtig zu-sammenpassen, weil nicht alle Wirtschaftsgüter auch zivilrechtlich eigentumsfä-hig sind oder eine zivilrechtliche Sache auch aus mehreren Wirtschaftsgütern be-stehen kann, wurde bereits dargelegt.[122] Der zivilrechtliche Eigentumsbegriff

---

29/98, v. 09.07.2002, BFH/NV 2003, 21 (22); Blümich-*Schreiber*, EStG, § 5 Rz. 304 ff.; HHSp-*Fischer*, AO, § 39 Rz. 4; Pahlke/Koenig-*Koenig*, § 39 Rn. 7; Schmidt/*Weber-Grellet*, § 5 Tz. 95; T/K-*Kruse*, AO, § 39 Tz. 17; Tipke/Lang-*Hey*, Steuerrecht, § 17 Rz. 92; *Weber-Grellet*, Steuerbilanzrecht, § 8 Rn. 4 f.

115 BFH I R 72/73, v. 26.02.1975, BStBl. II 1976, 13 (14).
116 *Weber-Grellet*, Steuerbilanzrecht, § 8 Rn. 5.
117 Vgl. auch Blümich-*Schreiber*, EStG, § 5 Rz. 303.
118 So auch Kühn/v. Wedelstädt-*Blesinger*, AO, § 39 Rn. 2.
119 A.A. *Walz*, FS für Lutz Fischer, 1999, S. 463 (477).
120 Tipke/Lang-*Lang*, Steuerrecht, § 5 Rz. 110.
121 Entsprechend T/K-*Kruse*, AO, § 39 Tz. 27. Ähnlich *Winnefeld*, Bilanzhandbuch, D106, 112, der konstatiert, daß die zivilrechtliche Zuordnung auch die bilanzielle Vermögenszugehörigkeit indiziert.
122 Siehe unter Kapitel 1 C.

wird in § 39 Abs. 1 AO auf das steuerrechtliche Zuordnungsobjekt „Wirtschafts-gut" bezogen, weil die steuerliche Zurechnung regelmäßig der Güterzuordnung des jeweils anwendbaren Zivilrechts folgt;[123] diese hat insoweit indizielle[124] Be-deutung. Bei Wirtschaftsgütern, an denen strenggenommen kein Eigentum im zivilrechtlichen Sinne begründet werden kann, z. B. an immateriellen Wirt-schaftsgütern wie Forderungen oder Lizenzen, ist daher auf die „Inhaberschaft" abzustellen.[125]

### 3. Abweichung von der Regelzurechnung nach § 39 Abs. 2 Nr. 1[126] AO

Weicht das tatsächliche Herrschaftsverhältnis von der zivilrechtlichen Eigen-tumslage ab, so hat der tatsächliche Ist-Zustand Vorrang: Abweichend vom Regelfall des § 39 Abs. 1 AO fallen dann zivilrechtliches und wirtschaftliches Eigentum auseinander. Die Zurechnung erfolgt allein nach steuerrechtlichen Maßstäben.[127]

#### a. Zurechnung beim wirtschaftlichen Eigentümer nach § 39 Abs. 2 Nr. 1 Satz 1 AO

Hat der zivilrechtliche Eigentümer keine Dispositionsbefugnis über ein Wirt-schaftsgut, weil ein Dritter die tatsächliche Herrschaft darüber dergestalt inne hat, daß er den zivilrechtlichen Eigentümer – wirtschaftlich betrachtet – von der Ein-wirkung auf das Wirtschaftsgut für dessen gewöhnliche Nutzungsdauer aus-schließen kann. So ist das Wirtschaftsgut nicht dem zivilrechtlichen Eigentümer, sondern dem Dritten, dem sogenannten wirtschaftlichen Eigentümer, zuzurech-nen.

---

123  Vgl. auch HHSp-*Fischer*, AO, § 39 Rz. 2.
124  Vgl. dazu auch *Gieseke*, DStR 1982, 478 (480).
125  *Falterbaum/Bolk/Reiß/Eberhart*, Buchführung und Bilanz, S. 432; Kühn/v. Wedel-städt-*Blesinger*, AO, § 39 Rn. 2. Vgl. auch die Ausführung von *Walz*, FS für Lutz Fischer, 1999, S. 463 (478).
126  Die Regelung des § 39 Abs. 2 Nr. 2 AO hat nur einen sehr kleinen Anwendungsbe-reich (vgl. Klein-*Brockmeyer*, § 39 Rn. 43 ff.; T/K-*Kruse*, AO, § 39 Tz. 80 ff.). Sie bleibt wegen der fehlenden Relevanz für die vorliegende Arbeit außer Betracht.
127  Vgl. Pahlke/Koenig-*Koenig*, § 39 Rn. 1; Tipke/Lang-*Lang*, Steuerrecht, § 5 Rz. 111.

## b. Die typisierten Fälle des § 39 Abs. 2 Nr. 1 Satz 2 AO

Treuhandverhältnisse und das Sicherungseigentum (bis zum Eintritt des Sicherungsfalles) sind typische Fälle, bei denen die formale äußere Rechtsmacht des zivilrechtlichen Eigentums im Innenverhältnis durch zweckentsprechende Abreden begrenzt ist und ein Wirtschaftsgut deshalb bei wirtschaftlicher Betrachtungsweise nicht dem zivilrechtlichen, sondern dem Treu- bzw. Sicherungsgeber als wirtschaftlichem Eigentümer zuzurechnen ist.[128] Der Eigenbesitz als dritte Variante ist nicht nur im Sinne von § 872 BGB zu verstehen, wo von Eigenbesitz an Sachen (§ 90 BGB) die Rede ist, sondern wirtschaftlich („wirtschaftsgutbezogen"). Erforderlich sind bei unmittelbarem wie bei mittelbarem Besitz (i) die Herrschaft über das Wirtschaftsgut, also tatsächliche Gewalt (vgl. § 854 BGB), sowie (ii) der Herrschaftswille, das Wirtschaftsgut – im Gegensatz zum Fremdbesitzer – wie ein Eigentümer zu besitzen.[129] Ein typischer Fall ist hier der Erwerber einer unter Eigentumsvorbehalt gelieferten Ware.

Die Aufzählung in § 39 Abs. 2 Nr. 1 Satz 2 AO ist, ebenso wie die in § 11 StAnpG,[130] nicht abschließend.[131] Aus § 39 Abs. 2 Nr. 1 Satz 1 AO ist deshalb eine stattliche Anzahl von Fallgruppen[132] entwickelt worden. Die wertende wirtschaftliche Betrachtungsweise im Einzelfall macht dies jedoch nicht entbehrlich,[133] da über die Zurechnung von Wirtschaftsgütern immer nur anhand des konkreten Falles entschieden werden kann.

## III. Die Zurechnung eines Wirtschaftsgutes nach § 39 Abs. 2 Nr. 1 Satz 1 AO

Die Norm wird teilweise als Legaldefinition des wirtschaftlichen Eigentums bezeichnet;[134] tatsächlich handelt es sich aber nur um eine Regelung der subjektiven Zurechnung.[135]

---

128 Ausführlicher Kühn/v. Wedelstädt-*Blesinger*, AO, § 39 Rn. 19 ff.; T/K-*Kruse*, AO, § 39 Tz. 22, 30 ff. m.w.N.
129 Hierzu ausführlich T/K-*Kruse*, AO, § 39 Tz. 51 ff. m.w.N.; vgl. auch Kühn/v. Wedelstädt-*Blesinger*, AO, § 39 Rn. 10; *Seeliger*, Das wirtschaftliche Eigentum im Steuerrecht, 1962, 90 ff., 93.
130 Siehe Fn. 18.
131 Allg.M., vgl. nur T/K-*Kruse*, AO, § 39 Tz. 22.
132 Vgl. hierzu exemplarisch T/K-*Kruse*, AO, § 39 Tz. 63 ff.
133 Dazu auch T/K-*Kruse*, AO, § 39 Tz. 22.
134 So z.B. Klein-*Brockmeyer*, § 39 Rn. 1; T/K-*Kruse*, AO, § 39 Tz. 22.
135 Dazu schon oben Kapitel 1 C.III.

## 1. Kriterien des wirtschaftlichen Eigentums

Nach § 39 Abs. 2 Nr. 1 Satz 1 AO ist ein Wirtschaftsgut einem anderen als dem Eigentümer zuzurechnen, wenn dieser die tatsächliche Herrschaft darüber in der Weise ausübt, daß er den Eigentümer im Regelfall für die gewöhnliche Nutzungsdauer von der Einwirkung auf das Wirtschaftsgut wirtschaftlich ausschließen kann.

### a. Tatsächliche Herrschaft eines Dritten

Der Dritte muß zunächst die tatsächliche Herrschaft über das Wirtschaftsgut ausüben, aber er muß diese nicht rechtmäßig erlangt haben (§ 40 AO). Tatsächliche Herrschaft setzt eine gewisse Festigkeit der Beziehung zum Wirtschaftsgut voraus. Nicht notwendig ist eine lange Verweildauer im Herrschaftsbereich des Dritten,[136] ebensowenig der Abschluß eines auf Eigentumsübertragung gerichteten zivilrechtlichen Vertrages und dessen dinglicher Vollzug.[137] Der Herrschaftswille ist nur Tatbestandsmerkmal beim Eigenbesitz, der dritten Variante des § 39 Abs. 2 Nr. 1 Satz 2 AO.[138] Ansonsten wird unterstellt, daß derjenige, der bestimmte Herrschaftsbefugnisse innehat und ausübt, zwangsläufig auch den dafür typischen Herrschaftswillen besitzt.[139] Die Zurechnung unterläge sonst der Beliebigkeit des Steuerpflichtigen, da dieser seinen Herrschaftswillen widerlegen könnte mit der Behauptung, das Wirtschaftsgut nicht als ihm gehörig zu betrachten. Das entspräche nicht dem Leistungsfähigkeitsprinzip. Entscheidend ist das tatsächliche Erscheinungsbild.

### (1) Unterscheidung von tatsächlicher Herrschaft und Besitz

Der Terminus „tatsächliche Herrschaft" erinnert auf den ersten Blick an „tatsächliche Gewalt", deren Erlangen der unmittelbare Besitz nach § 854 Abs. 1 BGB erfordert. Deshalb wird die tatsächliche Herrschaft zum Teil mit Besitz gleichgesetzt; es handele sich dabei nicht um ein Rechts-, sondern um ein tatsächliches Verhältnis.[140] Stellt man zur Konkretisierung des steuerrechtlichen Merkmals

---

136 HHSp-*Fischer*, AO, § 39 Rz. 47a mit dem Hinweis, daß wirtschaftliches Eigentum selbst für eine juristische Sekunde bestehen kann.
137 Vgl. nur BFH III R 130/95, v. 15.02.2001, BFH/NV 2001, 1041 (1044) m.w.N.
138 HHSp-*Fischer*, AO, § 39 Rz. 39.
139 Dazu ausführlich *Seeliger*, Das wirtschaftliche Eigentum in Steuerrecht, 1962, S. 90 ff.
140 Vgl. Pahlke/Koenig-*Koenig*, § 39 Rn. 15. Entsprechende Tendenzen finden sich aber auch in der Rechtsprechung, wo für die Begründung wirtschaftlichen Eigen-

„tatsächliche Herrschaft" auf den sachenrechtlichen Begriff „Besitz" (§ 854 BGB) ab, so scheint das Leistungsfähigkeitsprinzip zudem sogar Eigenbesitz zu fordern. Eigenbesitzer ist, wer die tatsächliche Gewalt über eine Sache ausübt mit dem Willen, sie wie eine ihm gehörige Sache zu beherrschen.[141] In Betracht kämen unmittelbarer und mittelbarer Eigenbesitz.[142] Gegen die Annahme, daß für die tatsächliche Herrschaft über ein Wirtschaftsgut Eigenbesitz erforderlich ist, spricht aber, daß der Herrschaftswille nur ein Tatbestandsmerkmal der dritten Variante des § 39 Abs. 2 Nr. 1 Satz 2 AO darstellt[143] (Zurechnung eines Wirtschaftsgutes beim Eigenbesitzer) und insoweit ausdrücklich geregelt ist. Zudem spielt der für den Eigenbesitz relevante Wille, eine Sache als eigene zu besitzen, für das wirtschaftliche Eigentum gar keine Rolle,[144] denn er ist keine Voraussetzung für das Erlangen des wirtschaftlichen Eigentums. Im Gegenteil: Wäre die tatsächliche Herrschaft grundsätzlich mit Eigenbesitz gleichzusetzen, so bedürfte es für die Zurechnung keiner weiteren Kriterien mehr. Auf den Eigenbesitz und den damit verbundenen – stets änderbaren – Willen eine Sache als eigene zu besitzen, kann es mithin bei der tatsächlichen Herrschaft nicht ankommen.

Desweiteren ist die für Besitz erforderliche tatsächliche Gewalt (§ 854 Abs. 1 BGB) nur an Sachen (§ 90 BGB) und realen Sachteilen (§ 865 BGB),[145] mithin an körperlichen Gegenständen denkbar. Für unkörperliche Gegenstände, wie Forderungen oder Rechte, paßt ein solcher sachenrechtlicher Ansatz nicht,[146] da ein physisches Innehaben[147] von nicht verkörperten Gegenständen tatsächlich unmöglich ist. In der Literatur wird daher teilweise die Ansicht vertreten, daß das Merkmal „tatsächliche Herrschaft" für unkörperliche Gegenstände keine Bedeutung habe.[148] Wenn tatsächliche Herrschaft mit Besitz gleichgesetzt wird, ist diese Schlußfolgerung auch nur konsequent.

---

tums immer wieder auf den Übergang des Besitzes abgestellt wird. Vgl. nur BFH I R 29/97, v. 15.12.1999, BStBl. II 2000, 527 (530); VIII R 5-00, v. 18.12.2001, DStRE 2002, 687 (689); VIII R 26/01, v. 17.02.2004, DStRE 2004, 744 (746); II B 177/02, v. 22.07.2004, BFH/NV 2004, 1515.
141 BGH V ZR 326/94, v. 29.03.1996, NJW 1996, 1890 (1893); *Baur/Stürner*, Sachenrecht, § 7 Rn. 89.
142 *Baur/Stürner*, Sachenrecht, § 7 Rn. 91; Palandt-*Bassenge*, BGB, § 872 Rn. 1.
143 HHSp-*Fischer*, AO, § 39 Rz. 39; vgl. auch Pahlke/Koenig-*Koenig*, § 39 Rn. 65.
144 Vgl. BFH VIII R 193/83, v. 27.09.1988, DB 1989, 410 (411).
145 *Baur/Stürner*, Sachenrecht, § 7 Rn. 8.
146 So treffend *Walz*, FS für Lutz Fischer, 1999, S. 463 (478); siehe auch HHSp-*Fischer*, AO, § 39 Rz. 46.
147 Vgl. Palandt-*Bassenge*, BGB, § 854 Rn. 3.
148 So ausdrücklich Pahlke/Koenig-*Koenig*, § 39 Rn. 15.

Bereits *Seeliger* hat dieses Problem gesehen[149] und die Annahme, daß wirtschaftliches Eigentum Besitz voraussetze, mit § 1006 Abs. 1 Satz 1 BGB erklärt, wo sich die zivilrechtliche Eigentumsvermutung auf den Besitz gründet.[150] Bei körperlichen Gegenständen mag der Besitz ein erstes und auch wichtiges Indiz für die tatsächliche Herrschaft und den Übergang des wirtschaftlichen Eigentums sein. Eine § 1006 Abs. 1 Satz 1 BGB entsprechende Vorschrift gibt es im Steuerrecht aber nicht. Die zivilrechtliche Begriffswelt kann zudem für die steuerliche Zurechnung nicht allein maßgebend sein. Das Steuerrecht knüpft zwar vielfach an das Zivilrecht an, steuerrechtliche und zivilrechtliche Zuordnung haben aber unterschiedliche Funktionen und Zielsetzungen.

*(2) Begriffliche Abgrenzung von der Terminologie des Sachenrechts*

Die steuerrechtliche Zurechnung soll bestimmen, wer Steueransprüche zu erfüllen hat, die aus der Herrschaft über einzelne Wirtschaftsgüter folgen. Maßgebend ist hier im Zweifel die wirtschaftliche Betrachtungsweise der tatsächlichen Verhältnisse, nicht deren zivilrechtliche Ausgestaltung. Das Sachenrecht hat hingegen in erster Linie Ordnungsfunktion, indem es die ausschließliche Sachherrschaft über bestimmte Gegenstände zuordnet (vgl. § 903 BGB oder § 854 BGB), den Inhaber dieser ausschließlichen Sachherrschaft gegenüber Dritten absichert und damit für Rechtsfrieden sorgt (vgl. §§ 985 ff. BGB oder §§ 858 ff. BGB). Anknüpfungspunkt ist hier neben dem Sachherrschaftswillen immer auch der Besitz (vgl. z.B. §§ 929 ff., 1006 BGB). Um Mißverständnissen vorzubeugen, die im Verhältnis von Steuerrecht und Zivilrecht begründet sind, hat daher schon Seeliger vorgeschlagen nicht auf den „Besitz", sondern auf die „tatsächliche Herrschaft" abzustellen, weil aus der Tatsache, daß jemand Besitzer einer Sache sei, gerade nicht schlechthin auf das wirtschaftliche Eigentum geschlossen werden könne.[151] § 39 Abs. 2 Nr. 1 AO hat deshalb den Begriff „tatsächliche Herrschaft" übernommen.

---

149  Vgl. *Seeliger*, Das wirtschaftliche Eigentum im Steuerrecht, 1962, S. 26, wo er sich zur Ansicht *Friedlaenders* äußert, daß das wirtschaftliche Eigentum Besitz erfordere und dabei feststellt, daß: „diese Voraussetzung naturgemäß nur hinsichtlich der Wirtschaftsgüter aufgestellt werden kann, an denen Besitz überhaupt möglich ist. Wirtschaftsgüter – wie z.B. Forderungen –, an denen Besitz und Eigentum begrifflich nicht denkbar sind, müssen demzufolge bei dieser Betrachtung von vornherein ausscheiden."

150  *Seeliger*, Das wirtschaftliche Eigentum im Steuerrecht, 1962, S. 25.

151  *Seeliger*, Das wirtschaftliche Eigentum im Steuerrecht, 1962, S. 26.

## (3) Zwischenergebnis

Tatsächliche Herrschaft i.S.v. § 39 AO meint mehr als Besitz und schließt schon begrifflich auch unkörperliche Gegenstände ein. Der Terminus muß folgerichtig weit ausgelegt werden. Ob tatsächliche Herrschaft vorliegt, ist im Einzelfall für jedes konkrete Wirtschaftsgut zu bestimmen.

### b. Die gewöhnliche Nutzungsdauer des Wirtschaftsgutes

Das für das wirtschaftliche Eigentum maßgebende Ausschließungsrecht muß regelmäßig für die gesamte gewöhnliche Nutzungsdauer des Wirtschaftsgutes bestehen.[152] Daß die tatsächliche Herrschaft lediglich auf unbestimmte Zeit (mit oder ohne Kündigungsrecht des Eigentümers) oder für die Lebensdauer des Nutzenden bestehen soll, genügt nicht.[153] Die gewöhnliche Nutzungsdauer eines Wirtschaftsgutes entspricht regelmäßig dessen betriebsgewöhnlicher Nutzungsdauer,[154] nach deren Ablauf das Wirtschaftsgut entweder technisch oder wirtschaftlich verbraucht ist.[155] In der Regel läßt sich dieser Zeitraum aus den amtlichen AfA-Tabellen entnehmen (lineare Abschreibung).[156] Hierbei handelt es sich allerdings nur um eine vermutete Nutzungsdauer, die widerlegt werden kann. Die individuelle Verwendung des Wirtschaftsgutes durch den Steuerpflichtigen ist für die gewöhnliche Nutzungsdauer irrelevant, entscheidend die objektive Nutzbarkeit eines Wirtschaftsgutes.

### (1) Problematik des Kriteriums bei nichtabnutzbaren Wirtschaftsgütern

Bei nicht abnutzbaren Wirtschaftsgütern – beispielsweise Grund und Boden, Geldforderungen sowie Kapitalgesellschaftsanteile[157] – die „gewöhnlich" eine

---

152 Ausführlich HHSp-*Fischer*, AO, § 39 Rz. 49 ff.; Pahlke/Koenig-*Koenig*, § 39 Rn. 19.
153 Vgl. BFH X R 20/99, v. 12.04.2000, BFH/NV 2001, 9 (10); T/K-*Kruse*, AO, § 39 Tz. 23; Pahlke/Koenig-*Koenig*, § 39 Rn. 19. Zum Leasing bereits BFH IV R 144/66, v. 26.01.1970, BStBl. II 1970, 264 (272 f.).
154 Vgl. nur BFH IV R 144/66, v. 26.01.1970, BStBl. II 1970, 264 (272 f.); HHSp-*Fischer*, AO, § 39 Rz. 50.
155 Vgl. nur Schmidt/*Kulosa*, § 7 Rn. 101.
156 Klein-*Brockmeyer*, § 39 Rn. 12; *Winnefeld*, Bilanzhandbuch, D108.
157 Natürlich ist ein Anteil an einer Kapitalgesellschaft nur so lange als Wirtschaftsgut existent wie die Gesellschaft selbst. Entsprechendes gilt für eine Forderung, so lange sie werthaltig ist. Dies betrifft jedoch nicht die Abnutzbarkeit und damit die Nutzungsdauer, sondern den Wirtschaftsgutsbegriff. Ist eine Forderung nicht mehr werthaltig oder eine Gesellschaft abgewickelt, so handelt es sich bei der Forderung

unendlich lange Nutzungsdauer haben, ist das Kriterium problematisch. Nähme man bei solchen Wirtschaftsgütern den Ausschluß für die gewöhnliche Nutzungsdauer als Voraussetzung für das wirtschaftliche Eigentum wörtlich, so wäre dort die Begründung nur wirtschaftlichen Eigentums nahezu ausgeschlossen. Denn es ist kaum denkbar, daß ein Dritter den Eigentümer von der Einwirkung auf das Wirtschaftsgut für dessen gesamte (sprich: unbegrenzte) Nutzungsdauer wirtschaftlich ausschließen kann. Das hätte zur Folge, daß nicht abnutzbare Wirtschaftsgüter – im Gegensatz zu abnutzbaren Wirtschaftsgütern – erst mit dem Erlangen des zivilrechtlichen Eigentums zurechenbar (§ 39 Abs. 1 AO) und bilanzierungsfähig wären. Das ist jedoch nicht sachgerecht.

*(2) Beispiel: Veräußerung eines Grundstücks und eines Pkws*

Vergleicht man den Verkauf eines Grundstücks und eines Pkws unter Eigentumsvorbehalt, bei dem der Verkäufer dem Erwerber bereits vor vollständiger Kaufpreiszahlung und dadurch bedingter Übereignung den Besitz der Sache einräumt,[158] so gehen damit Nutzung, Gefahr und Lasten über (§ 446 BGB). Die Erwerber haben ein Anwartschaftsrecht an der gekauften Sache und daher mit der Übergabe die tatsächliche Herrschaft über das Wirtschaftsgut. Der Erwerber des Pkw kann den Eigentümer im Regelfall, das heißt bei regelmäßiger Ratenzahlung,[159] für die gewöhnliche Nutzungsdauer von der Einwirkung auf den Pkw wirtschaftlich ausschließen, so daß er ab der Übergabe wirtschaftlicher Eigentümer ist. Der Grundstückserwerber kann den Eigentümer zwar im Regelfall, also bei vollständiger Kaufpreiszahlung, ebenfalls wirtschaftlich von der Einwirkung darauf ausschließen, aber nicht für die gewöhnliche – unendlich lange – Nutzungsdauer des Grundstücks. Liegt darin ein hinreichender Grund, die Begründung wirtschaftlichen Eigentums an dem Grundstück abzulehnen? Wirtschaftlich betrachtet ist in beiden Fällen eine Vermögensmehrung beim Erwerber eingetreten, da die Überlassung der Wirtschaftsgüter mit dem Ziel der Übereignung erfolgt. Daß diese Vermögensmehrung noch mit einer Verbindlichkeit belastet ist, stellt nicht in Frage, daß der Erwerber in beiden Fällen mit der Überlassung der Wirtschaftsgüter „reicher" ist als vorher. Das Anwartschaftsrecht ist übertragbar

---

oder dem Anteil bereits nicht mehr um objektiv realisierbare Vermögenswerte und damit nicht mehr um Wirtschaftsgüter. Die Frage der Nutzungsdauer stellt sich dann – in Ermangelung eines Wirtschaftsgutes – gar nicht mehr.

158 Bei dem Grundstück ist zudem die Eintragung einer Auflassungsvormerkung in das Grundbuch erforderlich.

159 Der mögliche Fall, daß der Käufer den Kaufpreis nicht tilgen kann, der Verkäufer daraufhin vom Kaufvertrag zurücktritt und den Pkw herausverlangt (vgl. § 449 Abs. 2 BGB), gehört nicht zum „Regelfall".

und pfändbar. Würde das Grundstück beispielsweise nicht in der Bilanz des Erwerbers ausgewiesen, läge ein unzureichendes Bild über das (haftende) Vermögen des Kaufmanns vor. Deshalb verfährt die allgemeine Bilanzierungspraxis hier ebenso wie beim Kauf des Pkws unter Eigentumsvorbehalt. Dies setzt allerdings die subjektive Zurechnung des Grundstücks beim Erwerber vor dem zivilrechtlichen Eigentumserwerb[160] voraus, die der Wortlaut des § 39 Abs. 2 Nr. 1 AO strenggenommen nicht hergibt. Indes sind – wie das Beispiel zeigt – Situationen denkbar, in denen der Eigentümer eines nicht abnutzbaren Wirtschaftsgutes von einem Dritten dauerhaft von der Einwirkung darauf ausgeschlossen ist.[161]

*(3) Die Definition von Seeliger*

*Seeliger* hatte sich bei der Nutzungsdauer nicht so festgelegt wie der spätere Gesetzgeber. Er wollte mit dem Merkmal „auf Dauer" lediglich wirtschaftliches Eigentum bei dinglichen oder obligatorischen Rechtsverhältnissen ausschließen, die nur eine bestimmte oder bestimmbare[162] Zeit dauern.[163] Für wirtschaftliches Eigentum sollte erforderlich sein, „daß dadurch der nach bürgerlichem Recht Berechtigte auf Dauer von der Einwirkung ... ausgeschlossen ist."[164] Doch „Dauer" war nach seiner Ansicht nur gegeben, „wenn diese Rechtslage für einen unbestimmten und im Vorwege auch nicht bestimmbaren Zeitraum oder mit anderen Worten so lange besteht, als sich in tatsächlicher oder rechtlicher Hinsicht nichts ändert."[165] In „tatsächlicher Hinsicht" meinte dabei die Zerstörung des Gegenstandes und „in rechtlicher Hinsicht" den Eintritt einer Änderung der Rechtsstellung des Dritten aufgrund eines neuen Rechtsgeschäfts oder eines sonstigen künftigen, nicht vorhersehbaren Ereignisses.

*(4) Zwischenergebnis*

Die Nutzungsdauer eines Wirtschaftsgutes ist für die Annahme wirtschaftlichen Eigentums nur bei abnutzbaren Wirtschaftsgütern relevant, da nur hier eine zeit-

---

160  Vgl. allgemein zum wirtschaftlichen Eigentum an Grundstücken: BFH I R 133/64, v. 18.11.1970, BStBl. II 1971, 133; I R 213/69, v. 30.10.1972, BStBl. II 1973, 209; IV R 114/94, v. 25.01.1996, BStBl. II 1997, 382; II B 177/02, v. 22.07.2004, BFH/NV 2004, 1515; Pahlke/Koenig-*Koenig*, § 39 Rn. 26.
161  Lesenswert zu GmbH-Anteilen: BFH IV R 226/85, v. 10.03.1988, BStBl. II 1988, 832.
162  Insbesondere durch Kündigung.
163  Vgl. *Seeliger*, Der Begriff des wirtschaftlichen Eigentums im Steuerrecht, 1962, S. 45 ff.
164  *Seeliger*, Der Begriff des wirtschaftlichen Eigentums im Steuerrecht, 1962, S. 89.
165  *Seeliger*, Der Begriff des wirtschaftlichen Eigentums im Steuerrecht, 1962, S. 47.

liche Begrenzung der Nutzungsdauer möglich ist.[166] Ansonsten ist dieses Kriterium ohne Bedeutung.

c. *Wirtschaftlicher Ausschluß des Eigentümers von der Einwirkung auf das Wirtschaftsgut*

Der wirtschaftliche Ausschluß des Eigentümers von der Einwirkung auf das Wirtschaftsgut durch den Dritten ist das entscheidende Kriterium des § 39 Abs. 2 Nr. 1 Satz 1 AO.

*(1) Relevanz der Befugnisse des Dritten*

Entsprechend dem Wortlaut der Vorschrift sind die Befugnisse des Dritten nicht maßgebend.[167] Gleichwohl wird wirtschaftliches Eigentum oft damit begründet, indem man darauf abstellt, wem (dauerhaft) Substanz und Ertrag des Wirtschaftsgutes zustehen oder wann Besitz,[168] Gefahr,[169] Nutzungen und Lasten auf den Dritten übergehen.[170] Nach Ansicht der Rechtsprechung ist für den Übergang des wirtschaftlichen Eigentums entscheidend, ob Besitz, Gefahr, Nutzungen und Lasten eines Wirtschaftsgutes beim Dritten und nicht mehr beim zivilrechtlichen Eigentümer liegen.[171] Wem Substanz und Ertrag eines Wirtschaftsgutes zustehen, der sei regelmäßig ab der Übergabe des Wirtschaftsgutes wirtschaftlicher Eigentümer, wenn die Übereignung angestrebt werde (z.B. beim Kauf unter Eigentumsvorbehalt). Entscheidend seien jedoch stets der Einzelfall und das Gesamtbild der Verhältnisse, so daß wirtschaftliches Eigentum auch vorliegen könne, wenn die eben genannten Voraussetzungen nicht in vollem Umfang gegeben oder

---

166  I.E. so auch HHSp-*Fischer*, AO, § 39 Rz. 45 a.E.; *Körner/Weiken*, BB 1992, 1033 (1039).

167  Vgl. dazu auch *Freericks*, Bilanzierungsfähigkeit und Bilanzierungspflicht in Handels- und Steuerbilanz, S. 170.

168  Dazu bereits oben Kapitel 1 F.III.1.a(1).

169  Dazu ausführlich unter Kapitel 3 B.IV.4.d.

170  Vgl. z.B. HHSp-*Fischer*, AO, § 39 Rz. 44 a.E., 45. Dazu auch Klein-*Brockmeyer*, § 39 Rn. 14; Pahlke/Koenig-*Koenig*, § 39 Rn. 16 ff.; T/K-*Kruse*, AO, § 39 Tz. 24; jeweils m.w.N.

171  St.Rspr. vgl. nur BFH IV R 114/94, v. 25.01.1996, DStR 1996, 916; I R 29/97, v. 15.12.1999, BStBl. II 2000, 527 (530); X R 15/01, v. 18.07.2001, BStBl. II 2002, 278; X R 23/99, v. 18.07.2001, BStBl. II 2002, 281 (283); III R 130/95, v. 15.12.2001, BFH/NV 2001, 1041 (1044); VIII R 5-00, v. 18.12.2001, DStRE 2002, 687 (689); VIII R 26/01, v. 17.02.2004, DStRE 2004, 744 (746); II B 177/02, v. 22.07.2004, BStBl. II 2004, 1515; jeweils m.w.N.

nicht gleichmäßig stark ausgeprägt wären.[172] Daß ein Dritter die Sachherrschaft ausschließlich oder ganz überwiegend nur im Interesse (für Rechnung) eines weiteren Dritten ausüben dürfe und auch tatsächlich ausübe, reiche nicht, da wirtschaftliches Eigentum immer bedeute, daß der andere über ein Wirtschaftsgut wie über eigenes Vermögen verfüge.[173] Für bestimmte Wirtschaftsgüter,[174] wie Gebäude auf fremdem Grund,[175] und bestimmte vertragliche Gestaltungen,[176] wie Leasing[177] oder Nießbrauch,[178] haben sich in Rechtsprechung und Verwaltung allgemeine Grundsätze entwickelt.

*(a) Zurechnung von „Substanz und Ertrag"*

Zum Begriff der „Substanz" eines Wirtschaftsgutes findet sich keine gesetzliche Definition. Die Substanz eines Wirtschaftsgutes wird hier verstanden als Kern dessen, was das Wirtschaftsgut ausmacht und dessen Fehlen das Eigentum als leere Hülle erscheinen läßt. Was insoweit erforderlich ist, ist deshalb im Einzelfall abhängig vom jeweiligen Wirtschaftsgut zu bestimmen.

Der „Ertrag" ist ein handelsrechtlicher Begriff (vgl. § 275 HGB). Das Steuerrecht spricht von Einnahmen und nach der Saldierung mit den zugehörigen Ausgaben von Einkünften (vgl. § 2 Abs. 2 EStG) als dem wirtschaftlichen Ergebnis einer bestimmten Erwerbstätigkeit. § 39 AO regelt nur die Zurechnung von Wirt-

---

172 Vgl. BFH I 133/64, v. 18.11.1970, BStBl. II 1971, 133 (134); III R 233/90, v. 12.09.1991, BStBl. II 1992, 182 (184); I R 29/97, v. 15.12.1999, BStBl. II 2000, 527 (530); X R 15/01, v. 18.07.2001, BStBl. II 2002, 278 (280); III R 130/95, v. 15.12.2001, BFH/NV 2001, 1041 (1144); HHSp-*Fischer*, AO, § 39 Rz. 52; Pahlke/Koenig-*Koenig*, § 39 Rn. 17.

173 Vgl. dazu nur BFH VIII R 193/83, v. 27.09.1988, DB 1989, 410 (411) m.w.N.

174 Vgl. allgemein HHSp-*Fischer*, AO, § 39 Rz. 39 ff., 54 ff.; Klein-*Brockmeyer*, § 39 Rn. 16 ff.; Pahlke/Koenig-*Koenig*, § 39 Rn. 16 ff.; T/K-*Kruse*, AO, § 39 Tz. 22 ff.

175 Vgl. BFH X R 20/99, v. 12.04.2000, BFH/NV 2001, 9; X R 23/99, v. 18.07.2001, BStBl. II 2002, 281; X R 69/00, v. 18.07.2001, BFH/NV 2002, 171; VIII R 30/98, v. 14.05.2002, INF 2002, 633; jeweils m.w.N.

176 Vgl. die Übersicht bei Koch/Scholtz-*Hoffmann*, § 39 Rn. 8.

177 Vgl. BFH IV R 144/66, v. 26.01.1970, BStBl. II 1970, 264; I R 146/81, v. 30.05.1984, BStBl. II 1984, 825; sowie die Leasing-Erlasse des BMF (v. 19.04.1971, BStBl. I 1971, 264; v. 21.03.1972, BStBl. I 1972, 188; v. 22.12.1975, DB 1976, 172; v. 09.06.1987, BStBl. I 1987, 440).

178 Vgl. z.B. BFH VIII R 54/74, v. 27.06.1978, BStBl. II 1979, 332; VIII R 141/77, v. 28.07.1981, BStBl. II 1982, 454; VIII R 153/81, v. 07.12.1982, BStBl. II 1983, 627; X R 20/99, v. 12.04.2000, BFH/NV 2001, 9 (10); Pahlke/Koenig-*Koenig*, AO, § 39 Rn. 43 ff.; die Nießbrauch-Erlasse des BMF v. 23.11.1983, BStBl. I 1983, 508, v. 24.7.1998, BStBl. I 1998, 914.

schaftsgütern und nicht die Zurechnung von Einkünften.[179] Wem die Einkünfte einkommensteuerrechtlich „zuzurechnen" sind und wer sie zu versteuern hat, folgt nicht aus der für alle Steuerarten geltenden Abgabenordnung, sondern aus dem materiellen Einkommensteuerrecht, das wiederum über § 8 Abs. 1 KStG insoweit auch für die Besteuerung von Körperschaften gilt. Einkünfte sind – tätigkeitsbezogen[180] – demjenigen zuzurechnen, der sie selbst durch die Verwirklichung des Tatbestands einer entsprechenden Einkunftsart,[181] sei es als Eigentümer, Nießbraucher, Vermieter[182] oder Ähnliches, „erzielt" (vgl. § 2 Abs. 1 EStG) und bezogen hat.[183] Die Tatsache, daß jemand ein Wirtschaftsgut für seine Zwecke ertragbringend („zur Einkünfteerzielung") einsetzt, macht ihn noch nicht zwingend zu dessen wirtschaftlichem Eigentümer, da er damit nicht notwendig den zivilrechtlichen Eigentümer von der Einwirkung auf das Wirtschaftsgut ausschließt. Exemplarisch hierfür ist der *unter*vermietende Mieter. Dieser bezieht seinerseits Einkünfte aus Vermietung und Verpachtung, ohne den Eigentümer oder den Hauptmieter dauerhaft von der Einwirkung auf das Mietobjekt ausschließen zu können und damit ohne (wirtschaftlicher) Eigentümer der Mietsache zu sein.[184] Umgekehrt werden aus einem Wirtschaftsgut erzielte Einkünfte nicht zwingend dessen (wirtschaftlichem) Eigentümer zugerechnet, weil dies dem Leistungsfähigkeitsprinzip widerspräche. Sollen Einkünfte dem (wirtschaftlichen) Eigentümer des zu ihrer Erzielung eingesetzten Wirtschaftsgutes zugerechnet werden, so bedarf es dazu einer gesetzlichen Regelung, wie zum Beispiel in § 20 Abs. 2a EStG.

---

179 Heute unumstr. vgl. HHSp-*Fischer*, AO, § 39 Rz. 9; H/H/R-*Raupach/Schencking*, EStG, § 2 Anm. 142; Kirchhof/Söhn-*Kirchhof*, EStG, § 2 Rdnr. B 208; T/K-*Kruse*, AO, § 39 Tz. 18.
180 Vgl. Kirchhof/Söhn-*Kirchhof*, EStG, § 2 Rdnr. B 208; Tipke/Lang-*Lang*, Steuerrecht, § 9 Rz. 151 f.
181 Vgl. BFH GrS 1/81, v. 29.11.1982, BStBl. II 1983, 272 (274); BFH VIII R 63/79, v. 13.05.1980, BStBl. II 1981, 295 (296), VIII R 75/79, v. 13.05.1980, BStBl. II 1981, 297 (298), VIII R 128/78, v. 13.05.1980, BStBl. II 1981, 299 (300); IX R 269/87, v. 27.01.1993, BStBl. II 1994, 615 (617); Kirchhof/Söhn-*Kirchhof*, EStG, § 2 Rdnr. B 219.
182 Vgl. exemplarisch BFH XI R 17/88, v. 13.10.1992, BFH/NV 1993, 227 (228); IX R 269/87, v. 27.01.1993, BStBl. II 1994, 615 ff. zur Vermietung im Rahmen eines Immobilienfonds.
183 Vgl. dazu BFH IX R 269/87, v. 27.01.1993, BStBl. II 1994, 615 (617).
184 Vgl. auch BFH IX R 269/87, v. 27.01.1993, BStBl. II 1994, 615 (616).

*(b) Nutzung des Wirtschaftsgutes*

Die Nutzung eines Wirtschaftsgutes kann in beliebiger Form, ganz oder teilweise, einem oder mehreren Dritten überlassen sein bzw. durch diese unberechtigt erfolgen. Entsprechendes gilt für das Tragen von Lasten.[185] Im Extremfall können zu einem Wirtschaftsgut verschiedene dauerhafte Nutzungsverhältnisse mit unterschiedlichen Personen bestehen, die erst in der Summe das zivilrechtliche Eigentum inhaltsleer erscheinen lassen. Dann hätte jedoch keiner der Nutzungsberechtigten allein wirtschaftliches Eigentum, da keiner für sich eine den Eigentümer ausschließende Position innehat.

Setzt ein Dritter ein Wirtschaftsgut ertragbringend ein, so kann das zudem Ausdruck der Herrschaftsgewalt des Eigentümers über das Wirtschaftsgut sein. Denn der Eigentümer kann die Nutzung jederzeit ändern und sich entschließen, diese einem Dritten zu überlassen. Hinsichtlich der Lasten sind dabei die unterschiedlichsten Gestaltungen denkbar. Nutzungsverhältnisse lassen sich so gestalten, daß sie bis zur Erschöpfung des Wirtschaftsgutes andauern oder vorher enden. In beiden Fällen können dem Nutzenden während der Nutzungszeit Substanz und Ertrag des Wirtschaftsgutes zustehen. Jedoch erlangt der Nutzende nur im ersten Fall nach § 39 Abs. 2 Nr. 1 AO wirtschaftliches Eigentum, im zweiten Fall jedoch nicht. Ein Beispiel für den zweiten Fall ist der gewöhnliche Miet- oder Pachtvertrag. Hier kann der Mieter/Pächter den Eigentümer wegen der möglichen Kündigung des Vertrages nicht für die gesamte Nutzungsdauer des Wirtschaftsgutes wirtschaftlich ausschließen.

Der Eigentümer erhält für die Nutzungs-/Substanzüberlassung an den Dritten in der Regel auch eine Gegenleistung, bei unbefugter Nutzung steht ihm eine Entschädigung zu, so daß er jedenfalls einen Ertrag aus der Nutzung zieht. Der Dritte kann das Wirtschaftsgut u.U. ebenfalls nutzen und ertragbringend einsetzen. Folglich steht beiden ein Ertrag aus der Nutzung zu. Selbst wenn der Dritte den Eigentümer dauerhaft von der Einwirkung auf das Wirtschaftsgut ausschließen kann, erhält der Eigentümer möglicherweise bis zur Aufzehrung des Wirtschaftsgutes eine Gegenleistung und damit einen Ertrag. Daraus ergibt sich allgemein: Ob jemand ein Wirtschaftsgut nutzt und einen Ertrag daraus ziehen kann, spricht nicht zwingend für wirtschaftliches Eigentum.

*(c) Einkünfte aus Kapitalvermögen und § 20 Abs. 2a EStG*

Bei den Einkünften aus Kapitalvermögen i.S.v. § 20 Abs. 1 Nr. 1 und 2 EStG, zu denen auch die Bezüge aus Aktien zählen, ist von Gesetzes wegen relevant, wem

---

185   Vgl. dazu auch Kapitel 3 B.IV.4.e.

das zur Einkunftserzielung eingesetzte Vermögen (die Anteile) zuzurechnen ist. Denn nach § 20 Abs. 2a EStG erzielt nur der Anteilseigner Einkünfte aus Kapitalvermögen; und das ist derjenige, dem nach § 39 AO die Anteile im Zeitpunkt des Gewinnverteilungsbeschlusses zuzurechnen sind. Eine allgemeine Vermutung, daß die Einkünfte stets demjenigen zuzurechnen sind, dem nach § 39 AO die Einkunftsquelle zugerechnet wird, folgt daraus aber nicht, da § 20 Abs. 2a EStG nur für bestimmte Kapitaleinkünfte gilt. Ebensowenig erlaubt § 20 Abs. 2a EStG den Umkehrschluß, daß ein Wirtschaftsgut im übrigen demjenigen zuzurechnen ist, der die Erträge erzielt. Der Verweis auf § 39 AO enthielte dann einen Zirkelschluß. Selbst bei den Einkünften aus Kapitalvermögen bleibt es außerhalb des Anwendungsbereiches des § 20 Abs. 2a EStG dabei, daß die Einkünfte tätigkeitsbezogen demjenigen zuzurechnen sind, der im eigenen Namen und für eigene Rechnung Kapitalvermögen gegen Entgelt zur Nutzung überläßt.[186] Das (wirtschaftliche) Eigentum an dem Kapitalvermögen ist nicht erforderlich.

An der Zurechnung der Einkünfte ändert sich auch nichts, wenn sich der Einkünfteerzielende verpflichtet, die Einkünfte stets an einen Dritten weiterzuleiten, so daß diese wirtschaftlich dem Dritten gebühren. Das gilt jedenfalls, wenn der Dritte (rechtlich) in keiner Weise auf die Verwaltung des Vermögens Einfluß nehmen kann.[187] Denn hier liegt eine Verfügung über erzielte Einkünfte und damit eine steuerrechtlich unbeachtliche Einkommensverwendung vor, die als rechtliche Verfügungsbeschränkung die persönliche Steuerpflicht nicht berührt.[188] Allerdings muß derjenige, der die Einkünfte erzielt, zumindest wirtschaftlich verfügungsberechtigt sein. Verhindert fehlende wirtschaftliche Verfügungsbefugnis bereits das Zufließen der Einnahmen, so erfolgt auch keine Zurechnung.[189]

*(d) Zwischenergebnis*

Aus der Erzielung von Einkünften bzw. Einnahmen aus einem Wirtschaftsgut kann nicht zwingend auf Zurechnung desselben zum Einkunftserzielenden ge-

---

186  Vgl. BFH GrS 1/81, v. 29.11.1982, BStBl. II 1983, 272 (274); X R 114/94, v. 06.11.1997, BStBl. II 1998, 190 (191); Blümich-*Stuhrmann*, EStG, § 20 Rz. 27 f.; Schmidt/*Weber-Grellet*, § 20 Rn. 13.
187  Vgl. BFH X 114/94, v. 26.11.1997, BStBl. II 1990, 190 (191); zur Zurechnung beim Treuhänder oder Treugeber BFH IX R 269/87, v. 27.01.1993, BStBl. II 1994, 615 (617).
188  Vgl. dazu BFH IV R 173/74, v. 24.06.1976, BStBl. II 1976, 643 (644); X R 114/94, v. 26.11.1997, BStBl. II 1998, 190 (192); auch Blümich-*Ratschow*, EStG, § 2 Rz. 65.
189  Vgl. Blümich-*Ratschow*, EStG, § 2 Rz. 61, 76.

schlossen werden und umgekehrt.[190] Wer den Eigentümer für die gewöhnliche Nutzungsdauer von der Einwirkung auf das Wirtschaftsgut wirtschaftlich ausschließen kann, dem stehen zwar u.U. Substanz und Ertrag des Wirtschaftsgutes zu. Daraus, wem der Ertrag zusteht, kann aber nicht umgekehrt geschlossen werden, wer wirtschaftlicher Eigentümer eines Wirtschaftsgutes ist. Die (dauerhafte) Ertragsberechtigung ist lediglich ein Indiz für wirtschaftliches Eigentum. Die Zurechnung eines Wirtschaftsgutes ist von der Einkunftserzielung und damit von der Zurechnung des Ertrags zu trennen. Entscheidend für die Zurechnung eines Wirtschaftsgutes ist dessen Substanz.

*(2) Auswirkungen verbleibender Befugnisse des Eigentümers*

Ist die Substanz des Wirtschaftsgutes für die Zurechnung maßgebend, so kommt den dem Eigentümer trotz der Einwirkungsmöglichkeiten des Dritten noch verbleibenden Befugnissen[191] entscheidende Bedeutung zu. Die Rechtsprechung nimmt einen wirtschaftlichen Ausschluß des zivilrechtlichen Eigentümers von der Einwirkung auf das Wirtschaftsgut allgemein an, wenn der Eigentümer keinen oder nur noch einen wirtschaftlich bedeutungslosen Herausgabeanspruch gegen den Dritten hat;[192] es darf ihm also nur noch ein formales Eigentumsrecht (nudum ius) verbleiben – bar der Substanz des Wirtschaftsgutes.

*(a) Bedeutung des Verfügungsrechts des Eigentümers*

Die dem zivilrechtlichen Eigentümer stets verbleibende Befugnis, über das Wirtschaftsgut sachenrechtlich (insbesondere durch Übereignung oder Belastung) zu

---

190  Nach BFH IV R 173/74, v. 24.06.1976, BStBl. II 1976, 643 f. ist derjenige originärer Bezieher von Einkünften, dem die betreffende Einkunftsquelle und ihre Nutzung zusteht. Das spricht scheinbar gegen die Trennung der Zurechnung von Wirtschaftsgut und Einkünften. In dem Fall ging es jedoch um Einkünfte aus Maklertätigkeit. Wie bei allen Einkünften aus Tätigkeiten impliziert hier die Zurechnung der Einkunftsquelle die Zurechnung der Einkünfte. Mit der Zurechnung von Wirtschaftsgütern hat das nichts zu tun, weil Einkunftsquelle dabei kein bestimmtes Wirtschaftsgut ist, sondern das Tätigwerden. Die dabei eingesetzten Wirtschaftsgüter können Dritten zuzurechnen sein.

191  So i.E. Klein-*Brockmeyer*, § 39 Rn. 11; *Seeliger*, Der Begriff des wirtschaftlichen Eigentums im Steuerrecht, 1962, S. 88 f.; vgl. auch BFH VIII R 54/88, v. 07.07.1992, BStBl. II 1993, 331 (332).

192  Vgl. BFH III R 233/90, v. 12.09.1991, BStBl. II 1992, 182 (183); X R 20/99, v. 12.04.2000, BFH/NV 2001, 9 (10); X R 15/01, v. 18.07.2001, BStBl. II 2002, 278 (280); X R 23/99, v. 18.07.2001, BStBl. II 2002, 281 (282); jeweils m.w.N.; *Seeliger*, Der Begriff des wirtschaftlichen Eigentums im Steuerrecht, 1962, S. 90.

verfügen, hat für den Übergang des wirtschaftlichen Eigentums keine Bedeutung.[193] Der Eigentümer muß nur wirtschaftlich von der Einwirkung auf die Sache ausgeschlossen sein.[194] § 39 Abs. 2 Nr. 1 AO normiert eine von der Regelzurechnung beim Eigentümer (§ 39 Abs. 1 AO) abweichende Zurechnung. Bereits daraus folgt einerseits, daß die dem Eigentümer verbleibende rechtliche Verfügungsmöglichkeit die Annahme wirtschaftlichen Eigentums eines Dritten nicht ausschließt und andererseits, daß die steuerrechtliche Zuordnung eines Wirtschaftsgutes nicht die freie bürgerlich-rechtliche Übertragbarkeit fordert, sondern nur den wirtschaftlichen Ausschluß des Eigentümers von der Einwirkung auf die Sache.[195] Das Recht zur Veräußerung des Wirtschaftsgutes hat keinen Wert mehr, wenn auch ein neuer Eigentümer für die gewöhnliche Nutzungsdauer des Wirtschaftsgutes keinerlei Einwirkungs- und Nutzungsmöglichkeiten hätte. Das Wirtschaftsgut selbst ist damit praktisch nicht verwertbar.

*(b) Maßgeblichkeit der Substanz des Wirtschaftsgutes*

Geht man vom Wortlaut des § 39 Abs. 2 Nr. 1 Satz 1 AO aus, nach dem der wirtschaftliche Ausschluß des Eigentümers von der Einwirkung auf das Wirtschaftsgut genügt, so muß man für das Vorliegen von wirtschaftlichem Eigentum anders als die Rechtsprechung, nicht zusätzlich auf positive Befugnisse des Dritten abstellen. Vielmehr reicht es aus, daß der Dritte den Eigentümer dauerhaft von der Einwirkung auf das Wirtschaftsgut ausschließt, und zwar unabhängig von dessen positiven Befugnissen. Hat der Dritte eine Position, in der ihm dauerhaft Substanz und Ertrag zustehen bzw. Besitz, Gefahr, Nutzungen und Lasten auf ihm übergegangen sind, so schließt er jedenfalls auch den Eigentümer von der Einwirkung auf das Wirtschaftsgut wirtschaftlich aus. Einer so weitreichenden Position des Dritten bedarf es aber nach § 39 AO gar nicht. Wirtschaftliches Eigentum des Dritten ist nur dann ausgeschlossen, wenn dem Eigentümer trotz der Einwirkung des Dritten noch die Substanz des Wirtschaftsgutes verbleibt.

---

193 Dazu auch BFH X R 92/92, v. 27.11.1996, BStBl. II 1998, 97 (99).
194 Vgl. nur BFH I 133/64, v. 18.11.1970, BStBl. II 1971, 133 (135); X R 15/01, v. 18.07.2001, BStBl. II 2002, 278 (280); X R 23/99, v. 18.07.2001, BStBl. II 2002, 281 (282); jeweils m.w.N.; HHSp-*Fischer*, AO, § 39 Rz. 45 f.; Pahlke/ Koenig-*Koenig*, § 39 Rn. 16; T/K-*Kruse*, AO, § 39 Tz. 24.
195 Vgl. BFH X R 92/92, v. 27.11.1996, BStBl. II 1998, 97 (99).

### d. Der Regelfall in § 39 Abs. 2 Nr. 1 AO

Nach dem Wortlaut des § 39 Abs. 2 Nr. 1 AO wird stets auf den „Regelfall" abgestellt und damit auf den für die gewählte Gestaltung typischen Geschehensablauf.

### 2. Wirtschaftliches Miteigentum und wirtschaftliche Mitberechtigung

Fraglich ist, ob es wirtschaftliches (ohne zivilrechtliches) Miteigentum neben zivilrechtlichem Eigentum am selben Wirtschaftsgut geben kann. Der Wortlaut des § 39 Abs. 2 Nr. 1 Satz 1 AO gibt das wohl nicht her.[196] Danach muß nämlich der Dritte den zivilrechtlichen Eigentümer von der Einwirkung auf das Wirtschaftsgut ausschließen und gerade das ist ihm nicht möglich, wenn neben ihm auch noch der zivilrechtliche Eigentümer auf das Wirtschaftsgut einwirken kann.[197] Vom wirtschaftlichen Miteigentum zu *unterscheiden* ist zum einen die wirtschaftliche Mitberechtigung, bei der eine Personenmehrheit als wirtschaftlicher Eigentümer den zivilrechtlichen Eigentümer von der Einwirkung auf das Wirtschaftsgut ausschließt, und zum anderen die Möglichkeit der Begründung wirtschaftlichen Eigentums an (auch ideellen[198]) Miteigentumsanteilen.[199]

### 3. Fazit

Die Zurechnung eines Wirtschaftsgutes zu einem anderen als dem zivilrechtlichen Eigentümer ist nur dann gerechtfertigt, wenn dadurch die Leistungsfähigkeit des zivilrechtlichen und des wirtschaftlichen Eigentümers zutreffend erfaßt wird. Ob wirtschaftliches Eigentum gegeben ist, muß anhand der Umstände des Einzelfalles beurteilt werden und hängt entscheidend von der Art des jeweiligen Wirtschaftsgutes ab. Die Kriterien des § 39 Abs. 2 Satz 1 AO sind entsprechend auszulegen und zu gewichten.

---

196 Zweifelnd schon im Hinblick auf die Begriffbestimmung Seeligers, *Martens*, DStR 1962/63, 426 ff.

197 Vgl. dazu BFH X R 92/92, v. 27.11.1996, BStBl. II 1998, 97 (99). Dort spricht der BFH vom wirtschaftlichen Miteigentum, wo m. E. wirtschaftliches Eigentum an einem ideellen Miteigentumsanteil (dazu sogleich) vorliegt. Weiterführend Pahlke/Koenig-*Koenig*, § 39 Rn. 20; T/K-*Kruse*, AO, § 39 Tz. 28.

198 Denkbar z.B. bei einem zivilrechtlich ungeteilten Grundstück, das mehrere Personen als ihnen gemeinschaftlich gehörend besitzen und nutzen.

199 Vgl. BFH I R 18/73, v. 28.08.1974, BStBl. II 1975, 166 (167); III R 121/83, v. 20.11.1984, BStBl. II 1985, 451 (452); X R 15/01, v. 18.07.2001, BStBl. II 2002, 278. Mißverständlich III 41/52 U, v. 20.02.1953, BStBl. III 1953, 114; III 212/62, v. 24.02.1966, BStBl. III 1966, 493 (496) zu § 11 Nr. 4 StAnpG.

Bei den hier interessierenden nicht abnutzbaren Wirtschaftsgütern ist neben der tatsächlichen Herrschaft vor allem das dritte Kriterium von Gewicht: der wirtschaftliche Ausschluß des zivilrechtlichen Eigentümers von der Einwirkung auf das Wirtschaftsgut durch den „anderen". Der Zeitraum, der gewöhnlichen Nutzungsdauer ist hingegen unmaßgeblich. *Seeliger* hat es treffend ausgedrückt: „Die Schwierigkeit bei der praktischen Rechtsanwendung besteht in der Hauptsache darin, den Träger der tatsächlichen Herrschaft – gleichviel ob er Eigentümer im Rechtssinne ist oder nicht – von denjenigen Rechtssubjekten abzugrenzen, die zwar bestimmte Herrschaftsrechte ausüben können und dürfen, denen gleichwohl aber keine dem Eigentum entsprechende Verfügungsmacht zusteht. Es gilt demnach mit anderen Worten, die Grenze zu finden, an der die Herrschaftsgewalt vom bürgerlich-rechtlichen Eigentümer auf einen anderen übergeht.[200]

## F. Wirtschaftliches Eigentum und Handelsbilanzrecht

Aus § 5 Abs. 1 Satz 1 EStG folgt die materielle Maßgeblichkeit der Handelsbilanz für die Steuerbilanz. Im Hinblick auf bilanzierende Steuerpflichtige ist daher zu untersuchen, nach welchen Kriterien die Zurechnung von Vermögensgegenständen im Handelsbilanzrecht erfolgt und ob sich diese mit § 39 Abs. 2 Nr. 1 AO decken.

### I. Die wirtschaftliche Vermögenszugehörigkeit

§ 242 Abs. 1 Satz 1 HGB statuiert, daß ein Kaufmann in der Bilanz nur sein Vermögen, also seine Vermögensgegenstände, abbilden darf. Gleiches ergibt sich aus den §§ 238 Abs. 1 Satz 1, 240 Abs. 1 HGB. Der Ausweis eines Vermögensgegenstandes in der Handelsbilanz erfordert also dessen Zugehörigkeit zum Vermögen des Kaufmanns. Welches Vermögen „seines" ist, wird in den Vorschriften über die Handelsbücher jedoch nicht geregelt; eine § 39 AO vergleichbare Regelung fehlt. § 39 AO ist wegen der grundsätzlichen Eigenständigkeit von Steuerrecht und Handelsrecht weder unmittelbar noch analog auf die Handelsbilanz anwendbar. Etwas anderes ergibt sich auch nicht aus § 5 Abs. 1 Satz 2 EStG, der formellen (sog. „umgekehrten") Maßgeblichkeit der Steuerbilanz für die Handelsbilanz. Die Vermögenszugehörigkeit ist daher entsprechend § 238 Abs. 1 Satz 1 HGB aus den Grundsätzen ordnungsmäßiger Buchführung abzuleiten. Da

---

200 *Seeliger*, Der Begriff des wirtschaftlichen Eigentums im Steuerrecht, 1962, S.88.

sie sich in Form der Aktiva unmittelbar in der Bilanz widerspiegelt, muß hierbei vor allem der Zweck der Handelsbilanz Berücksichtigung finden.

## II. Vermögensgegenstand und Wirtschaftsgut

In der Handelsbilanz werden Vermögensgegenstände (vgl. §§ 246 Abs. 1, 252, 253, 266 HGB) aktiviert. Der Begriff des Vermögensgegenstandes ist ebensowenig wie der des Wirtschaftsgutes[201] auf bürgerlich-rechtliche Gegenstände (Sachen und Rechte) beschränkt.[202] Daß das „Vermögen" des Kaufmanns mehr umfaßt, ergibt sich bereits aus einem wesentlichen Zweck der Handelsbilanz: der Information (der Gläubiger) über das verwertbare Vermögen des Kaufmanns („Schuldendeckung"). Denn dazu gehören nicht nur eigentumsfähige Sachen, sondern auch Forderungen, Rechte, wie z.B. Aktien, und sonstige wirtschaftliche Vorteile, deren Erlangung sich der Kaufmann etwas kosten läßt.

## 1. Das Maßgeblichkeitsprinzip

Die Begriffe „Vermögensgegenstand" und (aktives) „Wirtschaftsgut" sind nach herrschender Meinung wegen der Maßgeblichkeit der Handelsbilanz für die Steuerbilanz (§ 5 Abs. 1 Satz 1 EStG) begrifflich deckungsgleich.[203] Gemäß § 5 Abs. 1 Satz 1 EStG ist für den Schluß des Wirtschaftsjahres das Betriebsvermögen (= Eigenkapital) anzusetzen (§ 4 Abs. 1 Satz 1 EStG), das nach den handelsrechtlichen Grundsätzen ordnungsmäßiger Buchführung auszuweisen ist. Die Handelsbilanz stellt damit die Grundlage der steuerlichen Gewinnermittlung dar. Eingeschränkt wird diese (materielle) Maßgeblichkeit nur durch zwingende steuerrechtliche Ausnahmen, wie z.B. § 5 Abs. 4a, 6 EStG.

---

201  Zur Begriffsbestimmung siehe oben Kapitel 1 E.II.1.
202  Vgl. *Knobbe-Keuk*, Bilanz- und Unternehmensteuerrecht, S. 86.
203  St.Rspr. BFH GrS 1/69, v. 02.03.1970, BStBl. II 1970, 382 (383); GrS 2/86, v. 26.10.1987, BStBl. II 1988, 348 (352); GrS 2/99, v. 07.08.2000, DStR 2000, 1682 (1684); IV R 201/74, v. 09.02.1978, BStBl. II 1978, 370 (371). Dazu auch *ADS*, HGB, § 246 Rn. 12 ff.; *Blümich-Schreiber*, EStG, § 5 Rz. 303; *Ellrot/Krämer* in: Beck Bil-Komm., § 247 Rn. 12; *Knapp*, DB 1971, 1121 (1122); *Knobbe-Keuk*, Bilanz- und Unternehmensteuerrecht, S. 87; *Ley*, Der Begriff ‚Wirtschaftsgut' und seine Bedeutung für die Aktivierung, 1987, S. 118; *Westerfelhaus*, DB 1995, 885 ff.; *Beisse*, BB 1980, 637 (638). Kritisch: *Costede*, StuW 1995, 115 (116); *Weber-Grellet*, Steuerbilanzrecht, § 8 Rn. 3.

Die Maßgeblichkeit der Handelsbilanz für die Steuerbilanz gilt auch für die einzelnen Bilanzpositionen und deren Bewertung.[204] Ist ein Posten in der Handelsbilanz korrekt angesetzt, so ist dieser Ansatz – vorbehaltlich steuerrechtlicher Ausnahmeregelungen – in die Steuerbilanz zu übernehmen.[205] Was in der Handelsbilanz aktiviert (Aktivierungsgebot) und passiviert (Passivierungsgebot) wurde, ist daher grundsätzlich auch in der Steuerbilanz auszuweisen. Die handelsrechtlichen Aktivierungs- und Passivierungsverbote sind für den Steuerpflichtigen grundsätzlich verpflichtend. Bei bilanzierenden Gewerbetreibenden (vgl. §§ 5 Abs. 1 Satz 1, 15 Abs. 1 EStG; § 8 Abs. 2 KStG) findet sich in der Steuerbilanz damit zwangsläufig nur das als Wirtschaftsgut wieder, was bereits als Vermögensgegenstand in der Handelsbilanz angesetzt wurde.

## 2. Vergleich der Begriffe Vermögensgegenstand und Wirtschaftsgut

Die praktische Deckung der Begriffe Wirtschaftsgut und Vermögensgegenstand ist also eine Folge der Anwendung des Maßgeblichkeitsprinzips. Eine Begriffsidentität liegt aber nicht vor.[206] Unterschiede in den Interpretationen finden sich primär in der Finanzrechtsprechung einerseits und Teilen des Schrifttums andererseits. Die finanzgerichtliche Rechtsprechung stellt zum Beispiel beim Wirtschaftsgut neben dem über den Bilanzstichtag hinausgehenden Nutzen vor allem auf die selbständige Bewertbarkeit ab, die Greifbarkeit im Sinne einer wirtschaftlichen Verselbständigung voraussetzt.[207] Die handelsrechtliche Literatur betont demgegenüber, daß ein Vermögensgegenstand außerdem die selbständige Verkehrsfähigkeit im Sinne von Einzelveräußerbarkeit oder Einzelverwertbarkeit[208] erfordere.[209] Der Bundesfinanzhof wiederum mißt der Verkehrsfähigkeit nur insoweit Bedeutung zu, als er bei einem Wirtschaftsgut dessen Übertragbarkeit zu-

---

204　Vgl. BFH IV R 201/74, v. 09.02.1978, BStBl. II 1978, 370 (371); IV R 83/83, v. 25.04.1985, BStBl. II 1986, 350 (352).

205　Vgl. *Förschle* in: Beck Bil-Komm, § 243 HGB Rn. 111 f.; *Knobbe-Keuk*, Bilanz- und Unternehmensteuerrecht, S. 18 ff. So auch schon RFH I A 138/35, v. 28.04.1936, RStBl. 1936, 757 (758).

206　In diese Richtung auch Küting/Weber-*Herzig*, HdR, Band I, Kap 3 Rn. 10; *Weber-Grellet*, Steuerbilanzrecht, § 8 Rn. 3; *Wassermeyer*, DB 2001, 1053.

207　Vgl. nur BFH GrS 1/69, v. 02.03.1970, BStBl. II 1970, 382 (383); GrS 2/99, v. 07.08.2000, DStR 2000, 1682 (1684) m.w.N.

208　Str., vgl. dazu Küting/Weber-*Baetge/Fey/Weber*, HdR, Band I, HGB § 248 Rn. 20.

209　Vgl. zum Ganzen: *ADS*, HGB, § 246 Rn. 26 ff.; *Ellrott/Krämer* in: Beck Bil-Komm., § 247 HGB Rn. 13; *Knapp*, DB 1971, 1121 (1123); Küting/Weber-*Baetge/Fey/Weber*, HdR, Band I, HGB § 248 Rn. 20; *Ley*, Der Begriff ‚Wirtschaftsgut‘ und seine Bedeutung für die Aktivierung, 1987, S. 130 ff., 135; *Meyer-Scharenberg*, SteuerStud 1988, 299 (300).

sammen mit einem Betrieb für notwendig erachtet.[210] Andernfalls wäre beispielsweise der entgeltlich erworbene Firmenwert[211] kein Wirtschaftsgut und damit nicht aktivierbar. Insgesamt ist festzustellen: Der Begriff des Wirtschaftsgutes wird teilweise anders ausgelegt als der des Vermögensgegenstandes. Dies ist aber zulässig und erklärt sich aus den unterschiedlichen Zwecken von Handels- und Steuerbilanz. Die Handelsbilanz spiegelt auf ihrer Aktivseite vor allem das verwertbare Schuldendeckungspotential[212] eines Kaufmannes wieder, wofür die Einzelveräußerbarkeit der Vermögensgegenstände grundsätzlich notwendig ist. Zudem verlangt das Vorsichtsprinzip die Berücksichtigung aller Risiken, die bei einzelnen Positionen bestehen. Die Steuerbilanz bezweckt hingegen die Ermittlung des „richtigen", dem Gebot der Besteuerung nach der Leistungsfähigkeit entsprechenden Gewinns. Um ein Wirtschaftsgut zu aktivieren, ist hierfür vor allem die selbständige Bewertbarkeit und weniger die Veräußerbarkeit von Belang. Das Vorsichtsprinzip ist nachrangig.

### 3. Die Rechtsprechung des Bundesfinanzhofes im Einzelnen

Der Bundesfinanzhof setzt die Begriffe „Wirtschaftsgut" und „Vermögensgegenstand" gleich. Vermögensgegenstände müssen deshalb nicht zwingend selbständig verkehrsfähig, sondern lediglich im Rahmen des Unternehmens veräußerbar sein.[213] Besonders deutlich findet sich das bereits im sog. Biersteuer-Urteil des Bundesfinanzhofs vom 26. Februar 1975:[214] „Die Klägerin versteht jedoch den handelsrechtlichen Begriff des Vermögensgegenstands zu eng, wenn sie das Merkmal der selbständigen Verkehrsfähigkeit fordert. Das Recht auf die Firma und das Warenzeichenrecht z.B. können nicht ohne den Betrieb veräußert werden (§ 23 HGB, § 8 des Warenzeichengesetzes). Dennoch widerspräche es der wirtschaftlichen Wirklichkeit, ihnen die Eigenschaft als Vermögensgegenstand abzusprechen. Der Firmen- oder Geschäftswert erscheint daher unter der weiteren Voraussetzung des entgeltlichen Erwerbs in der Bilanz des Kaufmanns und zwar als Vermögensgegenstand, ... ."

---

210 Vgl. BFH I R 72/73, v. 26.02.1975, BStBl. II 1976, 13 (14).

211 Vgl. dazu *Falterbaum/Bolk/Reiß/Eberhart*, Buchführung und Bilanz, S. 825 f.; *Körner/Weiken*, BB 1992, 1033 (1034).

212 Zumindest soweit es um den ‚Ansatz dem Grunde nach' geht. Vgl. *Ley*, Der Begriff ‚Wirtschaftsgut' und seine Bedeutung für die Aktivierung, 1987, S. 123.

213 So auch *Beisse*, BB 1980, 637 (639).

214 BFH I R 72/73, v. 26.02.1975, BStBl. II 1976, 13 (14).

## 4. Fazit

Wegen des Maßgeblichkeitsprinzips gewinnt der Bundesfinanzhof zunehmend die „Deutungshoheit" über den Begriff des Vermögensgegenstandes. Da die unterschiedlichen Zwecke von Handels- und Steuerbilanz weitgehend unberücksichtigt bleiben, gilt faktisch eine Maßgeblichkeit der Steuerbilanz für die Handelsbilanz.[215] Der Große Senat des Bundesfinanzhofes hat in seinem Beschluß vom 7. August 2000 zur phasengleichen Aktivierung von Dividenden in der Steuerbilanz die unterschiedlichen Sachgesetzlichkeiten von Steuer- und Handelsbilanz betont[216] und beansprucht, den Wirtschaftsgutsbegriff gegebenenfalls anders auszulegen als der Bundesgerichtshof den Begriff des Vermögensgegenstands. Damit wurde der Maßgeblichkeitsgrundsatz nicht aufgegeben – das könnte nur der Gesetzgeber – sondern den spezifischen Sachgesetzlichkeiten des Steuerrechts Rechnung getragen.[217] Relevant wird dies vor allem bei immateriellen Wirtschaftsgütern. Die Problematik[218] ist also begrenzt und bestimmte Werte, wie der entgeltlich erworbene Firmenwert, werden handelsrechtlich ohnehin auch ohne Einzelverwertungsmöglichkeit als Vermögenswerte anerkannt (vgl. § 266 Abs. 2 A.I.2. HGB).

### III. Die wirtschaftliche Betrachtungsweise im Handelsrecht

Ein Vermögensgegenstand, der im zivilrechtlichen Eigentum eines Kaufmanns steht, ist seinem Vermögen zuzuordnen und deshalb vom Eigentümer zu bilanzieren.[219] Die auch im Handelsbilanzrecht anerkannte[220] wirtschaftliche Betrach-

---

215 Vgl. dazu insbesondere *Beisse*, BB 1980, 637 (638 f.).

216 Vgl. BFH GrS 2/99, v. 07.08.2000, DStR 2000, 1682 (1687): „Das Handelsrecht wird wesentlich von Gläubigerschutzinteressen beeinflußt, die in den Fällen der hier interessierenden Art einer extensiven Auslegung des Wertaufhellungsprinzips nicht entgegenstehen. Das Steuerrecht ist dagegen öffentliches, das heißt in seinem Kern zwingendes Recht. Es wird wesentlich von dem verfassungsrechtlichen Grundsatz der Gleichheit der Besteuerung geprägt. Deshalb können Grund und Höhe der Besteuerung – von gesetzlich normierten Ausnahmen abgesehen – nicht vom Willen des Steuerpflichtigen abhängig gemacht werden. Das ist aber der Fall, wenn die Anwendung des handelsrechtlichen Wertaufhellungsprinzips ... Gestaltungsmöglichkeiten eröffnet, die einem gesetzlich nicht vorgesehenen Wahlrecht, einen Nicht-Vermögensgegenstand als Wirtschaftsgut zu behandeln, gleichkommen."

217 Vgl. dazu auch *Costede*, StuW 1995, 115 (116 f.); *Wassermeyer*, DB 2001, 1053 ff.

218 Instruktiv dazu *Meyer-Scharenberg*, SteuerStud 1988, 299 ff.

219 Vgl. *ADS*, HGB, § 246 Rn. 260; *Winnefeld*, Bilanzhandbuch, D105.

220 Vgl. nur BGH II ZR 164/94, v. 06.11.1995, BB 1996, 155. A.A. *Ekkenga*, ZGR 1997, 262 (266 ff.).

tungsweise führt aber dazu, daß ein Vermögensgegenstand beim Auseinanderfallen von Eigentum und wirtschaftlicher Verfügungsgewalt dem Vermögen desjenigen zugeordnet wird, zu dem er aus wirtschaftlicher Sicht gehört.[221] Zwar gibt es im HGB keine § 39 AO entsprechende Norm, § 246 Abs. 1 Sätze 2, 3 HGB konkretisiert aber die persönliche Zuordnung von Vermögensgegenständen, die als Sicherheit übertragen worden sind. Ein Vermögensgegenstand wird danach abweichend vom zivilrechtlichen Eigentum grundsätzlich beim Sicherungsgeber[222] bilanziert, solange dieser einen Rückübertragungsanspruch hat.[223] Entsprechendes gilt bei Pensionsgeschäften nach § 340b Abs. 4, 5 HGB. Diese Regelungen bestätigen, daß für die Bilanzierung von Vermögensgegenständen nicht allein das zivilrechtliche Eigentum, sondern die wirtschaftliche Zugehörigkeit maßgebend ist.[224] Die Zuordnung von Vermögensgegenständen nach ihrer wirtschaftlichen Zugehörigkeit gilt als Grundsatz ordnungsmäßiger Buchführung (sog. wirtschaftliche Vermögenszugehörigkeit).[225]

In der Literatur wird teilweise die Ansicht vertreten, maßgebend sei ausschließlich[226] die wirtschaftliche Vermögenszugehörigkeit bzw. § 39 AO.[227] Die Zurechnung nach wirtschaftlicher Vermögenszugehörigkeit bildet jedoch tatsächlich die Ausnahme.[228] Gegenstände, die im zivilrechtlichen Eigentum eines Kaufmanns stehen, werden dessen Vermögen – wie im Steuerrecht – nur dann zugerechnet, wenn sie nicht wirtschaftlich einem anderen Vermögen zuzurechnen sind.[229]

221  Vgl. *Crezelius*, ZGR 1987, 1 (20).
222  Z.B. fiduziarische Treuhand, Sicherungseigentum, Eigentumsvorbehalt.
223  Vgl. *ADS*, HGB, § 246 Rn. 267 ff.; *Förschle/Kroner* in: Beck Bil-Komm., § 246 HGB Rn. 19 f.; *Knobbe-Keuk*, Bilanz- und Unternehmensteuerrecht, S. 69.
224  Vgl. *ADS*, HGB, § 246 Rn. 266; Baumbach/Hopt-*Merkt*, HGB, § 246 Rn. 11 f., § 340b Rn. 4 f.; *Federmann*, Bilanzierung nach Handelsrecht und Steuerrecht, S. 169.
225  *ADS*, HGB, § 246 Rn. 266; *Federmann*, Bilanzierung nach Handels- und Steuerrecht, S. 124, 169; Küting/Weber-*Herzig*, HdR, Band I, Kap 3 Rn. 11; Schmidt/Weber-*Grellet*, § 5 Rn. 67; *Weber-Grellet*, Steuerbilanzrecht, § 5 Rn. 6.
226  Vgl. *Förschle/Kroner* in: Beck Bil-Komm., § 246 HGB Rn. 5.
227  Vgl. *Knobbe-Keuk*, Bilanz- und Unternehmenssteuerrecht, S. 69, die dieses Mißverständnis aufklärt; *Körner/Weiken*, BB 1992, 1033.
228  Vgl. BGH II ZR 164/94, v. 06.11.1995, BB 1996, 155 (156); *Crezelius*, ZGR 1987, 1 (20); *Knobbe-Keuk*, Bilanz- und Unternehmensteuerrecht, S. 69; *Weber-Grellet*, Steuerbilanzrecht, § 14 Rn. 2.
229  Vgl. HHSp-*Fischer*, AO, § 39 Rz. 16; *Schmid/Stoll*, DStR 2001, 2137 (2142); *Weber-Grellet*, Steuerbilanzrecht, § 14 Rn. 2.

## IV. Kriterien der wirtschaftlichen Vermögenszugehörigkeit

In der handelsrechtlichen Literatur wird zwar immer wieder auf „die Grundsätze über das sog. wirtschaftliche Eigentum" und § 39 Abs. 2 Nr. 1 AO verwiesen,[230] die wirtschaftliche Vermögenszugehörigkeit aber weniger anhand der Ausschlußformel des § 39 Abs. 2 Nr. 1 Satz 1 AO, sondern vorwiegend mit Hilfe positiver Befugnisse des wirtschaftlichen Eigentümers bestimmt. So heißt es zum Beispiel, daß wirtschaftlicher Eigentümer derjenige ist, dem dauerhaft, das heißt für die wirtschaftliche Nutzungsdauer, Besitz, Gefahr, Nutzungen und Lasten zustehen. Der wirtschaftliche Eigentümer verfüge über das Verwertungsrecht, komme in den Genuß von Wertsteigerungen und trage das Risiko der Wertminderung bzw. des Verlustes.[231]

Rechtsprechung und Literatur sind sich darin einig, daß von der zivilrechtlichen Eigentumslage regelmäßig abgewichen werden muß, wenn ein Dritter den zivilrechtlichen Eigentümer aufgrund einer rechtlich abgesicherten Position von der Einwirkung auf den Vermögensgegenstand vollständig und dauerhaft (Abschreibungsdauer) ausschließen sowie über die Substanz und den Ertrag des Vermögensgegenstandes verfügen kann, so daß seinem Herausgabeanspruch bei typischem Verlauf keine nennenswerte praktische Bedeutung zukommt.[232] Umstritten ist lediglich, ob darüber hinaus zur Annahme wirtschaftlicher Vermögenszugehörigkeit auch ein Verwertungsrecht des Bilanzierenden erforderlich ist.

### 1. Bedeutung des Verwertungsrechts

Verwerten heißt auf eigene Rechnung „veräußern", „belasten", „in Zahlung geben", „gegen andere Vermögensgegenstände eintauschen", „verarbeiten", „verbrauchen" etc.; die potentielle Möglichkeit hierzu reicht. Der bloße Gebrauch des

---

230 Vgl. nur *ADS*, HGB, § 246 Rn. 262; *Förschle/Kroner* in: Beck Bil-Komm., § 246 HGB Rn. 5 ff.; *Baetge/Kirsch/Thiele*, Bilanzen, S. 170; *Beisse*, BB 1980, 637 (640), der sogar von bilanziellem Gewohnheitrecht spricht; *Winnefeld*, Bilanzhandbuch, D107. Kritisch *Lorenz*, Wirtschaftliche Vermögenszugehörigkeit im Bilanzrecht, S. 96-113 m.w.N.

231 Vgl. *ADS*, HGB, § 246 Rn. 263; *Baetge/Kirsch/Thiele*, Bilanzen, S. 170; *Winnefeld*, Bilanzhandbuch, D107.

232 Vgl. BGH II ZR 164/94, v. 06.11.1995, BB 1996, 155 (156); *Döllerer*, BB 1971, 535 (536); *Federmann*, Bilanzierung nach Handelsrecht und Steuerrecht, S. 209; *Freericks*, Bilanzierungsfähigkeit und Bilanzierungspflicht in Handels- und Steuerbilanz, S. 174 f.; *Winnefeld*, Bilanzhandbuch, D108 ff. Ausführlich zu den Kriterien „Substanz und Ertrag": *Lorenz*, Wirtschaftliche Vermögenszugehörigkeit im Bilanzrecht, S. 113 ff. m.w.N.

Vermögensgegenstandes ist keine Verwertung.[233] Das Verwertungsrecht des Sicherungsnehmers wird nicht erfaßt, weil es nur bedingt durch den Sicherungsfall zu einer Verwertung auf Rechnung des Sicherungsgebers berechtigt.

### a. Zwecke der Handelsbilanz

Ob das Verwertungsrecht für die wirtschaftliche Vermögenszugehörigkeit relevant ist, entscheidet sich danach, welchem Zweck der Handelsbilanz Vorrang eingeräumt wird. Stellt man primär auf ihre Informationsfunktion für die Gläubiger und den damit verbundenen Ausweis der Vermögenslage und des Schuldendeckungspotentials ab, so müssen die ausgewiesenen Vermögensgegenstände auch „verwertbar" sein.[234] Fraglich ist allerdings, ob die Handelsbilanz tatsächlich in erster Linie der Schuldendeckungskontrolle dient, denn konsequenterweise wären die Vermögensgegenstände dann zu Zerschlagungswerten zu bilanzieren. Dem stehen jedoch schon der Grundsatz der Annahme der Unternehmensfortführung (§ 252 Abs. 1 Nr. 2 HGB) und das Anschaffungskostenprinzip (§ 253 Abs. 1, 2 i.V.m. § 255 HGB) entgegen.[235] Im übrigen werden in der Bilanz ohnehin nicht sämtliche Einnahmen und Ausgaben erfaßt, so daß eine Aussage über das Schuldendeckungspotential des Kaufmanns von vornherein begrenzt ist. Insgesamt spricht also einiges gegen die Annahme, daß die Verwertbarkeit Voraussetzung der wirtschaftlichen Vermögenszugehörigkeit ist.[236]

Ist die Ermittlung des dem Unternehmen entziehbaren Gewinns vorrangiger Bilanzzweck, so ist die Verwertbarkeit des zu bilanzierenden Vermögensgegenstandes nicht erforderlich.[237] Ob ein Vemögensgegenstand zur Gewinnerhöhung oder -minderung eines Unternehmens beiträgt, ist unabhängig von dessen Veräußerbarkeit. Gegen einen derartigen Primärzweck der Handelsbilanz sprechen aber vor allem die zum Teil recht weit gehenden Abschreibungsregeln. So läßt zum Beispiel § 253 Abs. 4 HGB eine nahezu unbegrenzte Abwertung von Vermö-

---

233  Vgl. BGH II ZR 164/94, v. 06.11.1995, BB 1996, 155 (156); *Knapp*, DB 1971, 1121 (1123).

234  So *Baetge/Kirsch/Thiele*, Bilanzen, S. 159, 170 f.; *Knapp*, DB 1971, 1121 (1123); *Winnefeld*, Bilanzhandbuch, D 108 f.

235  Das räumt auch *Knapp*, DB 1971, 1121 (1123 f.) ein.

236  Vgl. dazu ausführlich *Lorenz*, Wirtschaftliche Vermögenszugehörigkeit im Bilanzrecht, S. 10 ff. m.w.N.

237  So *Freericks*, Bilanzierungsfähigkeit und Bilanzierungspflicht in Handels- und Steuerbilanz, S. 176; *Lorenz*, Wirtschaftliche Vermögenszugehörigkeit im Bilanzrecht, S. 13 ff., 140; Scholz-*Crezelius*, GmbHG, Anh. § 42a, Rn. 123; wohl auch *Stobbe*, Die Verknüpfung handels- und steuerrechtlicher Rechnungslegung, S. 24 ff., 109.

gensgegenständen und damit eine u.U. auch willkürliche Schmälerung der Gewinnanteile zu.

*b. Relevanz des Vorsichtsprinzips*

Die handelsrechtliche Bewertung, das ,Wie' der Bilanzierung, ist vom Vorsichtsprinzip geprägt (§ 252 Abs. 1 Nr. 4 HGB). Das Vorsichtsprinzip beeinflußt jedoch auch das ,Ob' der Bilanzierung (vgl. §§ 248 Abs. 2, 249 HGB). Ist das Vorsichtsprinzip bereits für die Zurechnung von Vermögensgegenständen relevant, so kommt man wegen des damit verbundenen Gläubigerschutzgedankens nicht umhin, für die wirtschaftliche Vermögenszugehörigkeit die Möglichkeit der Verwertung zu verlangen. Der Bundesgerichtshof hat in seiner Entscheidung vom 6. November 1995[238] angedeutet, daß das Vorsichtsprinzip bei Anerkennung der wirtschaftlichen Betrachtungsweise einen hohen Stellenwert hat. Die Zurechnung von Vermögensgegenständen soll sich zwar primär an den zivilrechtlichen Eigentumsverhältnissen und Befugnissen orientieren, sich aber zumindest sekundär von der wirtschaftlichen Betrachtungsweise leiten lassen. So ist beispielsweise anerkannt, daß ein unter Eigentumsvorbehalt erworbener Vermögensgegenstand beim Erwerber bilanziert wird, obwohl das zivilrechtliche Eigentum und das Verwertungsrecht am Gegenstand[239] noch beim Verkäufer liegen. Maßgebend ist hier, wie im Regelfall des § 39 Abs. 2 Nr. 1 AO, der typische Verlauf des Geschäfts, in dem der Vorbehaltskäufer mit vollständiger Kaufpreiszahlung das Eigentum erwirbt, das langfristige Verwertungsrecht beim Vorbehaltskäufer liegt und der Erwerber bereits vorher ein verwertbares Anwartschaftsrecht hat. Auf die Ver-

---

238 BGH II ZR 164/94, v. 06.11.1995, BB 1996, 155 (156): „Die unter Berücksichtigung der Zweckbestimmung des Jahresabschlusses grundsätzlich berechtigte wirtschaftliche Betrachtungsweise darf nicht den Blick dafür verstellen, daß die Zugehörigkeit eines Gegenstandes zu einem bestimmten Vermögen zumindest in erster Linie von den zivilrechtlichen Regelungen bestimmt wird, die darüber entscheiden, wer einen Gegenstand nutzen, als Kreditunterlage einsetzen und über ihn verfügen kann. Die Vernachlässigung dieses Befundes zugunsten einer unkontrollierten wirtschaftlichen Betrachtungsweise, die auf die notwendige, die Zuordnung zum Vermögen des bilanzierenden Kaufmanns erst rechtfertigende zivilrechtliche Absicherung seiner Position verzichtet, würde zu einer gegen das auch hier geltende Vorsichtsprinzip verstoßenden irreführenden, weil zu günstigen Darstellung der Vermögenslage führen."

239 Verwerten kann der Erwerber nur, was er erlangt hat: das Anwartschaftsrecht. Beim verlängerten Eigentumsvorbehalt hat der Erwerber zwar das Recht zur Veräußerung des Vermögensgegenstandes – allerdings gegen vorherige Sicherungsabtretung der daraus resultierenden Forderung, quasi des Ertrags.

wertbarkeit als Kriterium für einen in der Handelsbilanz ausgewiesenen Vermögensgegenstand wird also nicht völlig verzichtet.

### c. *Zwischenergebnis*

Die Handelsbilanz muß zwei Zwecke erfüllen: die Gewinnermittlung und den Ausweis der Vermögenslage für Gläubiger, Kreditgeber und den Kaufmann bzw. die Anteilseigner selbst. Um beiden Bilanzzwecken gerecht zu werden, ist „das Gesamtbild der Verhältnisse" entscheidend. Der das Handelsbilanzrecht prägende Gedanke ist das Vorsichtsprinzip zum Schutz der Gläubiger und Kreditgeber. Dem entspricht es, wenn der Bilanzierende die Möglichkeit hat, die bilanzierten Vermögensgegenstände zumindest teilweise verwerten zu können,[240] um Gläubiger zu befriedigen.

### 2. *Vergleich der wirtschaftlichen Vermögenszugehörigkeit mit § 39 Abs. 2 Nr. 1 Satz 1 AO*

Die wirtschaftliche Vermögenszugehörigkeit wird im Gegensatz zu § 39 Abs. 2 Nr. 1 Satz 1 AO primär anhand positiver Kriterien bestimmt.[241] Eine mögliche Erklärung dafür sind die unterschiedlichen Zwecke von Handelsbilanz und steuerlicher Gewinnermittlung.

### a. *Zwecke von Handelsbilanz und steuerlicher Gewinnermittlung*

Die Handelsbilanz bezweckt die Ermittlung des entziehbaren Gewinns, ferner die Information der Gläubiger über das Schuldendeckungspotential. Für beide gilt das Vorsichtsprinzip: Der Kaufmann soll sich in seiner Handelsbilanz nicht reicher machen, als er ist. Die dem Vorsichtsprinzip entsprechende Zurechnung erfolgt nach positiven Kriterien. Im Steuerrecht dient die Zurechnung von Wirtschaftsgütern ausschließlich der Ermittlung des „richtigen" Einkommens, um dem Leistungsfähigkeitsprinzip gerecht zu werden. Eine vorsichtige Zurechnung und Bewertung ist nicht veranlaßt. Bei der Ermittlung der wirtschaftlichen Leistungsfähigkeit soll sich der Steuerpflichtige deshalb nicht ärmer machen, als er tatsächlich ist. Der Zweck der Steuerbilanz stimmt also zumindest teilweise nicht mit dem Zweck der Handelsbilanz überein.

---

240  Siehe unter Kapitel 1 F.IV.1.
241  So HHSp-*Fischer*, AO, § 39 Rz. 16; *Knobbe-Keuk*, Bilanz- und Unternehmensteuerrecht, S. 74.

### b. Ergebnisse der Zurechnungen

Die handelsrechtliche Zurechnung deckt sich im Ergebnis regelmäßig mit der Zurechnung nach § 39 Abs. 2 Nr. 1 AO, da die positiven Merkmale für die handelsbilanzielle Zurechnung grundsätzlich weiter gehen als die Kriterien des § 39 Abs. 2 Nr. 1 AO. Auf wen Besitz, Gefahr, Nutzungen und Lasten sowie das Verwertungsrecht übergegangen sind, und wem Substanz und Ertrag zustehen, der erfüllt in der Regel die Kriterien des § 39 Abs. 2 Nr. 1 Satz 1 AO. So erfolgt z.B. beim Kauf unter Eigentumsvorbehalt im Handels- und im Steuerrecht die Zurechnung übereinstimmend beim Erwerber. Bei der Sicherungsübereignung und Treuhandverhältnissen sind die entsprechenden Zurechnungsergebnisse sogar schon gesetzlich angelegt (§ 39 Abs. 2 Nr. 1 Satz 2 AO, § 246 Abs. 1 Satz 2 HGB). Wenn die wirtschaftliche Vermögenszugehörigkeit vielfach mit einem Verweis auf das wirtschaftliche Eigentum oder § 39 Abs. 2 Nr. 1 AO begründet wird und gleiche Ergebnissen erzielt werden, so liegt das aber vor allem auch daran, daß in den meisten Fällen wegen der in § 5 Abs. 1 Satz 1 EStG verankerten Maßgeblichkeit der Handelsbilanz für die Steuerbilanz nicht der Bundesgerichtshof, sondern der Bundesfinanzhof über die Zurechnung von Vermögensgegenständen in der Handelsbilanz entscheidet.[242]

### c. Unterschiede zwischen wirtschaftlicher Vermögenszugehörigkeit und wirtschaftlichem Eigentum

Wegen der partiell unterschiedlichen Bilanzzwecke ist es denkbar, daß Verwertungsrecht und Ertrag eines Wirtschaftsgutes von unterschiedlicher Bedeutung für die Zurechnung sind, was im Ergebnis zu Unterschieden zwischen wirtschaftlicher Vermögenszugehörigkeit und wirtschaftlichem Eigentum führen würde.

### (1) Bedeutung des Verwertungsrechts

Entsprechend der von der Handelsbilanz bezweckten Gläubigerinformation über das die vorhandenen Schulden deckende Vermögen, ist die Entscheidung, was aktiviert wird, „vorsichtig" zu treffen. Was nützt es schließlich einem Gläubiger, wenn sein Schuldner zwar die tatsächliche Herrschaft über einen Vermögensgegenstand hat und den Eigentümer für die gewöhnliche Nutzungsdauer von der Einwirkung wirtschaftlich ausschließen kann, er aber keinerlei Verwertungsrecht besitzt. Der Kaufmann soll sich nicht reicher machen als er ist. Eine für den

---

242  Vgl. dazu auch *Körner/Weiken*, BB 1992, 1033.

Gläubiger ungünstige Lage des Kaufmanns muß daher bilanziell berücksichtigt werden.

Die Steuerbilanz ist im Gegensatz zur Handelsbilanz ertrags- und nicht substanzorientiert.[243] Auf die rechtliche Befugnis, über das Wirtschaftsgut zu verfügen, besonders es zu veräußern oder zu belasten, kommt es daher nicht an.[244] Nach dem Leistungsfähigkeitsprinzip ist für die steuerliche Gewinnermittlung nicht das Schuldendeckungspotential für die Gläubiger, sondern ausschließlich die periodengerechte Gewinnermittlung entscheidend. Zwar geht es auch hierbei darum, den dem Unternehmen entziehbaren Gewinn zu ermitteln bzw. den dem Fiskus zustehenden Teil. Hierbei soll sich aber der Kaufmann weder reicher noch ärmer machen. § 39 Abs. 2 Nr. 1 AO ist folglich negativ gefaßt. Die Norm statuiert eine Ausnahmeregelung, mit dem Ziel, ein Wirtschaftsgut zur zutreffenden Erfassung der wirtschaftlichen Leistungsfähigkeit nicht dem zivilrechtlichen Eigentümer, sondern einem Dritten zuzurechnen. Dafür ist die Zugriffsmöglichkeit des Bilanzierungspflichtigen auf das Wirtschaftsgut maßgeblich, nicht die der Gläubiger. Zwar sprechen gute Gründe für ein Verwertungsrecht als Voraussetzung für die wirtschaftliche Vermögenszugehörigkeit, für wirtschaftliches Eigentum im Steuerrecht ist hingegen ein Verwertungsrecht nicht entscheidend.

*(2) Ertrag als Kriterium für die wirtschaftliche Vermögenszugehörigkeit*

In der Rechtsprechung des Bundesfinanzhofes wird zum Teil der Ertrag eines Vermögensgegenstandes als Kriterium für wirtschaftliches Eigentum angesehen,[245] weil nicht zwischen wirtschaftlicher Vermögenszugehörigkeit und wirtschaftlichem Eigentum unterschieden wird. Wie bereits oben[246] ausgeführt, ist für das wirtschaftliche Eigentum aber nicht maßgebend, wem der Ertrag eines Wirtschaftsgutes zusteht oder zufließt. Selbst bei § 20 Abs. 2a EStG gilt nichts anderes, weil danach der Anteilseigner die Einkünfte erzielt und nach den Kriterien des § 39 AO zu bestimmen ist, wer Anteilseigner ist. Keinesfalls ist immer derjenige Anteilseigner, dem die Erträge zufließen. Wem die Erträge zuzurechnen sind, ist nicht Voraussetzung, sondern allenfalls Folge des (wirtschaftlichen) Eigentums.

---

243 Vgl. *Ekkenga*, ZGR 1997, 262 (269).
244 So BFH I 133/64, v. 18.11.1970, BStBl. II 1971, 133 (135); vgl. auch BFH X R 15/01, v. 18.07.2001, BStBl. II 2002, 278 (280); X R 23/99, v. 18.07.2001, BStBl. II 2002, 281 (282).
245 Vgl. nur BFH I 133/64, v. 18.11.1970, BStBl. II 1971, 133 (135).
246 Vgl. dazu oben unter Kapitel 1 E.III.1.c(1).

## d. Fazit

Die unterschiedlichen Sichtweisen bezüglich des Verwertungsrechts und der Ertragszurechnung im steuerrechtlichen und handelsbilanziellen Zusammenhang sind berechtigt, zeigen aber, daß wirtschaftliche Vermögenszugehörigkeit und wirtschaftliches Eigentum i.S.d. § 39 Abs. 2 Nr. 1 Satz 1 AO weder identisch noch gleichzusetzen sind.[247] Daß die handels- und die steuerrechtliche Zurechnung in zahlreichen Fällen zu gleichen Ergebnissen führen, stellt das nicht in Frage.[248] Für § 39 Abs. 2 Nr. 1 Satz 1 AO ist nämlich nicht entscheidend, ob der Dritte ein Verwertungsrecht hat, oder daß ihm die Erträge zustehen. Verallgemeinernd läßt sich sagen, daß ein Steuerpflichtiger im Zweifel eher wirtschaftlicher Eigentümer eines Wirtschaftsgutes ist, als wirtschaftliche Vermögenszugehörigkeit anzunehmen ist.

## G. § 39 Abs. 2 Nr. 1 AO und § 5 Abs. 1 Satz 1 EStG

Die Selbständigkeit von wirtschaftlichem Eigentum und wirtschaftlicher Vermögenszugehörigkeit wirkt sich auf das Verhältnis von § 39 Abs. 2 Nr. 1 AO zu § 5 Abs. 1 Satz 1 EStG aus. Bisher ist nicht entschieden, ob die steuerliche Zurechnung nach § 39 Abs. 2 Nr. 1 AO über das Maßgeblichkeitsprinzip (§ 5 Abs. 1 Satz 1 EStG) von der wirtschaftlichen Vermögenszugehörigkeit verdrängt wird[249] mit der Folge, daß das Vorsichtsprinzip auch für die Steuerbilanz gelten würde. Wenn wirtschaftliches Eigentum und wirtschaftliche Vermögenszugehörigkeit gleichgesetzt werden,[250] stellt sich diese Frage zwar nicht. Wirtschaftliche Vermögenszugehörigkeit und wirtschaftliches Eigentum decken sich jedoch nicht.[251] Damit wird das Verhältnis der beiden Normen zueinander relevant, wenn ein Bilanzierender auch Gewerbetreibender i.S.v. § 15 Abs. 1 EStG ist, so daß § 5 Abs. 1 EStG Anwendung findet und das Zurechnungsergebnis davon abhängen

---

247 Vgl. dazu auch *Moxter*, Bilanzrechtsprechung, S. 36 f.

248 I. E. so auch *Knobbe-Keuk*, Bilanz- und Unternehmensteuerrecht, S. 74; Küting/Weber-*Herzig*, HdR, Band I, Kap 3 Rn. 11; *Stobbe*, BB 1990, 518 (519).

249 Vgl. schon zum Verhältnis § 5 Abs. 1 EStG und § 11 StAnpG: *Freericks*, Bilanzierungsfähigkeit und Bilanzierungspflicht in Handels- und Steuerbilanz, S. 171: „§ 11 StAnpG gehen spezielle Vorschriften in den einzelnen Steuergesetzen vor. Nach § 5 EStG ist für die Bilanzierung in der Steuerbilanz das Betriebsvermögen anzusetzen, das nach den handelsrechtlichen GoB auszuweisen ist."

250 In diese Richtung Koch/Scholtz-*Hoffmann*, § 39 Rn. 3; T/K-*Kruse*, AO, § 39 Tz. 11; *Winnefeld*, Bilanzhandbuch, D107, 116. Vgl. die Nachweise bei *Stobbe*, BB 1990, 518, Fn. 5, 6.

251 Vgl. oben unter Kapitel 1 F.IV.2.

könnte, ob § 39 Abs. 2 Nr. 1 AO einschlägig ist, oder ob sich das Maßgeblichkeitsprinzip durchsetzt.

## I. Die Subsidiarität des § 39 Abs. 2 Nr. 1 AO

Die Zurechnung nach § 39 AO gilt schon kraft ihres Standorts in einem für das gesamte Steuerrecht geltenden Gesetz allgemein. Besonderheiten der Einzelsteuergesetze, die sich aus deren Zielsetzungen und tatbestandlichen Ausgestaltungen ergeben, bleiben davon unberührt. § 39 Abs. 2 Nr. 1 AO gilt daher nur subsidiär,[252] falls und soweit die Vorschrift nicht durch speziellere Gesetze eingeschränkt oder ausgeschlossen ist.[253] Ob das der Fall ist bestimmt sich nach den anerkannten Grundsätzen der Methodenlehre.[254]

## II. Maßgeblichkeitsprinzip und handelsbilanzielle Zurechnung

In der Literatur findet sich häufig die Feststellung, daß die Steuerbilanz nach § 5 Abs. 1 Satz 1 EStG grundsätzlich aus der Handelsbilanz abzuleiten sei.[255] Das würde an sich bedeuten, daß die handelsbilanzielle Zurechnung auch für die steuerrechtliche Zurechnung von Wirtschaftsgütern maßgebend wäre. § 5 Abs. 1 Satz 1 EStG verweist aber im Wortlaut für die Ermittlung der Höhe des Betriebsvermögens nur auf die handelsrechtlichen Grundsätze ordnungsmäßiger Buchführung (GoB) und nicht auf die Handelsbilanz.[256] Der entscheidende letzte Halbsatz lautet nämlich: „... ist für den Schluß des Wirtschaftsjahres das Betriebsver-

---

252 Vgl. *Federmann*, Bilanzierung nach Handelsrecht und Steuerrecht, S. 210; *Lorenz*, Wirtschaftliche Vermögenszugehörigkeit im Bilanzrecht, S. 67 ff. m.w.N.
A.A. HHSp-*Fischer*, AO, § 39 Rz. 14 mit dem Argument, daß § 39 AO die in § 11 StAnpG vorhandene Subsidiaritätsklausel fehle.
253 Vgl. Blümich-*Schreiber*, EStG, § 5 Rz. 511; HHSp-*Fischer*, AO, § 39 Rz. 14; Klein-*Brockmeyer*, § 39 Rn. 1; *Knobbe-Keuk*, Bilanz- und Unternehmensteuerrecht, S. 75; Koch/Scholtz-*Hoffmann*, § 39 Rn. 2; Kühn/v. Wedelstädt-*Blesinger*, AO, § 39 Rn. 9; *Lorenz*, Wirtschaftliche Vermögenszugehörigkeit im Bilanzrecht, S. 79 f.; Pahlke/Koenig-*Koenig*, § 39 Rn. 3.
254 HHSp-*Fischer*, AO, § 39 Rz. 14; *Knobbe-Keuk*, Bilanz- und Unternehmensteuerrecht, S. 75.
255 Vgl. dazu *Ekkenga*, ZGR 1997, 262 (266); *Federmann*, Bilanzierung nach Handelsrecht und Steuerrecht, S. 186; Küting/Weber-*Herzig*, HdR, Band I, Kap 3 Rn. 9.
256 Vgl. Blümich-*Scheiber*, EStG, § 5 Rz. 180; Tipke/Lang-*Hey*, Steuerrecht, § 17 Rz. 40.

mögen[257] anzusetzen (§ 4 Abs. 1 Satz 1), das nach den handelsrechtlichen Grundsätzen ordnungsmäßiger Buchführung auszuweisen ist." Man könnte daher fragen, ob § 5 Abs. 1 Satz 1 EStG überhaupt auf die handelsrechtliche Zurechnung verweist. Wäre diese nicht der Fall, bliebe es für die steuerrechtliche Zurechnung stets bei § 39 AO.[258] Es ist jedoch anerkannt, daß die Maßgeblichkeit sämtliche Bilanzpositionen betrifft. Ist demnach ein Posten in der Handelsbilanz zutreffend nach Art und Höhe aktiviert oder passiviert, und bestehen keine speziellen steuerrechtlichen Ansatz- und/oder Bewertungsvorschriften, so ist der handelsbilanzielle Ansatz in die Steuerbilanz zu übernehmen.[259] Die Handelsbilanz ist also für die Steuerbilanz maßgeblich. Was in der Handelsbilanz angesetzt werden darf, bestimmen die GoB.[260] Zwar ist die wirtschaftliche Vermögenszugehörigkeit kein im HGB ausdrücklich festgehaltener Grundsatz ordnungsmäßiger Buchführung. Es hat jedoch immer ungeschriebene GoB gegeben,[261] das steht auch nach dem Bilanzrichtliniengesetz außer Frage. § 5 Abs. 1 Satz 1 EStG verweist daher auf die Gesamtheit der (für das einzelne Unternehmen nach Rechtsform und Geschäftszweig[262]) verbindlichen geschriebenen und ungeschriebenen GoB.[263] Da die wirtschaftliche Vermögenszugehörigkeit als GoB anerkannt ist,[264] finden dabei die Kriterien handelsrechtlicher subjektiver Zurechnung über das Maßgeblichkeitsprinzip auch für die Steuerbilanz Anwendung,[265] soweit das Maßgeblichkeitsprinzip gilt.

---

257  Betriebsvermögen i.S.v. § 4 Abs. 1 Satz 1 EStG ist gleichbedeutend mit dem Bilanzposten Eigenkapital und meint nicht die dem Betrieb zu dienen bestimmten Wirtschaftsgüter (Vgl. *Federmann*, Bilanzierung nach Handelsrecht und Steuerrecht, S. 187).

258  Vgl. dazu auch *Lorenz*, Wirtschaftliche Vermögenszugehörigkeit im Bilanzrecht, S. 75; *Stobbe*, BB 1990, 518 ff.

259  Vgl. Blümich-*Schreiber*, EStG, § 5 Rz. 206; *Körner/Weiken*, BB 1992, 1033 (1037); Küting/Weber-*Herzig*, HdR, Band I, Kap 3 Rn. 9 f.; Schmidt/*Weber-Grellet*, § 5 Rn. 30; Scholz-*Crezelius*, GmbHG, Anh. § 42a, Rn. 95.

260  Vgl. auch Blümich-*Schreiber*, EStG, § 5 Rz. 205.

261  Die wichtigsten von ihnen sind erst mit dem Bilanzrichtliniengesetz vom 19.12.1985 (BGBl. I 1985, 2355) in das HGB eingefügt worden, ohne damit abschließend definieren zu wollen, was GoB sind. Vgl. BT-Drs. 10/317, S. 65, 67; BT-Drs. 10/4268, S. 87; *ADS*, HGB, § 243 Rn. 10 ff.; Küting/Weber-*Herzig*, HdR, Band I, Kap 3 Rn. 5.

262  Str., vgl. Küting/Weber-*Herzig*, HdR, Band I, Kap 3 Rn. 6.

263  Vgl. BT-Drs. 10/317, S. 65; Blümich-*Schreiber*, EStG, § 5 Rz. 206, 208 f.; Küting/Weber-*Herzig*, HdR, Band I, Kap 3 Rn. 6; Schmidt/*Weber-Grellet*, § 5 Rn. 29.

264  Vgl. Fundstellen bei Fn. 225; A.A. *Ekkenga*, ZGR 1997, 262 ff.

265  So auch *Federmann*, Bilanzierung nach Handelsrecht und Steuerrecht, S. 170; HHSp-*Fischer*, AO, § 39 Rz. 17; Kirchhof/Söhn-*Plückebaum*, EStG, § 4 Rn. B 29; Koch/Scholtz-*Hoffmann*, § 39 Rn. 3; *Körner/Weiken*, BB 1992, 1033 (1037); Kü-

## III. Teleologische Reduktion der Maßgeblichkeit?

Die aus § 5 Abs. 1 Satz 1 EStG folgende Maßgeblichkeit der wirtschaftlichen Vermögenszugehörigkeit für die steuerbilanzielle Zurechnung könnte teleologisch zu reduzieren sein mit der Folge, daß es für die steuerliche Zurechnung bei § 39 AO verbliebe. Dazu müßte die handelsbilanzielle Zurechnung dem Sinn und Zweck der steuerlichen Gewinnermittlung widersprechen.

### 1. Keine Identität der Zwecke von Handels- und Steuerbilanz

Eine entscheidende Voraussetzung für die Bindung der Zurechnung in der Steuerbilanz an den GoB der wirtschaftlichen Vermögenszugehörigkeit wäre die Identität der Zwecke von Handelsbilanz und steuerlicher Gewinnermittlung.[266] Denn nur dann wäre das Maßgeblichkeitsprinzip bis auf steuergesetzliche Ausnahmen uneingeschränkt auf die Steuerbilanz anwendbar und das handelsrechtliche Prinzip wirtschaftlicher Vermögenszugehörigkeit auch für die Zurechnung von Wirtschaftsgütern in der Steuerbilanz einschlägig.[267] Handelsbilanz und Steuerbilanz verfolgen jedoch teilweise unterschiedliche Zwecke,[268] weswegen auch die Kriterien für das wirtschaftliche Eigentum und die wirtschaftliche Vermögenszugehörigkeit trotz vielfach gleicher Ergebnisse differieren.

### a. Zwecke der Handelsbilanz

Die Handelsbilanz dient der Ermittlung des entziehbaren Gewinns sowie der Information von (potentiellen) Gläubigern über das Schuldendeckungspotential des Unternehmens. Unabhängig davon, ob diese Zwecke gleichrangig sind,[269] erfordern sie jedenfalls eine vorsichtige Bilanzierung, wie insbesondere in § 249 (Rückstellungen), § 252 Abs. 1 Nr. 4 (Vorsichtsprinzip), § 253 Abs. 3, 4, 5 HGB (strenges Niederstwertprinzip) zum Ausdruck kommt. Auch das potentielle Ausschüttungs- bzw. Entnahmevolumen soll grundsätzlich restriktiv ermittelt werden,

---

ting/Weber-*Herzig*, HdR, Band I, Kap 3 Rn. 11; Pahlke/Koenig-*Koenig*, § 39 Rn. 3; T/K-*Kruse*, AO, § 39 Tz. 11.

266  Vgl. *Lorenz*, Wirtschaftliche Vermögenszugehörigkeit im Bilanzrecht, S. 76; Tipke/Lang-*Hey*, Steuerrecht, § 17 Rz. 44 f.

267  Vgl. *Lorenz*, Wirtschaftliche Vermögenszugehörigkeit im Bilanzrecht, S. 76 ff., 79.

268  Vgl. schon oben unter Kapitel 1 F.IV. Vgl. auch *Döllerer*, BB 1971, 1333 (1334). Instruktiv zu den Zwecken von Handels- und Steuerbilanz: *Federmann*, Bilanzierung nach Handels- und Steuerrecht, S. 38 ff., 184 f.

269  Vgl. dazu *Lorenz*, Wirtschaftliche Vermögenszugehörigkeit im Bilanzrecht, S. 10 ff., 77, der die Gewinnanspruchsermittlung als vorrangig ansieht und damit zu einer Übereinstimmung mit dem Zweck der Steuerbilanz kommt.

um dem Unternehmen nicht übermäßig Liquidität zu entziehen, die anschließend bei der Realisierung latenter Risiken fehlen und das Schuldendeckungspotential für die Gläubiger schmälern könnte.[270] Eine derart vorsichtige Bilanzierung ist in der Steuerbilanz vom Gesetzgeber schon aus fiskalischen Gründen überhaupt nicht gewollt.

### b. Zweck der Steuerbilanz

Sinn und Zweck der steuerrechtlichen Gewinnermittlung ist die periodengerechte Erfassung des „vollen Gewinns".[271] Das erklärt die gesetzlichen Durchbrechungen der Maßgeblichkeit zum Beispiel in § 5 Abs. 4a (vgl. § 249 Abs. 1 HGB), § 6 Abs. 1 Nr. 2 Satz 2 (vgl. § 253 Abs. 3, 4 HGB) und § 6 Abs. 1 Nr. 3 (vgl. § 253 Abs. 1 Satz 2 HGB). Jedenfalls ist der Maßgeblichkeitsgrundsatz durch den Gesetzgeber und die Rechtsprechung erheblich eingeschränkt worden, um den unterschiedlichen Zielsetzungen von Handels- und Steuerbilanz durch steuerrechtliche Vorbehalte bzw. durch besondere Grundsätze der steuerlichen Gewinnermittlung gerecht zu werden.[272] Beispiele: Den Passivierungswahlrechten in der Handelsbilanz steht ein Passivierungsverbot in der Steuerbilanz gegenüber, den Aktivierungswahlrechten ein Aktivierungsgebot.[273] Die nahezu grenzenlosen handelsrechtlichen Abschreibungsmöglichkeiten (vgl. § 253 Abs. 2 Satz 3 – „können" – und Abs. 4 HGB!) gelten im Steuerrecht gar nicht. Ebenso ist die Bildung und Bewertung von Rückstellungen in der Steuerbilanz vergleichsweise stark eingeschränkt (vgl. §§ 249, 252 Abs. 1 Nr. 4 HGB und § 5 Abs. 2a, 3 bis 4b EStG, § 6 Abs. 1 Nr. 3a EStG). Alles in allem gelten für die Ermittlung des zu versteuernden Gewinns wesentlich strengere Grenzen, weil Handels- und Steuerrecht insoweit unterschiedlichen Sachgesetzlichkeiten folgen. Insbesondere würde die handelsrechtlich gewollte vorsichtige Bilanzierung zu einer mit dem Leistungsfähigkeitsprinzip und der Gleichmäßigkeit der Besteuerung nicht mehr zu vereinbarenden rechnerischen Minderung des Unternehmensgewinns führen.[274] Das wäre mit Art. 3 Abs. 1 GG unvereinbar. Das einfachgesetzliche Maßgeblichkeitsprinzip muß demgegenüber zurücktreten.[275]

---

270 Vgl. dazu auch Blümich-*Schreiber*, EStG, § 5 Rz. 212; *Böcking*, FS Beisse, 1997, S. 85 (88 f.).
271 Vgl. GrS 2/68, v. 03.02.1969, BStBl. II 1969, 291 (293).
272 Vgl. Küting/Weber-*Herzig*, HdR, Band I, Kap 3 Rn. 10.
273 Vgl. BFH GrS 2/68, v. 03.02.1969, BStBl. II 1969, 291 (293).
274 Vgl. auch *Federmann*, Bilanzierung nach Handelsrecht und Steuerrecht, S. 184 f.; Tipke/Lang-*Hey*, Steuerrecht, § 17 Rz. 81.
275 Vgl. Blümich-*Schreiber*, EStG, § 5 Rz. 164.

## 2. Grundsatz der Totalgewinngleichheit

Gegen die Maßgeblichkeit der wirtschaftlichen Vermögenszugehörigkeit für die Zurechnung im Rahmen der steuerlichen Gewinnermittlung spricht ferner der Grundsatz der Totalgewinngleichheit. Danach müssen die Gewinnermittlungen mittels Betriebsvermögensvergleich (§ 4 Abs. 1 EStG ggf. i.V.m. § 5 EStG) und mittels Einnahmen-Überschußrechnung (§ 4 Abs. 3 EStG) – bezogen auf den gesamten Zeitraum vom Beginn bis zum Ende der steuerlich relevanten Tätigkeit (Totalperiode) – zum selben Ergebnis führen. Der Maßgeblichkeitsgrundsatz gilt indes nur für bilanzierende Gewerbetreibende nicht aber für Steuerpflichtige, die den Gewinn nach § 4 Abs. 1 EStG[276] oder § 4 Abs. 3 EStG ermitteln. Dort ist § 39 AO für die Zurechnung von Wirtschaftsgütern maßgebend. Gleiches gilt im übrigen für die Überschußeinkunftsarten. Ein unterschiedliches Ergebnis – je nach Anwendung handelsrechtlicher oder steuerrechtlicher Zurechnungsgrundsätze – wäre mit dem Grundsatz der Totalgewinngleichheit nicht vereinbar. Auch wäre eine allgemeine Orientierung an handelsrechtlichen Grundsätzen nicht sachgerecht. Die Gewinnermittlung nach § 4 Abs. 3 EStG ist nämlich aus Vereinfachungsgründen für Nichtbilanzierende vorgesehen. Ein Denken und eine Zuordnung von Wirtschaftsgütern entsprechend der Handelsbilanz kann und soll hier nicht vorausgesetzt werden. Gewinnermittler nach § 4 Abs. 1 EStG sind vielfach keine Gewerbetreibenden bzw. Kaufmänner i.S.d. HGB und als solche nicht zur Aufstellung einer Handelsbilanz (vgl. § 242 HGB) verpflichtet. Eine an der Handelsbilanz orientierte Zurechnung der Wirtschaftsgüter kann daher nicht erwartet werden.[277]

## 3. Fazit

Handelsbilanz und steuerliche Gewinnermittlung verfolgen unterschiedliche Ziele. Die Zurechnung nach § 39 AO und nach der wirtschaftlichen Vermögenszugehörigkeit führt zwar in vielen Fällen zu identischen Ergebnissen, aber keineswegs immer.[278] Im Rahmen der steuerlichen Gewinnermittlung ist das Maßgeblichkeitsprinzip selbst ein steuerrechtlicher Grundsatz und nach den Zwecken des Einkommensteuerrechts auszulegen. Deshalb muß die Zurechnung im Steuerrecht aus Gründen der Gleichmäßigkeit der Besteuerung einheitlich nach steuerrechtli-

---

276 Vgl. *Federmann*, Bilanzierung nach Handelsrecht und Steuerrecht, S. 185; Küting/Weber-*Herzig*, HdR, Band I, Kap 3 Rn. 4; Schmidt/*Heinicke*, § 4 Rn. 10. A.A. Kirchhof/Söhn-*Plückebaum*, EStG, § 4 Rn. B 31, der von einer sinngemäßen Geltung ausgeht.
277 So auch *Federmann*, Bilanzierung nach Handelsrecht und Steuerrecht, S. 185.
278 Vgl. Kirchhof/Söhn-*Plückebaum*, EStG, § 4 Rn. B 35 f.

chen Kriterien erfolgen. Bei abweichendem Ergebnis muß § 39 AO für die Zurechnung gelten.[279]


## H. Ergebnis zu Kapitel 1

Das wirtschaftliche Eigentum im Sinne des § 39 Abs. 2 Nr. 1 Satz 1 AO und die wirtschaftliche Vermögenszugehörigkeit sind nicht identisch. Die steuerrechtliche Zurechnung erfolgt im Fall unterschiedlicher Ergebnisse nach § 39 AO – gegebenenfalls unter teleologischer Reduktion des Maßgeblichkeitsprinzips (§ 5 Abs. 1 Satz 1 EStG).

---

279 So wohl auch Schmidt/*Weber-Grellet*, § 5 Rn. 151 (im Zweifel müssen die steuerrechtlichen Grundsätze vorgehen).

# Kapitel 2: Die Aktie

## A. Bedeutung des wirtschaftlichen Eigentums an Aktien

Das wirtschaftliche Eigentum ist vor allem im Ertrag- und Umwandlungsteuerrecht von allgemeinem Interesse, ferner im Bereich des Erbschaft- und Schenkungsteuerrechts.

### I. Zugehörigkeit zum Betriebsvermögen

Im Einkommen- und Körperschaftsteuerrecht sowie im Gewerbesteuerrecht (vgl. § 7 GewStG) hat das wirtschaftliche Eigentum insbesondere Bedeutung für die Gewinneinkünfte (vgl. auch § 8 Abs. 1 Satz 1, Abs. 2 KStG), konkret für den Zu- und Abgang von Aktien zum Anlage- oder Umlaufvermögen.

### II. Veräußerung von Kapitalgesellschaftsanteilen

Für die Erfüllung des Tatbestands von § 17 Abs. 1 EStG genügt die Übertragung des wirtschaftlichen Eigentums an den Aktien.[280] Entsprechendes gilt für die Anschaffung der Anteile. Anders verhält es sich bei der Veräußerung von Wertpapieren nach § 23 Abs. 1 Satz 1 Nr. 2 EStG.[281] Veräußerungsgeschäft ist hier grundsätzlich das obligatorische Geschäft, wenn es (zu einem späteren Zeitpunkt) dinglich vollzogen wurde.[282] Der Zeitpunkt des Übergangs des wirtschaftlichen Eigentums spielt hier nur eine Rolle, wenn innerhalb der Jahresfrist eine Situation geschaffen wird, die das Ergebnis des (erst nach Ablauf der Jahresfrist wirksamen) Veräußerungsgeschäfts vorwegnimmt und damit wirtschaftlich einer Ver-

---

280 Vgl. Dötsch/Eversberg/Jost/Witt-*Dötsch/Pung*, KStG nF, § 8b Rn. 94; *Haun/Winkler*, DStR 2001, 1195; *Häuselmann*, DStR 2001, 597 (601); HHSp-*Fischer*, AO, § 39 Rz. 19d; *Rund*, GmbHR 2001, 96 (97); Schmidt/*Weber-Grellet*, § 17 Rn. 96; Streck-*Binnewies*, KStG, § 8b Ziff. 6; *Tschesche*, Wpg 2002, 965 (966).
281 § 23 Abs. 1 Satz 1 Nr. 2 EStG wurde durch das Unternehmensteuerreformgesetz 2008 geändert (BGBl. I 2007, 1912 (1918).
282 Vgl. Blümich-*Glenk*, EStG, § 23 Rz. 121; *Häuselmann*, DStR 2001, 597 (601); HHSp-*Fischer*, AO, § 39 Rz. 19d; *Tschesche*, Wpg 2002, 965 (966).

äußerung gleichzustellen ist (z.b. bindendes Kaufangebot, das die Möglichkeit einer anderweitigen Veräußerung durch den Verkäufer ausschließt;[283] Vorvertrag).[284] Soweit kein Anwendungsfall des § 17 EStG vorliegt, wird der Gewinn aus der Veräußerung von Anteilen an einer Körperschaft durch das Unternehmensteuerreformgesetz 2008[285] stets den Einkünften aus Kapitalvermögen zugeordnet (§ 20 Abs. 2 Nr. 1 Satz 1 i.V.m. Abs. 1 Nr. 1 EStG n.F.), wenn die veräußerten Anteile nach dem 31. Dezember 2008 erworben wurden (vgl. § 52a Abs. 10 Satz 1 EStG n.F.). Bei der Abwicklung der Veräußerung über eine Bank unterliegen die Veräußerungsgewinne dann grundsätzlich dem abgeltenden Kapitalertragsteuerabzug in Höhe von 25 Prozent (vgl. §§ 32d Abs. 1 Satz 1, 43 Abs. 1 Satz 1 Nr. 9, 43 a Abs. 1 Nr. 1, 44 Abs. 1 Satz 4 Nr. 1 EStG n.F.).

*III. Bezüge aus Aktien*

Einkünfte aus Kapitalvermögen im Sinne des § 20 Abs. 1 Nr. 1 EStG (Dividenden und sonstige Bezüge aus Aktien) erzielt nach § 20 Abs. 2a EStG der Anteilseigner. Das ist hier gemäß § 20 Abs. 2a Satz 2 EStG derjenige, dem nach § 39 AO die Aktien im Zeitpunkt des Gewinnverteilungsbeschlusses zuzurechnen sind. Für nichtbuchführungspflichtige Körperschaften gilt dasselbe, weil sich Einkommensbegriff und Einkommensermittlung nach den Vorschriften des Einkommensteuergesetzes bestimmen (§ 8 Abs. 1 Satz 1 KStG), soweit sich aus dem Körperschaftsteuergesetz nichts anderes ergibt (z.B. § 8 Abs. 2 KStG). Maßgebend sind grundsätzlich die für die jeweilige Einkunftsart einschlägigen Vorschriften.[286] Für Aktienbezüge gilt außerdem bei allen Körperschaften im Sinne des § 20 Abs. 1 Nr. 1 EStG (unabhängig von der Buchführungspflicht) § 8b Abs. 1, Abs. 5 KStG. Danach werden fünf Prozent der (Brutto-)Bezüge[287] aus Aktien als nicht abziehbare Betriebsausgaben fingiert und dem Einkommen der Körperschaft außerbilanziell hinzugerechnet.[288] Insgesamt ist festzuhalten: Da

---

283 Vgl. zu den Anforderungen BFH VI R 166/67, v. 07.08.1970, BStBl. II 1970, 806 (807).

284 Vgl. BFH VIII R 16/83, v. 13.12.1983, BStBl. II 1984, 311 (312); Blümich-*Glenk*, EStG, § 23 Rz. 121; *Tschesche*, Wpg 2002, 956 (966).

285 BGBl. I 2007, 1912 (1916).

286 Vgl. dazu auch H/H/R-*Balmes*, KStG, § 8 Anm. 7, 17 f.

287 Bei offenen Gewinnausschüttungen wird auf die ausgeschütteten Bruttodividenden abgestellt (Vgl. H/H/R-*Watermeyer*, KStG, § 8b Anm. 126).

288 Bei dem ausdrücklichen Verweis in § 8b Abs. 1 KStG auf die „Bezüge im Sinne des § 20 Abs. 1 Nr. 1 EStG" handelt es sich um einen Rechtsgrundverweis. Es muß also der Tatbestand des § 20 Abs. 1 Nr. 1 EStG erfüllt sein, damit § 8b Abs. 1 Satz 1 KStG einschlägig ist (Vgl. H/H/R-*Watermeyer*, KStG, § 8b Anm. 31).

nur der nach § 39 AO zu bestimmende Anteilseigner Einkünfte aus Kapitalvermögen im Sinne des § 20 Abs. 1 Nr. 1 EStG erzielt (§ 20 Abs. 2a EStG), kann das wirtschaftliche Eigentum an Aktien relevant werden.

## IV. Übertragung einer Beteiligung im Umwandlungsteuerrecht

Eine steuerneutrale Aufspaltung, Abspaltung oder Teilübertragung von Vermögen auf eine andere Körperschaft ist gemäß § 15 Abs. 1 UmwStG nur dann anzunehmen, wenn ein Teilbetrieb auf die Übernehmerin übertragen wird. Dazu muß das zivilrechtliche oder wenigstens das wirtschaftliche Eigentum an den wesentlichen Betriebsgrundlagen dieses Teilbetriebes auf die übernehmende Körperschaft übergehen.[289] Als Teilbetrieb gilt nach § 15 Abs. 1 Satz 3 UmwStG auch eine das gesamte Nennkapital umfassende Beteiligung an einer Kapitalgesellschaft. Folglich ist bei der Übertragung einer Beteiligung an einer Aktiengesellschaft gegebenenfalls von Bedeutung, ob und wann das wirtschaftliche Eigentum an den Aktien übergeht.[290]

## V. Geringe Relevanz im Erbschaftsteuer- und Schenkungsteuerrecht

Im Erbschaft- und Schenkungsteuerrecht sind die steuerpflichtigen Vorgänge zivilrechtlich geprägt. Die materiellen Steuertatbestände der §§ 3 bis 8 ErbStG und die Steuerentstehung (§ 9 ErbStG) knüpfen primär an zivilrechtliche Erwerbs- und Zuwendungstatbestände an. Für die wirtschaftliche Betrachtungsweise und das wirtschaftliche Eigentum bleibt hier wenig Raum.[291]

### 1. Der Erwerb von Todes wegen

Als Erwerb von Todes wegen gilt beispielsweise der Erwerb durch Erbanfall gemäß § 1922 BGB (vgl. § 3 Abs. 1 Nr. 1 ErbStG). Mit dem Tod einer Person geht deren Vermögen als Ganzes auf ihre Erben über. Das gilt auch für Gegenstände, an denen neben dem Erblasser als zivilrechtlicher Eigentümer ein Dritter wirtschaftliches Eigentum hatte. Umgekehrt unterliegt Vermögen, an dem der Erblasser nur wirtschaftliches Eigentum besaß, grundsätzlich nicht dem Erwerb von

---

289  Vgl. Schmitt/Hörtnagl/Stratz-*Hörtnagl*, UmwStG, § 15 Rn. 60 f.
290  Vgl. Schmitt/Hörtnagl/Stratz-*Hörtnagl*, UmwStG, § 15 Rn. 87 ff.
291  Vgl. dazu eingehend Troll/Gebel/Jülicher-*Gebel*, ErbStG, Anh AO Rn. 11; exemplarisch BFH II R 61/80, v. 22.09.1982, BStBl. II 1983, 179; II B 15/00, v. 01.02.2001, BFH/NV 2001, 1265.

Todes wegen. Eine wirtschaftliche Betrachtungsweise gibt es also beim Erbanfall nicht. Der ausdrückliche Verweis auf das Zivilrecht schränkt § 39 Abs. 2 Nr. 1 AO hier ein.[292] Etwas anderes kann sich nur dann ergeben, wenn der Erblasser zwar nicht zivilrechtlicher Eigentümer eines Gegenstandes war, aber eine gesicherte und vererbliche wirtschaftliche Verfügungsmacht darüber hatte. In einem solchen seltenen Fall (vgl. § 1061 BGB) erlangt der Erbe die Rechtsposition des Erblassers als wirtschaftlicher Eigentümer.[293] Das wirtschaftliche Eigentum an bestimmten Wirtschaftsgütern kann ferner beim Erbanfall eine Rolle spielen, wenn zur Erbmasse Betriebsvermögen gehört, da für die Zugehörigkeit eines Wirtschaftsgutes zum Betriebsvermögen das wirtschaftliche Eigentum genügt. Problematisch ist hier vor allem die Bewertung (vgl. dazu § 12 ErbStG).[294]

*2. Schenkungen unter Lebenden*

Als Schenkung unter Lebenden gilt unter anderem jede freiwillige Zuwendung unter Lebenden, soweit der Bedachte durch sie auf Kosten des Zuwendenden bereichert wird (vgl. § 7 Abs. 1 Satz 1 Nr. 1 ErbStG). Dabei kommt es auf die zivilrechtliche Rechtswirksamkeit des Vermögensübergangs an. Für eine Zuwendung in diesem Sinne genügt es nicht, wenn der Bedachte lediglich wirtschaftliches Eigentum am Zuwendungsgegenstand erlangt.[295] Daß dem Zuwendenden das wirtschaftliche Eigentum des zugewendeten Gegenstandes verbleibt, steht andererseits der „Ausführung der Zuwendung" nicht entgegen; die Steuer entsteht gemäß § 9 Abs. 1 Nr. 2 ErbStG.[296]

## B. Die Aktie und der Wertpapierbegriff

Die Aktie wird allgemein auch als Wertpapier bezeichnet. Dabei ist jedoch zu beachten, daß bei dem Begriff „Wertpapier" zu unterscheiden ist zwischen seiner

---

292  Vgl. dazu auch HHSp-*Fischer*, AO, § 39 Rz. 35.
293  Dazu Troll/Gebel/Jülicher-*Gebel*, ErbStG, Anh AO Rn. 11.
294  Ausführlich Troll/Gebel/Jülicher-*Gebel*, ErbStG, Anh AO Rn. 11.
295  Vgl. dazu BFH II B 15/00, v. 01.02.2001, BFH/NV 2001, 1265 f.; Troll/Gebel/ Jülicher-*Gebel*, ErbStG, § 9 Rn. 85, 92 m.w.N. Zur Schenkung in Form der unentgeltlichen Übertragung des wirtschaftlichen Eigentums vom Treugeber oder Sicherungsgeber auf eine Person, die in seine Rechtsposition eintritt, vgl. Troll/Gebel/ Jülicher-*Gebel*, ErbStG, Anh AO Rn. 11.
296  Vgl. BFH II R 61/80, v. 22.09.1982, BStBl. II 1983, 179 f.; HHSp-*Fischer*, AO, § 39 Rz. 35; Troll/Gebel/Jülicher-*Gebel*, ErbStG, § 9 Rn. 92.

Bedeutung als zivilrechtliches Institut des Wertpapierrechts und dem Wertpapierbegriff für das Recht des Handelns mit Wertpapieren.

## I. Die Wertpapierbegriffe des Wertpapier- und Kapitalmarktrechts

Wertpapierrecht ist das Recht der auf ein einzelnes Wertpapier bezogenen und von ihm ausgehenden Rechtsbeziehungen. Dazu gehört auch das Wertpapierrecht des Handelsrechts (vgl. §§ 363 ff. HGB). Bezogen auf den börslichen und außerbörslichen Handel mit Wertpapieren, ist das Kapitalmarktrecht und hier insbesondere das Wertpapierhandelsgesetz (WpHG) und das Börsengesetz angesprochen (BörsG).[297]

### 1. Das Wertpapier im Sinne des Wertpapierrechts

Das Wertpapierrecht regelt die Konstituierung und Deklarierung von Rechten und Leistungserhebungsermächtigungen in Urkunden. Wertpapier im Sinne des Wertpapierrechts ist daher eine Urkunde, die ein privates Recht oder eine Ermächtigung zur Einziehung einer Leistung[298] in der Weise verbrieft, daß das Innehaben und das Vorlegen der Urkunde erforderlich ist, um das Recht geltend zu machen oder die Leistung einzuziehen.[299] Das Wertpapier verkörpert selbst das in ihm verbriefte Recht[300] – im Unterschied zu einem nur Beweiszwecken dienenden Legitimationspapier.[301] Der Schuldner des in der Urkunde verbrieften Anspruchs ist nur dann zur Leistung verpflichtet, wenn der Gläubiger die Urkunde innehat. Die Urkunde muß vorgelegt werden, um den verbrieften Anspruch geltend[302] machen zu können.[303] Andernfalls darf der Schuldner die Leistung verweigern (Einrede). Der Vorlagezwang schützt den Schuldner. Leistet dieser an

---

297 Vgl. dazu *Lenenbach*, Kapitalmarkt- und Börsenrecht, Rn. 2.1.
298 Bsp.: Anweisung (siehe § 783 Hs. 1 BGB), gezogener Wechsel (Art. 1 ff. WG).
299 Vgl. zur Begriffsbestimmung *Hueck/Canaris*, Recht der Wertpapiere, § 1 I; *Lenenbach*, Kapitalmarkt- und Börsenrecht, Rn. 2.1.
300 Vgl. dazu auch *Hueck/Canaris*, Recht der Wertpapiere, § 1 I 3.
301 Daher zum Teil auch als Beweispapier bezeichnet. Bsp.: Schuldschein.
302 Für Entstehung, Bestand und Erlöschen des Rechts ist die Existenz und die Vorlage der Urkunde nicht entscheidend. Vgl. dazu *Hueck/Canaris*, Recht der Wertpapiere, § 1 I 5; *Lenenbach*, Kapitalmarkt- und Börsenrecht, Rn. 2.37.
303 Vgl. *Lenenbach*, Kapitalmarkt- und Börsenrecht, Rn. 2.1. Die Möglichkeit ein abhandengekommenes oder vernichtetes Wertpapier mittels Aufgebotsverfahren für kraftlos zu erklären und anschließend das Recht geltend zu machen (vgl. z.B. § 799 f. BGB, § 808 Abs. 2 Satz 2 BGB, § 365 Abs. 2 HGB, § 72 f. AktG), bleibt vorliegend außer Betracht.

einen (Alt -) Gläubiger, der das Wertpapier nicht mehr hat, so ist das dem neuen vorlegenden Gläubiger gegenüber unwirksam.[304]

## 2. Wertpapiere als Handelsobjekte des Kapitalmarktes

Das Kapitalmarktrecht betrifft den schnellen und effektiven Handel sowie die Kapitalbeschaffung durch bestimmte Kapitalmarkttitel, zu denen u.a. auch Wertpapiere zählen. Da der Regelungszweck anders ist als im Wertpapierrecht, unterscheiden sich die Wertpapierbegriffe. Das Kapitalmarktrecht läßt sich allerdings nicht genau abgrenzen, weil es an einer exakten Definition des Kapitalmarktes fehlt.[305] Kapital ist ertragbringendes Vermögen in Form von Geld und Wertpapieren oder realen Gütern (z.b. Immobilien). Das aus Geld oder geldwerten Titeln bestehende Vermögen wird als Finanzkapital bezeichnet. Nur darauf bezieht sich der Begriff Kapitalmarkt. Kapitalmärkte sind also immer Finanzmärkte.[306] Zum Kapitalmarkt im engeren Sinne gehört der sog. klassische Wertpapiermarkt, der vor allem[307] im WpHG und im BörsG geregelt ist und zu dem insbesondere der Aktienmarkt zählt. Als Handelsobjekte des Kapitalmarktes sind Wertpapiere legaldefiniert (vgl. die Wertpapierdefinitionen in § 1 Abs. 11 Satz 2 KWG, § 2 Abs. 1 WpHG, § 1 Abs. 1 DepotG). Aktien sind traditionelle, standartisierte Anlagetitel des Kapitalmarktes. Was zu den sogenannten Kapitalmarkttiteln zählt, richtet sich nicht ausschließlich nach der Definition im Sinne des Wertpapierrechts.[308] Zwar sind viele Wertpapiere im Sinne des Wertpapierrechts auch Kapitalmarkttitel; das ist aber nicht zwingend.[309] § 1 Abs. 11 Satz 2 KWG und § 2 Abs. 1 Satz 1 WpHG setzen für die Wertpapiereigenschaft nicht einmal die Aus-

---

304  Vgl. *Lenenbach*, Kapitalmarkt- und Börsenrecht, Rn. 2.7.
305  Vgl. einführend dazu *Kümpel*, Bank- und Kapitalmarktrecht, Rn. 8.124 ff.; *Lenenbach*, Kapitalmarkt- und Börsenrecht, Rn. 2.1. Noch nicht ausdiskutiert ist, ob dazu auch der Handel mit nicht unter das WpHG fallenden Produkten zählt, wie z.B. Anteile an geschlossenen Immobilienfonds, Bauherrenmodellen oder Abschreibungsgesellschaften, die meist in Form von Personengesellschaften organisiert sind (sog. „Grauer Markt").
306  Vgl. *Kümpel*, Bank- und Kapitalmarktrecht, Rn. 8.124.
307  Regelungen finden sich beispielsweise auch im Kreditwesengesetz (KWG) und im Depotgesetz (DepotG).
308  Siehe dazu oben Kapitel 2 B.I.
309  Ob alle Effekten auch Wertpapiere im Sinne des Wertpapierrechts sind, ist nicht ganz unstrittig, da dieses die Vorlage und damit auch die Ausstellung einer Urkunde erfordert, was im Rahmen des Kapitalmarktrechts (vgl. § 1 Abs. 11 Satz 2 KWG und § 2 Abs. 1 Satz 1 WpHG) nicht zwingend erforderlich ist. Tatsächlich sind Effekten aber in der Regel (global) verbrieft, um den (gutgläubigen) Erwerb nach sachenrechtlichen Vorschriften zu ermöglichen, was für die Funktionsfähigkeit des auf Vertrauen basierenden Kapitalmarktes essentiell ist.

stellung einer Urkunde voraus. Maßgebend ist vielmehr die Eignung für den schnellen und einfachen Handel in einem anonymisierten Massenmarkt. Das erfordert zum einen die Austauschbarkeit und zum anderen die Zirkulationsfähigkeit des Papiers.[310]

## a. Austauschbarkeit und Zirkulationsfähigkeit von Kapitalmarkttiteln

*Austauschbar* ist ein Wertpapier, wenn es vertretbar (§ 91 BGB) ist, das heißt wegen seiner gleichartigen Ausgestaltung („inhaltliche Identität") derselben Gattung angehört und nur nach Zahl bestimmt wird. Wechsel und Schecks, die klassischen Wertpapiere des Wertpapierrechts, sind beispielsweise nicht vertretbar und eignen sich daher nicht als Kapitalmarkttitel. Wertpapiere derselben Gattung besitzen die selbe Wertpapierkenn-Nummer und sind so von anderen Kapitalmarkttiteln („anderen Gattungen") unterscheidbar. Soweit für Wertpapiere derselben Gattung (derselben Wertpapierkenn-Nummer) einzelne Urkunden exisitieren, tragen diese laufende Seriennummern.[311] Bei einer Transaktion wird dann i.d.R. nur die Anzahl der Papiere festgelegt sowie der Preis, wenn dieser nicht durch den Markt (z.B. die Börse) vorgegeben ist.

Die *Zirkulationsfähigkeit*, das heißt gesteigerte Umlauffähigkeit, ist die zweite wichtige Anforderung an einen Kapitalmarkttitel. Der Handel läuft zu einem großen Teil in einem anonymisierten Markt über elektronische Handelssysteme (z.B. XETRA[312]) ab, die Angebot und Nachfrage zusammenführen. Erwerber und Veräußerer müssen dabei „rechtsbeständig" erwerben und erfüllen, ohne der Gefahr späterer Einwendungen bezüglich des Eigentums oder sonstiger Umlaufhemmnisse ausgesetzt zu sein. Wichtig ist deshalb auch die Möglichkeit des gutgläubigen Erwerbs.[313] Da einfache Forderungen abgetreten werden (§§ 398 ff. BGB) und damit der gutgläubige Erwerb ausgeschlossen ist, sind „gewöhnliche" Forderungen zwar an sich übertragbar und damit handelbar. Aber die gesteigerte Umlauffähigkeit, wie sie die der Kapitalmarkt erfordert, fehlt. Gleiches gilt für GmbH-Geschäftsanteile, deren Abtretung überdies der notariellen Beurkundung bedarf (§ 15 Abs. 3 GmbHG). Gesteigerte Umlauffähigkeit bietet nur die Übereignung nach sachenrechtlichen Grundsätzen (§§ 929 ff. BGB), da nur hier die Möglichkeit des gutgläubigen Erwerbs besteht (§§ 932 ff. BGB, 366 HGB – u.U. sogar bei abhanden gekommenen Wertpapieren, § 935 Abs. 2 BGB, § 367 HGB).

---

310 Vgl. *Lenenbach*, Kapitalmarkt- und Börsenrecht, Rn. 2.2; MüKoHGB-*Ekkenga*, Effektengeschäft, Rn. 11 ff.
311 Vgl. *Lenenbach*, Kapitalmarkt- und Börsenrecht, Rn. 2.3.
312 Für: exchange electronic trading.
313 Vgl. *Lenenbach*, Kapitalmarkt- und Börsenrecht, Rn. 2.4.

### b. Effekten als besonders leicht handelbare Wertpapiere

Wertpapiere, die aufgrund ihrer Austauschbarkeit (§ 91 BGB) besonders leicht handelbar (fungibel) sind und damit die Eignung zum Massenhandel besitzen (gesteigerte Marktfähigkeit), werden auch als Effekten (Kapitalmarktwertpapiere[314]) bezeichnet.[315] Sie sind Gegenstand des sog. Effektengeschäfts,[316] des Wertpapierhandels am organisierten Kapitalmarkt, das von schnellen und effektiven Wertpapierübertragungen abhängt.

### c. Handelsplattformen des Kapitalmarktes

Mit Handel am Kapitalmarkt ist meist der Handel an den Börsen[317] gemeint. Über die Börsen vollzieht sich ein großer Teil des Aktienhandels (vgl. auch § 2 Abs. 2 BörsG[318]); die Börse ist jedoch nur ein möglicher Handelsplatz für Aktien. Kapitalmärkte können börsenmäßig, aber auch außerhalb einer Börse organisiert sein.

### (1) Handel an Wertpapierbörsen

*Wertpapierbörsen*[319] sind öffentlich-rechtlich organisierte Märkte im verwaltungsrechtlichen Sinn, an denen Angebot und Nachfrage nach den dort gehandelten (Kapitalmarkt-)Produkten zusammengeführt werden. Als erlaubnispflichtige, sich selbst verwaltende Anstalten des öffentlichen Rechts (vgl. § 2 Abs. 1 BörsG) stehen sie unter staatlicher Rechtsaufsicht der zuständigen obersten Landesbehörde (Börsenaufsichtsbehörde, § 3 Abs. 1 BörsG); die Aufsichtsbehörde erteilt auch die Erlaubnis zur Errichtung einer Börse (vgl. § 4 Abs. 1 BörsG). Die Börsenordnungen sind öffentlich-rechtliche Satzungen (§ 1 Abs. 2 Nr. 1 BörsG).

---

314 Vgl. zu diesem Begriff: *Einsele*, Wertpapierrecht als Schuldrecht, S. 3.

315 Vgl. *Lenenbach*, Kapitalmarkt- und Börsenrecht, Rn. 4.2 f.; MüKoHGB-*Ekkenga*, Effektengeschäft, Rn. 11. Zu einzelnen Effekten vgl. Assmann/Schütze-*Roth*, HdB des Kapitalanlagerechts, § 10 Rn. 33 ff.

316 Vgl. Assmann/Schütze-*Roth*, HdB des Kapitalanlagerechts, § 10 Rn. 26, 41 ff.; *Lenenbach*, Kapitalmarkt- und Börsenrecht, Rn. 2.11; MüKoHGB-*Ekkenga*, Effektengeschäft, Rn. 11.; Wilhelm/*Brauer*, Kapitalgesellschaftsrecht, Rn. 660 ff.

317 In Deutschland gibt es Wertpapierbörsen in Berlin, Düsseldorf, Frankfurt am Main, Hamburg, Hannover, München und Stuttgart, wobei die Börsenträgergesellschaften von Hannover und Hamburg fusioniert haben.

318 Änderung des BörsG durch das Finanzmarktrichtlinie-Umsetzungsgesetz vom 16.07.2007, BGBl. I 2007, 1330 (1351 ff.), Inkrafttreten am 01.11.2007.

319 Vgl. *Kümpel*, Bank- und Kapitalmarktrecht, Rn. 8.192 ff.; Wilhelm/*Brauer*, Kapitalgesellschaftsrecht, Rn. 686.

Träger einer Börse sind derzeit ausschließlich privatrechtliche Trägergesellschaften,[320] die als „wirtschaftliche Manager" die für den Börsenbetrieb erforderlichen personellen, finanziellen und sachlichen Mittel zur Verfügung stellen (Beleihung; vgl. § 5 Abs. 1, 3 BörsG, § 2 BörsenO der Frankfurter Wertpapierbörse).

Der *Börsenhandel* unterliegt börsenrechtlichen Einschränkungen. Agieren dürfen nur speziell zugelassene Handelsteilnehmer (vgl. § 19 BörsG). Der Wertpapierhandel kann grundsätzlich nach unterschiedlichen rechtlichen Rahmenbedingungen (Börsensegmente) ablaufen: dem regulierten Markt (§§ 32 ff. BörsG) oder dem Freiverkehr (§ 48 BörsG).[321]

Wertpapiere werden nur zum Handel in einem der genannten Segmente (§§ 32 Abs. 1, 48 Abs. 1 BörsG) zugelassen oder in den Handel in einem der genannten Segmente einbezogen. Ohne eine solche Zulassung oder Einbeziehung ist kein Handel der Wertpapiere an der Börse möglich. Die jeweiligen Zulassungsvoraussetzungen sowie die Voraussetzungen für eine Einbeziehung ergeben sich aus dem Börsengesetz (§§ 32 ff., 48 BörsG) sowie den Börsenordnungen.[322] Stark vereinfacht kann man sagen, daß die Zulassungsvoraussetzungen für den regulierten Markt wesentlich höher sind als die für den Freiverkehr.[323] Innerhalb des regulierten Marktes (General Standard) sind weitere Segmente, sogenannte Handelssegmente, denkbar. So gibt es an der Frankfurter Wertpapierbörse einen Prime Standard mit zusätzlichen erhöhten Zulassungsanforderungen[324] und an

---

320 Die bekannteste ist die Deutsche Börse AG als Trägerin der Frankfurter Wertpapierbörse (wobei zu beachten ist, daß der Handel mit verbrieften Derivaten durch die Scoach Europa AG getragen wird). Trägerin der Baden-Württembergischen Wertpapierbörse ist die Baden-Württembergische Wertpapierbörse GmbH.

321 Bis zum 01.11.2007 waren das: der amtliche Markt (§§ 30 ff. BörsG a.F.), der geregelte Markt (§§ 49 ff. BörsG a.F.) sowie der Freiverkehr (§ 57 BörsG a.F.). Vgl. dazu auch MüKoHGB-*Ekkenga*, Effektengeschäft, Rn. 8.

322 Vgl. korrespondierend zum BörsG a.F. z.B. §§ 56 ff., 68 ff., 89 Börsenordnung der Frankfurter Wertpapierbörse.

323 Die ab 01.11.2007 für die Zulassung zum regulierten Markt geltenden Bedingungen lehnen sich weitgehend an die für den bisherigen amtlichen Markt an. Bis zum 31.10.2007 erforderte die Zulassung zum amtlichen und zum geregelten Markt, im Gegensatz zum Freiverkehr, die nachgewiesene Ausstattung des Antragstellers mit einem haftenden Eigenkapital im Gegenwert von mindestens 730.000 Euro (vgl. § 30 Abs. 2, 49 Abs. 2 BörsG a.F.). Die Zulassung zum amtlichen Markt setzte unter anderem einen von der Zulassungbehörde gebilligten Prospekt (vgl. § 30 Abs. 3 ff. BörsG a.F.), die zum geregelten Markt einen gebilligten Unternehmensbericht (vgl. § 51 BörsG a.F.) voraus. An die Richtigkeit von Prospekt bzw. Unternehmensbericht knüpften Haftungen an (vgl. §§ 44 ff., 55 BörsG a.F.). Die Zulassung führte zu weiteren Verpflichtungen der Emittenten für die Dauer der Notierung (§§ 39 ff., 54 BörsG a.F.), z.B. bestimmte Publizitätspflichten.

324 Z.B. Konsolidierte Abschlüsse nach internationalen Rechnungslegungsvorschriften (IFRS oder US-GAAP), Verpflichtung zur Quartalsberichterstattung, Veröffentli-

der Baden-Württembergischen Wertpapierbörse das spezielle Handelssegment 4-X für ausländische Aktien. Für Wertpapiere, die nicht zum regulierten Markt zugelassen sind, kann die Börse einen Freiverkehr zulassen (§ 48 Abs. 1 BörsG), für den andere Bedingungen gelten können als für den Handel im regulierten Markt.[325] Der Freiverkehr ist privatrechtlich organisiert und nur aufgrund von durch die Börsengeschäftsführung gebilligten Geschäftsbedingungen in den Börsenhandel einbezogen (vgl. § 48 BörsG), die eine ordnungsgemäße Durchführung von Handel und Geschäftsabwicklung garantieren sollen. Insgesamt dienen die Zulassungsverfahren und Verhaltenspflichten dem Schutz der Marktteilnehmer und der Anleger, indem sie eine ordnungsgemäße Abwicklung der Börsengeschäfte sicherstellen.

*(2) Handel im außerbörslichen Markt*

Neben den Wertpapierbörsen gibt es einen Sekundärmarkt[326] außerhalb der Börsen,[327] der sich insbesondere über den Telefonverkehr vollzieht. Dazu zählt vor allem der Handel zwischen Kreditinstituten und sonstigen Wertpapierhandelshäusern (sog. Interbankenhandel). Die Geschäfte kommen hier vielfach ohne Beteiligung eines Maklers unmittelbar zwischen den Marktteilnehmern zustande. Der Organisationsgrad ist im Vergleich zu den Börsen relativ gering. Insbesondere bedarf es keiner besonderen Zulassung der gehandelten Wertpapiere oder der Marktteilnehmer und es existieren keine allgemein festgelegten Preisfindungsregeln. Allerdings gibt es auch organisierte außerbörsliche Märkte, sog. „over the counter-Märkte („OTC-Märkte").

---

chung eines Unternehmenskalenders in englischer und deutscher Sprache mit den wesentlichen Terminen des Emittenten; Durchführung einer jährlichen Analystenveranstaltung und einer Bilanzpressekonferenz, ad-hoc-Mitteilungen.

325 Vgl. (noch zum BörsG a.F. bis 31.10.2007) z.B.: Die Bedingungen an der Frankfurter Wertpapierbörse gelten für den Handel im amtlichen und geregelten Markt (vgl. § 1). Der Freiverkehr wird in den Richtlinien für den Freiverkehr an der Frankfurter Wertpapierbörse reglementiert.

326 Primärmarkt meint die erste Unterbringung – Platzierung – von Aktien durch Emission (Begebung der Wertpapiere). Der anschließende Handel mit den emittierten Kapitalmarkttiteln spielt sich an sog. Sekundärmärkten ab. Vgl. dazu *Kümpel*, Bank- und Kapitalmarktrecht, Rn. 8.174 ff.

327 Vgl. *Kümpel*, Bank- und Kapitalmarktrecht, Rn. 8.218 ff.; MüKoHGB-*Ekkenga*, Effektengeschäft, Rn. 10; Wilhelm/*Brauer*, Kapitalgesellschaftsrecht, Rn. 685.

## II. Der Begriff der Aktie

Die Aktie stellt einen bestimmten Anteil des in Aktien zerlegten Grundkapitals einer Aktiengesellschaft dar (vgl. § 1 Abs. 2 AktG), sie ist also eine Kapitalbeteiligung. Aus der Kapitalbeteiligung folgt die Mitgliedschaft des Aktionärs an der Aktiengesellschaft, seine Gesamtrechts- und Pflichtenposition, die je nach Ausstattung der von ihm gezeichneten Aktien unterschiedlich ausgestaltet sein kann.

### 1. Die Aktie als Kapitalbeteiligung

Das Grundkapital der Gesellschaft wird gemäß § 8 Abs. 1 AktG vollständig zerlegt: „entweder" in bestimmte – auch unterschiedlich hohe – Nennbeträge (Nennbetragsaktien[328]) „oder" in eine bestimmte Anzahl von Anteilen jeweils gleicher Höhe ohne Nennbetrag (Stückaktien[329]). Andere Aktienformen (beispielsweise Quotenaktien) sind nicht zulässig.[330] Die Höhe des Grundkapitals (das gezeichnete Kapital) wird unter Beachtung der gesetzlichen Mindestausstattung (§ 7 AktG) durch die Satzung der Gesellschaft festgelegt. Die Höhe des Anteils eines Aktionärs ergibt sich aus dem Verhältnis der vom Aktionär gehaltenen Nennbeträge zum Grundkapital oder aus dem Verhältnis der Stückzahlen (§ 8 Abs. 4 AktG). Der Kapitalbeteiligung korrespondieren die Kapitalaufbringungspflicht und die Kapitalerhaltungspflicht. Die Kapitalaufbringungspflicht fordert die Einbringung von Vermögen in Höhe der übernommenen Anteile in die Gesellschaft (vgl. §§ 9 Abs. 1, 54, 63, 66 AktG). Die Kapitalerhaltungspflicht beschränkt die Aktionäre insoweit, als ihnen die Gesellschaft vor ihrer Auflösung nicht mehr Vermögen zuwenden darf als den Bilanzgewinn (vgl. §§ 57, 158 Abs. 1 Satz 1 Nr. 5 AktG).[331]

### 2. Mitgliedschaftsrechte des Aktionärs

Die Aktie berechtigt zur Mitgestaltung der Belange der Gesellschaft[332] und repräsentiert die Vermögensrechte des Aktionärs.[333] Die beiden wichtigsten Mit-

---

328  Vgl. *dazu Hüffer*, § 8 Rn. 5 ff. m.w.N.
329  Vgl. dazu *Hüffer*, § 8 Rn. 20 ff. m.w.N.
330  Vgl. *Hüffer*, § 8 Rn. 2, 4; MüKoAktG-*Heider*, § 8 Rn. 23, 62.
331  Vgl. dazu *Hüffer*, § 1 Rn. 11 f.; MüKoAktG-*Bungeroth/Doralt/Winner*, Vor § 53a Rn. 34 ff.; *Wilhelm*, Kapitalgesellschaftsrecht, Rn. 5 ff.
332  Beispielsweise: Stimmrecht (§§ 133 ff. AktG), Recht auf Teilnahme an der Hauptversammlung (§ 118 Abs. 1 AktG), Antrags-, Auskunfts- oder Anfechtungsrecht (§§ 126, 131, 243, 245 AktG).

gliedschaftsrechte des Aktionärs sind: das Stimmrecht und das Gewinnbezugs-recht.

### a. Das Stimmrecht – Stammaktien und Vorzugsaktien

Grundsätzlich gewährt jede Aktie das Stimmrecht (vgl. § 12 Abs. 1 Satz 1 AktG; sog. Stammaktien). Mehrstimmrechte pro Aktie gibt es nicht mehr (vgl. § 12 Abs. 2 AktG).[334] Das Stimmrecht wird nach Aktiennennbeträgen, bei Stückaktien nach deren Zahl ausgeübt (§ 134 Abs. 1 Satz 1 AktG). Es hat keinen höchstper-sönlichen Charakter und kann unter bestimmten Voraussetzungen auch durch ei-nen Bevollmächtigten ausgeübt werden (vgl. § 134 Abs. 3 AktG, auch §§ 129 Abs. 3, 135 AktG).[335] Das Stimmrecht darf jedoch nicht von der Aktie getrennt und auf einen anderen als den Aktionär übertragen werden (Abspaltungsverbot; „Kein Stimmrecht ohne Aktie").[336]

Bis zur Hälfte des Grundkapitals können Aktien ohne Stimmrecht[337] ausge-geben werden (vgl. §§ 12 Abs. 1 Satz 2, 139 AktG; sog. Vorzugsaktien). Der Vorzug[338] ist kein Zahlungsanspruch, sondern eine besondere Ausgestaltung des Gewinnbeteiligungsrechts, die einen verteilbaren Bilanzgewinn voraussetzt. Die besondere Dividendenberechtigung (vgl. § 139 Abs. 1 AktG) darf nicht mit der Höhe des Bilanzgewinns verknüpft werden und muß aus der Satzung objektiv be-stimmbar sein.[339] Die Ausschüttung an die Vorzugsaktionäre erfolgt vor der Aus-schüttung an die Stammaktionäre. Entfällt die Zahlung von Vorzugsdividenden mangels Bilanzgewinns ganz oder teilweise, so sind sie in folgenden Geschäfts-jahren nachzuzahlen, wenn und soweit der Bilanzgewinn ausreicht.[340]

---

333  Z.B.: Gewinnbeteiligungsrecht (§ 58 Abs. 4 AktG), Bezugsrechte auf neue Aktien bei Kapitalerhöhung durch Einlagen (§ 186 Abs. 1 AktG), Bezugsrechte auf Wan-delschuldverschreibungen, Gewinnschuldverschreibungen und Genußrechte (§ 221 Abs. 4 AktG).

334  Seit dem 01.06.2003. Vgl. dazu MüKoAktG-*Heider*, § 12 Rn. 37 ff., 43.

335  Vgl. hierzu *Wilhelm*, Kapitalgesellschaftsrecht, Rn. 1113 ff.

336  Weiterführend *Hüffer*, § 134 Rn. 21 ff.

337  Die anderen Mitgliedschaftsrechte bleiben bestehen (vgl. § 140 Abs. 1 AktG). Zu den verbleibenden „Stimmrechtsrudimenten" vgl. §§ 140 Abs. 2, 141 AktG.

338  Vgl. MüKoAktG-*Heider*, § 12 Rn. 29 ff.; *Wilhelm*, Kapitalgesellschaftsrecht, Rn. 601, 603 mit Fn. 777.

339  Möglich ist ein fester Prozentsatz, z.B. drei bis sieben Prozent des Nennbetrags bei Nennbetragsaktien oder des Grundkapitals (insb. bei Stückaktien), die Satzung kann aber auch einen Festbetrag bestimmen oder die Koppelung an einen bestimmten Zinssatz.

340  Vgl. *Hüffer*, § 139 Rn. 4 ff.

## b. Das Gewinnbeteiligungsrecht des Aktionärs

Die Aktionäre haben Anspruch auf den Bilanzgewinn, soweit er nicht von der Verteilung ausgeschlossen ist (vgl. § 58 Abs. 4 AktG). Die Anteile am Gewinn bestimmen sich nach den Anteilen am Grundkapital, wenn die Satzung keine andere Gewinnverteilung regelt (§ 60 Abs. 1, 4 AktG). Der abstrakte Anspruch des Aktionärs auf den anteiligen Bilanzgewinn entsteht, sobald der Jahresabschluß ordnungsgemäß festgestellt ist (vgl. §§ 172, 173 174 Abs. 1 Satz 2 AktG) und einen Bilanz*gewinn* ausweist.[341] Der Jahresabschluß wird in der Regel[342] durch die Billigung des Aufsichtsrates festgestellt (§ 172 AktG).

### (1) Unterscheidung vom Ausschüttungsanspruch

Über die Verwendung des Bilanzgewinns beschließt die Hauptversammlung (§§ 174 Abs. 1 Satz 1, Abs. 2 Nr. 2 AktG). Mit dem Wirksamwerden dieses Gewinn*verwendungs*beschlusses entsteht der Ausschüttungsanspruch des Aktionärs, anteilsmäßig konkretisiert nach § 60 AktG; er ist – im Gegensatz zum Gewinnbezugsrecht – ein selbständiges, von der Mitgliedschaft unabhängiges Gläubigerrecht auf eine konkrete Leistung, welche regelmäßig in einer Zahlung besteht (Ausnahme: Sachausschüttung gemäß § 58 Abs. 5 AktG).[343]

### (2) Steuerrechtlicher Gewinn; Jahresüberschuß; Bilanzgewinn

Der Bilanzgewinn ist nicht mit dem steuerrechtlichen Gewinn nach §§ 4 Abs. 1 Satz 1, 5 EStG i.V.m. § 8 Abs. 1 KStG identisch. Gewinn ist im Aktienrecht der Jahresüberschuß, der in der Gewinn- und Verlustrechnung (vgl. § 275 Abs. 2 Nr. 20 HGB) und der Jahresbilanz ausgewiesen ist (vgl. § 266 Abs. 3 A V. HGB). Der *Jahresüberschuß* ist im Gegensatz zum steuerrechtlichen Gewinn um die Ertragsteuern vermindert (vgl. § 266 Abs. 3 B 2., C 8.; § 275 Abs. 2 Nr. 18, 19 HGB).
*Bilanzgewinn* ist die Größe, die sich nach der Verwendung des Jahresüberschusses ergibt. Verwendung heißt dabei, daß der Jahresüberschuß erhöht wird um einen (eventuell vorhandenen) Gewinnvortrag sowie um Entnahmen aus Kapital- bzw. Gewinnrücklagen und vermindert um einen (eventuellen) Verlustvor-

---

341   Vgl. MüKoAktG-*Bayer*, § 58 Rn. 98.
342   Möglich ist auch die Feststellung durch die Hauptversammlung bei entsprechendem Beschluß von Vorstand und Aufsichtsrat (vgl. §§ 172, 173 AktG).
343   Vgl. MüKoAktG-*Bayer*, § 58 Rn. 102 ff.; *Hüffer*, § 58 Rn. 28, § 174 Rn. 4.

trag sowie Einstellungen in Gewinnrücklagen (vgl. § 268 Abs. 1 HGB, §§ 58, 158 AktG). Der sich ergebende Saldo ist der Bilanzgewinn.[344]

## 3. Das aktienrechtliche Abspaltungsverbot

Aktien sind unteilbar. § 8 Abs. 5 AktG verbietet sowohl die Aufspaltung einer Aktie in mehrere je für sich bestehende Mitgliedschaftsrechte (Realteilung) als auch die Trennung einzelner Mitgliedschaftsrechte und –pflichten von der Aktie (Abspaltung) durch die Gesellschaft oder den Aktionär.

Das Mitgliedschaftsrecht des Aktionärs ist zwingend einheitlich. Rechtsgeschäfte, die darauf gerichtet sind, einzelne Verwaltungsrechte (z.B. Recht auf Teilnahme an der Hauptversammlung, Stimmrecht,[345] Auskunftsrecht, Anfechtungsrecht) oder das Recht auf Beteiligung am Bilanzgewinn auf einen Dritten zu übertragen und damit von der Mitgliedschaft abzuspalten, sind nichtig.[346]

Kein Verstoß gegen das Abspaltungsverbot und gedanklich davon zu unterscheiden ist die Rechtsgemeinschaft an einer Aktie und damit an einer ungeteilten Mitgliedschaft (vgl. § 69 AktG i.V.m. § 705/741/2032 BGB). Denkbar ist auch die Einräumung einer Unterbeteiligung an einer Aktie in Form einer rein schuldrechtlichen Verpflichtung, die somit nicht zu einem dinglichen Rechtsgeschäft und zur Abspaltung einzelner Mitgliedschaftsrechte führt.[347] Ebenso besteht die Möglichkeit, die Aktie fiduziarisch auf einen Treuhänder zu übertragen. Weil es sich dabei um eine Vollrechtsübertragung handelt und der Treuhänder im Außenverhältnis die volle Rechtsstellung des Aktionärs erlangt, liegt kein Fall der Abspaltung von Mitgliedschaftsrechten vor.[348] Das mit der Aktie verbundene Stimmrecht kann auch per Vollmacht durch einen Dritten ausgeübt werden.[349] Problematisch ist die Festlegung der Grenze zwischen zulässiger Stimmrechtsvollmacht und unzulässiger Stimmrechtsabtretung. Eine Abtretung führt stets zu einem Wechsel des Rechtsträgers, weil der bisherige Rechtsträger seine Rechtsstellung verliert. Bei Erteilung einer Vollmacht bleibt die Substanz beim Vollmachtgeber; der Bevollmächtigte ist nur befugt, das Recht im Namen des Bevollmächtigten auszuüben. Die Erteilung einer unwiderruflichen Stimmrechtsvollmacht unter gleichzeitigem Verzicht auf die Stimmrechtsausübung durch den

344 Vgl. *Hüffer*, § 58 Rn. 3, § 158 Rn. 6; MüKoAktG-*Bayer*, § 58 Rn. 4; *Wilhelm*, Kapitalgesellschaftsrecht, Rn. 615.
345 Vgl. BGH II ZR 111/50, v. 10.11.1951, BGHZ 3, 354 (359).
346 Vgl. *Hüffer*, § 8 Rn. 30; MüKoAktG-*Heider*, § 8 Rn. 106 ff. Allg. Rechtsgedanke in § 717 Satz 1 BGB.
347 Vgl. *Hüffer*, § 8 Rn. 30; MüKoAktG-*Heider*, § 8 Rn. 110, 113.
348 Vgl. MüKoAktG-*Heider*, § 8 Rn. 111; Palandt-*Bassenge*, BGB, § 903 Rn. 34, 37 ff.
349 Siehe unter Kapitel 2 B.II.2.a.

Gesellschafter gegenüber dem Bevollmächtigten kommt allerdings in Zweck und praktischer Wirkung einer Abtretung so nahe, daß trotz der Bezeichnung als Vollmacht eine Stimmrechtsabtretung vorliegt.[350]

### a. Zulässigkeit von Stimmbindungsverträgen

Stimmbindungsverträge[351] liegen zwischen Abtretung und Stimmrechtsvollmacht. Ein Stimmbindungsvertrag soll in der Regel der einheitlichen Abstimmung in einem Stimmenpool (z.b. Familiengesellschaften) dienen oder der Sicherung der Stimmrechtsausübung bei treuhänderischer Übertragung bzw. Verpfändung von Aktien. Es sind aber auch andere Motive denkbar. Der Stimmbindungsvertrag kann das Abstimmungsverhalten auf Dauer oder für einzelne Abstimmungen konkret festlegen oder den Weisungen bestimmter Personen unterstellen.[352]

Gemäß § 136 Abs. 2 AktG ist ein Vertrag nichtig (§ 134 BGB), durch den ein Aktionär sich verpflichtet, das Stimmrecht nach Weisung der Gesellschaft, des Vorstands oder des Aufsichtsrates oder nach Weisung eines abhängigen Unternehmens auszuüben. Ebensowenig darf sich ein Aktionär verpflichten, für die jeweiligen Vorschläge des Vorstands oder des Aufsichtsrats zu stimmen. Nach § 405 Abs. 3 Nr. 6, 7 AktG begeht eine Ordnungswidrigkeit, wer für eine Stimmabgabe besondere Vorteile fordert, sich versprechen läßt, annimmt oder anbietet, verspricht, gewährt (sog. Stimmenkauf). Verpflichtet sich der Aktionär aber jenseits dieser Tatbestände gegenüber einem oder mehreren Mitaktionären und/oder gegenüber einem Dritten, sein Stimmrecht in der Hauptversammlung in bestimmter Weise auszuüben oder gar nicht wahrzunehmen, so wird ein solcher Stimmbindungsvertrag als grundsätzlich zulässig erachtet.[353] Eine entsprechende Vereinbarung gilt als Bestandteil der Entschließungs- und Abstimmungsfreiheit eines jeden Gesellschafters.[354] Die zulässige Stimmbindung ist eine kündbare schuldrechtliche Verpflichtung ohne Außenwirkung. Eine vertragswidrige Stimmabgabe ist wirksam.[355] Stimmbindungsverträge begründen allerdings einen Erfüllungsan-

---

350 Vgl. dazu schon BGH II ZR 111/50, v. 10.11.1951, BGHZ 3, 354 (358).
351 Dazu MüKoAktG-*Schröer*, § 136 Rn. 56 ff.; *Wilhelm*, Kapitalgesellschaftsrecht, Rn. 1119 ff.
352 Vgl. MüKoAktG-*Schröer*, § 136 Rn. 56 f.
353 Vgl. *Hirte*, Kapitalgesellschaftsrecht, Rn. 3.275; *Hüffer*, § 133 Rn. 25, 27; MüKoAktG-*Schröer*, § 136 Rn. 61; *Wilhelm*, Kapitalgesellschaftsrecht, Rn. 1119. Zur GmbH BGH II ZR 105/66, v. 29.05.1967, BGHZ 48, 163 (170 f.).
354 Vgl. BGH II ZR 105/66, v. 29.05.1967, BGHZ 48, 163 (170 ff.); MüKoAktG-*Schröer*, § 136 Rn. 61 m.w.N. Zur nichtigen Stimmbindung vgl. MüKoAktG-*Schröer*, § 136 Rn. 62 ff. m.w.N.
355 Vgl. *Hüffer*, § 133 Rn. 26; MüKoAktG-*Schröer*, § 136 Rn. 57.

spruch und sind nach § 894 ZPO vollstreckbar.[356] Die Zulässigkeit von Stimmbindungsverträgen mit *Nicht*aktionären ist daher umstritten („Kein Stimmrecht ohne Aktie").[357]

### b. Zulässige Gewinnverwendung

Der Anspruch auf den Bilanzgewinn ist ebenfalls untrennbar mit der Mitgliedschaft verbunden (§ 58 Abs. 4 AktG), nicht selbständig abtretbar (§ 399 Alt. 1 BGB) und kann bei einer Übertragung der Aktie auch nicht beim Veräußerer verbleiben. Hingegen sind (künftige) Ansprüche auf Dividenden*auszahlung* selbständig abtretbar oder (ver-) pfändbar, da sie mit Wirksamwerden des Gewinnverwendungsbeschlusses (§ 174 AktG) entstehen und ab diesem Zeitpunkt selbständig, das heißt ohne Aktie, verkehrsfähig[358] sind.

### 4. Die Aktie aus wertpapierrechtlicher Sicht

Die Aktie hat ihren Entstehungsgrund in der Übernahmeerklärung des Aktienzeichners (vgl. § 2 AktG). Sie entsteht mit der Eintragung der Aktiengesellschaft oder einer durchgeführten Kapitalerhöhung im Handelsregister (§ 41 Abs. 1, 4; § 189 AktG). Die damit begründete Mitgliedschaft besteht unabhängig von ihrer Verbriefung in einer Aktienurkunde.[359] Die Aktienurkunde ist für die Beteiligung des Aktionärs lediglich von deklaratorischer Bedeutung.[360]

### a. Bedeutung der Verbriefung

Eine Aktienurkunde verbrieft das Mitgliedschaftsrecht an einer Aktiengesellschaft. Das Geltendmachen der mit der Aktie verbundenen Mitgliedschaftsrechte,

---

356 Vgl. BGH II ZR 105/66, v. 29.05.1967, BGHZ 48, 163 (170 f., 173).
357 Siehe dazu *Hüffer*, § 133 Rn. 27 m.w.N.; instruktiv zur Zulässigkeit MüKoAktG-*Schröer*, § 136 Rn. 67 ff. m.w.N.; gegen generelle Zulässigkeit: *Wilhelm*, Kapitalgesellschaftsrecht, Rn. 1125.
358 Vgl. *Hüffer*, § 58 Rn. 28, § 174 Rn. 4; MüKoAktG-*Heider*, § 8 Rn. 109; Ders.-*Bayer*, § 58 Rn. 100.
359 Vgl. *Hueck/Canaris*, Recht der Wertpapiere, § 1 I 5. Der Anspruch des Aktionärs auf Verbriefung seines Anteils kann gemäß § 10 Abs. 5 AktG in der Satzung sogar ausgeschlossen oder eingeschränkt werden.
360 Vgl. *Hueck/Canaris*, Recht der Wertpapiere, § 25 II 1; MüKoAktG-*Heider*, § 1 Rn. 89, § 2 Rn. 45, § 10 Rn. 3, 6 m.w.N.; *Wilhelm*, Kapitalgesellschaftsrecht, Rn. 605.

insbesondere des Stimm- und des Gewinnbezugsrechts, ist grundsätzlich[361] nur an das Innehaben und die Vorlage der Aktienurkunde geknüpft.[362] Mit der Aktienurkunde ist also ein bestimmter Rechtsschein verbunden,[363] der die Rechtsausübung erleichtert, indem sie den Aktionär legitimiert. Die Verbriefung steigert damit die Verkehrsfähigkeit des bestehenden Mitgliedschaftsrechts.[364] Die Aktienurkunde beurkundet einerseits die Rechtsstellung als Aktionär – *das Recht aus dem Papier*. Andererseits ist sie selbst eine Sache, an der Sachenrechte bestehen können, insbesondere Eigentum – *das Recht an dem Papier*.[365] Die Verbriefung der Nennbetrags- oder Stückaktien kann nach Wahl[366] der Gesellschaft in Form der Inhaberaktie oder in Form der Namensaktie erfolgen (§ 10 Abs. 1 AktG).

*(1) Verbriefung als Inhaberaktie*

Die Inhaberaktie (§ 10 Abs. 1 Alt. 1 AktG) räumt als Inhaberpapier[367] die in ihm verbriefte Rechtsstellung – das Recht aus dem Papier – jedem seiner Besitzer ein.[368] Die Urkunde benennt keine bestimmte Person als Berechtigten und der Aussteller, die Gesellschaft, ist verpflichtet, an den jeweiligen Inhaber zu leisten. Dieser muß dabei nicht beweisen, daß er Berechtigter ist. Umgekehrt ist die Gesellschaft gehalten, will sie nicht an den Inhaber leisten, die tatsächlich fehlende Berechtigung nachzuweisen. Der Inhaber ist als Berechtigter formell legitimiert, solange der durch die Inhaberschaft begründete Rechtsschein nicht widerlegt ist (vgl. § 793 Abs. 1 Satz 1 BGB).[369]

---

361 Zur Hinterlegungsbescheinigung bei Girosammelverwahrung später unter Kapitel 2 B.II.5.a(1)(f).
362 Vgl. *Lenenbach*, Kapitalmarkt- und Börsenrecht, Rn. 2.7; Palandt-*Sprau*, Einf v § 793 Rn. 1; *Wilhelm*, Kapitalgesellschaftsrecht, Rn. 608.
363 Vgl. allgemein *Hueck/Canaris*, Recht der Wertpapiere, § 1 II.
364 Vgl. *Lenenbach*, Kapitalmarkt- und Börsenrecht, Rn. 2.7; MüKoAktG-*Heider*, § 10 Rn. 8.
365 Vgl. *Hueck/Canaris*, Recht der Wertpapiere, § 1 I 4 a).
366 Von bestimmten Zwängen zur Namens- bzw. Inhaberaktie abgesehen. Dazu MüKoAktG-*Heider*, § 10 Rn. 17 ff.
367 Die §§ 793 ff. BGB gelten entsprechend.
368 Vgl. *Kümpel*, Bank- und Kapitalmarktrecht, Rn. 11.140; MüKoAktG-*Heider*, § 10 Rn. 32, 34.
369 Vgl. *Hueck/Canaris*, Recht der Wertpapiere, § 2 III 3; *Lenenbach*, Kapitalmarkt- und Börsenrecht, Rn. 2.6.

## (2) Namensaktien und das Aktienregister

Neben oder anstelle von Inhaberaktien kann[370] die Aktiengesellschaft auch Namensaktien (§ 10 Abs. 1 Alt. 2 AktG) ausgeben. Diese weisen den Berechtigten durch die Nennung seines Namens *oder* durch eine Indossamentenkette (vgl. § 68 Abs. 1 AktG) aus.[371] Sie sind, da sie (auch) mittels Indossaments[372] übertragbar sind, geborene Orderpapiere[373] und keine, wie der Wortlaut eigentlich nahelegt, Namens-(Rekta-)papiere.[374]

*Gegenüber der Aktiengesellschaft* ist der Aktionär nicht aus der Aktie heraus oder durch deren Besitz legitimiert, sondern nur mit seiner Eintragung im Aktienregister (§ 67 Abs. 2 AktG). Der ordnungsgemäße Eintrag (§ 67 Abs. 1 AktG) begründet die *un*widerlegbare Vermutung, daß der Eingetragene Aktionär ist. Der Eingetragene ist – ungeachtet der materiellen Rechtslage außerhalb des Aktienregisters – zur Ausübung der Mitgliedschaftsrechte befugt sowie zur Erfüllung der Mitgliedschaftspflichten verpflichtet.[375] Die Gesellschaft ist verpflichtet, an

---

370  Eine Verpflichtung zur Verbriefung in dieser Form besteht nach § 10 Abs. 2 AktG, wenn die Aktie vor der vollen Leistung der Einlage an den Aktionär ausgegeben wird. Nach § 55 Abs. 1 Satz 1 AktG können aktienrechtliche Nebenleistungspflichten nur mit vinkulierten Namensaktien auferlegt werden. Das selbe gilt für Aktien, die dem Inhaber das Recht einräumen, Mitglieder in den Aufsichtsrat zu entsenden (§ 101 Abs. 2 Satz 2 AktG). Vgl. außerdem § 50 Abs. 5 Satz 1, 2 StBerG, §§ 28 Abs. 5 Satz 1, 2; 130 Abs. 2 WPO (Steuerberatungs-, WP-, Buchführungsgesellschaften).

371  Vgl. MüKoAktG-*Heider*, § 10 Rn. 24.

372  Ein Indossament ist die Anordnung (Order) des bisher aus einem Orderpapier Berechtigten, statt an ihn, an eine andere Person zu leisten. Vgl. *Hueck/Canaris*, Recht der Wertpapiere, § 2 III 2 a).

373  Orderpapiere weisen das Recht aus dem Papier einer bestimmten Person zu oder demjenigen, dem es durch Order (Indossament) eingeräumt wird. Geborene Orderpapiere sind solche, denen diese Eigenschaft ohne weiteres zukommt, wenn sie nicht durch eine sog. negative Orderklausel (Art. 11 Abs. 2 WG) besonders ausgeschlossen ist, was aber in § 68 Abs. 1 Satz 2 AktG nicht vorgesehen ist, so daß Namensaktien stets Orderpapiere sind. Vgl. *Hueck/Canaris*, Recht der Wertpapiere, § 2 III 2; *Hüffer*, § 68 Rn. 2.

374  Rektapapiere (Bsp.: Hypothekenbrief) sind nicht durch Indossament (Order) übertragbar und benennen eine bestimmte Person als Berechtigten (rekta = direkt). Vgl. dazu *Hueck/Canaris*, Recht der Wertpapiere, § 2 III 1.

375  Z.B. Leistung einer noch ausstehenden Einlage. Vgl. *Hüffer*, § 67 Rn. 12 ff. (insbesondere zu der nicht ganz unstr. hier aber unrelevanten Frage, ob die Eintragung eine unwiderlegbare Vermutung oder eine Fiktion begründet); *Kümpel*, Bank- und Kapitalmarktrecht, Rn. 11.137 ff.; MüKoAktG-*Heider*, § 10 Rn. 27; Ders.-*Bayer*, § 67 Rn. 1, 36 ff.

den Eingetragenen zu leisten, selbst wenn ihr die materielle Nichtberechtigung bekannt ist.[376]

*Gegenüber Dritten* ist der Aktionär nur durch den Besitz der Aktie legitimiert, wenn er sein Recht durch eine ununterbrochenen Kette von Indossamenten zwischen sich und dem Aktienzeichner nachweist.[377] Für die materielle Rechtslage – insbesondere für die Wirksamkeit von Verfügungen über Aktien – ist die Eintragung im Aktienregister bedeutungslos.[378] Das Rechtsverhältnis zwischen einem zu unrecht als Aktionär Eingetragenen und dem wirklichen Aktionär bestimmt sich nach den allgemeinen zivilrechtlichen Regeln, insbesondere nach den getroffenen vertraglichen Vereinbarungen.[379]

*b. Vinkulierung von Namensaktien*

Namensaktien wie Inhaberaktien sind grundsätzlich frei übertragbar. § 68 Abs. 2 Satz 1 AktG[380] bietet allerdings die Möglichkeit, die Übertragung von (bestimmten) Namensaktien von der Zustimmung der Gesellschaft abhängig zu machen (sog. Vinkulierung[381]). Damit wird eine besondere Bindung des Aktionärs an die Gesellschaft begründet.[382] Bei Inhaberaktien ist eine Vinkulierung gemäß § 137 Satz 1 BGB nicht möglich. § 68 AktG bezieht sich nur auf Namensaktien.[383] Die Vinkulierung begründet keine besondere Aktiengattung. Sie schließt die Übertragbarkeit der Namensaktie per Indossament nicht aus, sondern schränkt sie mit dinglicher Wirkung ein, indem die Verfügung von der Zustimmung der Aktiengesellschaft abhängig ist.[384] In der satzungsmäßigen Ausgestaltung der Vinkulierung ist die Gesellschaft innerhalb des Rahmens des § 68 Abs. 2 AktG frei. So sind Beschränkungen des Zustimmungserfordernisses auf bestimmte Verfügun-

---

376 Vgl. MüKoAktG-*Bayer*, § 67 Rn. 40.
377 Vgl. § 68 Abs. 1 Satz 2 AktG i.V.m. Art. 16 Abs. 1 WG; MüKoAktG-*Heider*, § 10 Rn. 28.
378 MüKoAktG-*Bayer*, § 67 Rn. 36 f.
379 MüKoAktG-*Bayer*, § 67 Rn. 38.
380 Vgl. auch §§ 55 Abs. 1 Satz 1, 101 Abs. 2 Satz 2 AktG; § 50 Abs. 5 Satz 1, 2 StBerG; §§ 28 Abs. 5 Satz 1, 2; 130 Abs. 2 WPO.
381 Vom lateinischen vinculum = Fessel.
382 Denkbare Motive: Kontrolle des Kreises der Aktionäre, Aufrechterhaltung bestimmter Beteiligungsquoten (insb. bei Familiengesellschaften). Vgl. dazu *Hüffer*, § 68 Rn. 10; MüKoAktG-*Bayer*, § 68 Rn. 35 ff.
383 Vgl. auch *Hueck/Canaris*, Recht der Wertpapiere, § 25 I 2.b); *Hüffer*, § 68 Rn. 10; MüKoAktG-*Bayer*, § 68 Rn. 27.
384 Vgl. *Hüffer*, § 68 Rn. 10, 16; MüKoAktG-*Bayer*, § 68 Rn. 43 f.

gen möglich.[385] Unzulässig sind jedoch Globalzustimmungen oder eine generelle Zustimmungsverpflichtung, da dies dem Zweck der Vinkulierung widerspräche.[386]

Zu unterscheiden ist die Vinkulierung von Verfügungsbeschränkungen in Form *schuldrechtlicher Nebenabreden*, zu denen sich grundsätzlich jeder Aktionär unabhängig von § 68 Abs. 2 AktG verpflichten kann. Denkbar sind solche Abreden sowohl in individueller Form zwischen einzelnen Aktionären als auch in Form einer globalen Vereinbarung aller Aktionäre parallel zur Satzung.[387] Die Verletzung einer schuldrechtlichen Nebenabrede hat keinen Einfluß auf die Wirksamkeit der Verfügung, sondern kann lediglich Schadensersatzpflichten begründen.

*c. Abgrenzung der Aktie von sonstigen Wertpapieren*

Als mitgliedschaftsrechtliches Wertpapier unterscheidet sich die Aktie zunächst von den sachenrechtlichen Wertpapieren (z.B. Grundschuld-, Hypotheken- oder Rentenschuldbrief) und von den schuld- bzw. forderungsrechtlichen Wertpapieren (z.B. Wechsel, Scheck oder Inhaberschuldverschreibung),[388] außerdem von anderen aktienrechtlichen Urkunden und Rechtspositionen.

*(1) Zwischenscheine als Verbriefung des Mitgliedschaftsrechts*

Zwischenscheine[389] (vgl. § 10 Abs. 3, 4 AktG) sind vorläufige Anteilscheine, die den Aktionären ab Existenz der Mitgliedschaft vor der Aktienausgabe (in der Regel vor der vollen Einlageerbringung) erteilt werden (vgl. § 8 Abs. 6 AktG). Sie verbriefen das Mitgliedschaftsrecht ebenso wie Aktienurkunden.

*(2) Jungscheine zur Verfügung vor der Aktienausgabe*

Jungscheine[390] haben insbesondere bei Aktienemissionen die Funktion, dem Anleger bereits vor Ausgabe der Aktie die Verfügung über die mit der Zeichnung erworbene Mitgliedschaft zu ermöglichen. Ein Jungschein ist kein Wertpapier, sondern ein abstraktes Schuldanerkenntnis (§ 780 BGB), mit dem sich der Emis-

---

385  Zu dieser Thematik *Hüffer*, § 68 Rn. 14; ausführlich MüKoAktG-*Bayer*, § 68 Rn. 57 ff.
386  Vgl. MüKoAktG-*Bayer*, § 68 Rn. 91, zu börsennotierten Aktien insbes. Rn. 77 ff.
387  Dazu ausführlich MüKoAktG-*Pentz*, § 23 Rn. 187 ff.; Ders.-*Bayer*, § 68 Rn. 41.
388  Vgl. *Hueck/Canaris*, Recht der Wertpapiere, § 1 I 2, § 2 II 1.
389  Vgl. dazu *Hüffer*, § 10 Rn. 8 f.; MüKoAktG-*Heider*, § 10 Rn. 41 ff.
390  Vgl. MüKoHGB-*Einsele*, Depotgeschäft, Rn. 16 f.

sionär gegenüber dem Anleger unwiderruflich verpflichtet, die Wertpapiere bzw. einen Teil davon unmittelbar nach ihrem Erscheinen zu liefern. In der Praxis wurden die Jungscheine vielfach von interimistischen Globalurkunden[391] abgelöst.

### (3) Wandelschuldverschreibungen und Optionsanleihen

*Wandelschuldverschreibungen* bzw. Wandelanleihen sind keine mitgliedschaftlichen, sondern rein schuldrechtliche Wertpapiere, die dem Gläubiger ein Umtausch- oder Bezugsrecht auf Aktien einräumen (vgl. § 221 Abs. 1 Satz 1 AktG). Verbrieft ist darin nicht das zukünftige Mitgliedschaftsrecht, sondern ein Anspruch auf dessen Einräumung.[392] Als Wandelschuldverschreibungen[393] (convertible bonds) werden heute eigentlich nur noch Schuldverschreibungen bezeichnet, die dem Gläubiger das Recht einräumen, seinen Anspruch auf Rückzahlung des eingesetzten Nennbetrags gegen eine bestimmte Anzahl Aktien einzutauschen (Vgl. § 221 Abs. 1 Satz 1 Fall 1 AktG: Umtauschrecht auf Aktien; sowie § 272 Abs. 2 Nr. 2 HGB).

Daneben gibt es *Optionsanleihen* (bonds with stock purchase warrants).[394] Das sind Schuldverschreibungen, die ein Recht auf Rückzahlung des Nennbetrags nach Ablauf der Laufzeit sowie ein Recht auf Verzinsung verbriefen. Daneben gewähren sie das Recht, innerhalb eines bestimmten Zeitraums zu einem festgelegten Kaufpreis eine bestimmte Anzahl Aktien zu erwerben (*Bezugs- bzw. Optionsrecht*[395]). Das Bezugs- bzw. Optionsrecht wird regelmäßig in einem besonderen Optionsschein als Inhaberpapier verbrieft, das zunächst mit der Options*anleihe* verbunden wird. Mit der Verbriefung ist der Bezugsrechtsschein jedoch, wie jedes andere Inhaberpapier, als selbständiges Wirtschaftsgut separat übertragbar (§§ 929 ff. BGB) und damit handelbar.[396] Das Optionsrecht kann allerdings auch, wenn es nicht selbständig verbrieft ist, unabhängig von der Optionsanleihe veräußert werden. Es muß dann abgetreten werden (§§ 398 ff., 413 BGB), ist damit nicht an der Börse handelbar (vgl. § 36 BörsG) und folglich we-

---

391  Dazu MüKoHGB-*Einsele*, Depotgeschäft, Rn. 51 f.

392  Vgl. *Hueck/Canaris*, Recht der Wertpapiere, § 2 II 3; § 25 V 4; *Hüffer*, § 221 Rn. 56.

393  Vgl. dazu *Hüffer*, § 221 Rn. 3 ff., 56 f.; *Lenenbach*, Kapitalmarkt- und Börsenrecht, Rn. 2.40; Wilhelm/*Brauer*, Kapitalgesellschaftsrecht, Rn. 788 f.

394  Siehe dazu *Hüffer*, § 221 Rn. 6; *Lenenbach*, Kapitalmarkt- und Börsenrecht, Rn. 2.40; Wilhelm/*Brauer*, Kapitalgesellschaftsrecht, Rn. 788.

395  Vgl. außerdem Wilhelm/*Brauer*, Kapitalgesellschaftsrecht, Rn. 788 mit Fn. 1091 zu sog. „naked warrants" – nackten Optionsscheinen, die nicht mit einer Anleihe verbunden sind und bei denen die zu beziehenden Anteile noch nicht existent sind.

396  Vgl. *Hüffer*, § 221 Rn. 55; Wilhelm/*Brauer*, Kapitalgesellschaftsrecht, Rn. 788.

niger verkehrsfähig. Die Anleihe selbst bleibt unabhängig von der Optionsausübung bestehen und ist vom Emittenten bei Laufzeitende zu tilgen.

*(4) Der Dividendenschein als Verbriefung des Dividendenauszahlungsanspruchs*

Der Anspruch auf Zahlung der Dividende ist im Dividendenschein (= Gewinnanteilschein, sog. Coupon) wertpapiermäßig verbrieft.[397] Als selbständige Verkörperung eines Forderungsrechts ist er kein Bestandteil oder Zubehör der Aktienurkunde. Auch bei Namensaktien werden sie regelmäßig als Inhaberpapiere ausgestellt, um beim Dividendenbezug die Legitimation ohne Vorlage der Aktie zu erleichtern. Ob Dividendenscheine ausgegeben werden, bestimmt i.d.R. die Satzung der Aktiengesellschaft. Ein gesetzlicher Anspruch darauf besteht nicht.[398] Der Dividendenschein ermöglicht eine einfache Verfügung über den (künftigen) Dividenden*auszahlungs*anspruch.[399] Verpflichtungsgeschäfte über Aktien schließen im Zweifel noch nicht fällige Dividendenscheine ein.[400]

*(5) Erneuerungsschein für Dividendenscheine*

Erneuerungsscheine (sog. Talon)[401] werden in der Regel zusammen mit der Aktie (Mantel) und den Dividendenscheinen ausgegeben und haben ihren Grund in der Ausgabe der begrenzten Anzahl von Dividendenscheinen. Der Talon ist zur Einlösung gegen einen neuen Bogen von Dividendenscheinen gedacht, der wiederum zusammen mit einem Talon ausgegeben wird. Er ist ein einfaches Legitimationspapier, wie beispielsweise ein Schuldschein, verkörpert kein Recht und kann nicht selbständig veräußert oder verpfändet werden. Der Anspruch des Aktionärs auf den Dividendenschein folgt aus der Aktie selbst. Der Talon teilt das Schicksal der Aktie, das heißt, er wird automatisch mit übertragen und geht mit Kraftloserklärung der Aktie unter.

*(6) Gewinnschuldverschreibungen und Genußrechte*

Sowohl eine Gewinnschuldverschreibung als auch ein Genußrecht begründen keine Mitgliedschaft des Inhabers, sondern ein lediglich schuldrechtliches Ver-

---

397  *Hueck/Canaris*, Recht der Wertpapiere, § 25 V 2 a); *Hüffer*, § 58 Rn. 29; MüKoAktG-*Bayer*, § 58 Rn. 125.
398  Vgl. *Hüffer*, § 58 Rn. 29; MüKoAktG-*Bayer*, § 58 Rn. 125 m.w.N.
399  Vgl. *Hüffer*, § 58 Rn. 29; MüKoAktG-*Bayer*, § 58 Rn. 126.
400  Vgl. *Hueck/Canaris*, Recht der Wertpapiere, § 25 V 2 a); MüKoAktG-*Bayer*, § 58 Rn. 127, 129.
401  Vgl. dazu *Hüffer*, § 58 Rn. 30; MüKoAktG-*Bayer*, § 58 Rn. 131; jeweils m.w.N.

hältnis zur ausgebenden Gesellschaft mit einem Anspruch auf gewinnabhängige Verzinsung.[402] *Gewinnschuldverschreibungen* sind Anleihen, die zusätzlich zum Rückzahlungsanspruch und einer festen Verzinsung auch Rechte verbriefen, die mit Gewinnanteilen von Aktionären in Verbindung stehen (Vgl. § 221 Abs. 1 Satz 1 Fall 3 AktG), beispielsweise eine mögliche Bemessung der Verzinsung nach der Höhe des Dividendensatzes der ausgebenden oder einer anderen Gesellschaft. Ist dann die Gewinnlage gut, so fällt das den Zins übersteigende Gewinnrecht an, ist sie schlecht, bleibt dem Gläubiger immer noch der feste Zins. Zulässig ist auch die Verbindung der Gewinnschuldverschreibung mit einem Bezugs- oder Umtauschrecht auf Aktien.[403]

*Genußrechte* werden vom Aktiengesetz erwähnt (§§ 221 Abs. 3, 4, 160 Abs. 1 Nr. 6 AktG), jedoch nicht definiert. Sie räumen dem Berechtigten neben den Gesellschaftern und unabhängig von einem Mitgliedsrecht vermögensrechtliche Ansprüche gegen die Aktiengesellschaft ein, die regelmäßig aber nicht zwingend denen der Gesellschafter entsprechen. So berechtigen Genußrechte typischerweise zur Teilnahme am Gewinn oder dem Liquidationserlös der Gesellschaft, können aber auch vermögenswerte Leistungen, wie das Recht zur Benutzung von Einrichtungen der AG, zum Gegenstand haben.[404] Genußrechte können in Form von Genußscheinen verbrieft werden; Wirksamkeitsvoraussetzung ist dies jedoch nicht.[405]

## 5. Die Aktie als Kapitalmarktpapier

Die Aktie hat am Kapitalmarkt zwei wesentliche Funktionen. Zum einen dient sie den Unternehmen als Kapitalbeschaffungsmittel am organisierten Kapitalmarkt. Zum anderen ist sie für Anleger und Investoren ein Mittel der Kapitalanlage. Unternehmen können mit der Gründung einer Aktiengesellschaft bzw. mit der Umwandlung in eine solche (ggf. i.V.m. einer Barkapitalerhöhung) weitere Gesellschafter und damit neues Kapital gewinnen. Viele Unternehmen finanzieren sich auf diese Weise. Für die Gesellschafter ist die Aktie als Beteiligungs- und Anlageform interessant wegen ihrer – im Vergleich zum GmbH-Geschäftsanteil – wesentlich höheren Zirkulationsfähigkeit. Insbesondere börsennotierte Papiere ermöglichen einen schnellen Ein- und Ausstieg in Unternehmen und damit auch sehr kurzfristige Engagements mit u.U. sehr hohen Renditen. An Wertpapierbörsen werden Aktien als Wirtschaftsgüter gehandelt. Aktien sind hier Massenpa-

---

402  Vgl. *Hüffer*, § 221 Rn. 8, 26; *Lenenbach*, Kapitalmarkt- und Börsenrecht, Rn. 2.40.

403  Vgl. *Hüffer*, § 221 Rn. 8; Wilhelm/*Brauer*, Kapitalgesellschaftsrecht, Rn. 791.

404  Vgl. Assmann/Schütze-*Roth*, HdB des Kapitalanlagerechts, § 10 Rn. 38; *Hüffer*, § 221 Rn. 22 ff.; Wilhelm/*Brauer*, Kapitalgesellschaftsrecht, Rn. 790.

405  *Hüffer*, AktG, § 221 Rn. 28; Wilhelm/*Brauer*, Kapitalgesellschaftsrecht, Rn. 790.

piere. Der Börsenhandel ist darauf ausgelegt, die Nachfrage im Massenverkehr äußerst schnell, effizient und insbesondere einwendungsfrei zu befriedigen. Als Objekt gewerbsmäßiger Umsatzgeschäfte müssen Aktien in hohem Maße umlauffähig sein. Die höchste Umlauffähigkeit haben Wertpapiere, die ohne weiteres vertretbar (§ 91 BGB) sind. Solche besonders leicht handelbaren (fungiblen) Effekten[406] sind das klassische Mittel zur Kapitalanlage und Kapitalaufbringung am anonymen Massenmarkt Börse. Die Übereignung der Papiere mittels tatsächlicher körperlicher Übergabe ist dafür zu langsam, zu aufwendig und zu störanfällig, bedenkt man allein die Probleme, die bei der Versendung von Aktienurkunden auftreten könnten. Auch die Aufbewahrung und Verwaltung der Aktien durch die Anteilseigner bzw. deren Banken sind zumindest im Effektenverkehr bei den heutigen Umsätzen an Aktienvolumina pro Tag zu teuer, zu aufwendig und vor allem zu langsam. Zur Rationalisierung des Aktienhandels wurden daher zwei grundlegende Voraussetzungen für den schnellen Wertpapiertransfer geschaffen: die Sammelurkunde, auch Globalaktie genannt, und die Sammelverwahrung.

### a. Sammelurkunde und Sammelverwahrung

Die Sammelverwahrung und die Verbriefung in Form von Sammelurkunden ist nur möglich bei Effekten, weil die hierfür maßgebende Rechtsgrundlage, das Depotgesetz, nur für vertretbare Wertpapiere gilt (vgl. § 1 Abs. 1 DepotG). Die hohe Verkehrsfähigkeit von Effekten ist durch die Sammelverwahrung und die Sammelurkunde so gesteigert worden, daß die dadurch eingetretene Rationalisierung des Effektenwesens die Grundlage des heutigen Wertpapierhandels bildet.

### (1) Sammelurkunde und Globalaktie

Mehrere Aktien der selben Art (Inhaber- oder Namensaktie) und Gattung (Nennbetrags- oder Stückaktie, § 11 AktG) können zusammen in einer einzigen Urkunde (sog. Globalaktie oder Global Note) verbrieft und damit äußerlich zusammengefaßt werden, ohne daß die einzelnen Mitgliedschaften dadurch ihre Selbständigkeit verlieren. Die entstandene Globalaktie ist eine Sammelurkunde gemäß § 9a DepotG[407] und damit ein Wertpapier, „das mehrere Rechte verbrieft, die jedes für sich in vertretbaren Wertpapieren einer und derselben Art verbrieft sein könnten" (vgl. § 9a Abs. 1 Satz 1 DepotG).

---

406  Vgl. dazu bereits oben unter Kapitel 2 B.I.2.b.
407  Vgl. *Kümpel*, Bank- und Kapitalmarktrecht, Rn. 11.229 ff.; MüKoAktG-*Heider*, § 8 Rn. 115 f., 10 Rn. 13; Schwintowski/Schäfer-*Schäfer*, Bankrecht, § 17 Rn. 22 f.

*(a) Gesetzliche Regelung und Historie der Sammelurkunde*

Die Sammelurkunde ist in § 9a DepotG gesetzlich verankert und existiert bereits seit 1972.[408] Die Möglichkeit der zusammenfassenden Verbriefung wurde damals eingeführt, um Druckkosten für Aktienurkunden zu sparen, die bei Großaktionären mit kleingestückeltem Besitz in erheblichem Umfang anfielen. Die gemeinsame Verbriefung in einer Sammelurkunde[409] führte zu einer entsprechenden Kostenersparnis. Bis zum Jahr 1994 hatte gleichwohl jeder Aktionär einen Anspruch auf die Verbriefung seiner Mitgliedschaft(en) in einer Einzelurkunde.[410] Mit dem Zweiten Finanzmarktförderungsgesetz wurden im Jahr 1994[411] Aktien zum Mindestnennbetrag von fünf DM und damit eine sehr große Stückelung des Grundkapitals für eine breite Streuung der Aktien zugelassen. Wiederum um Druckkosten zu sparen und um das Wertpapiervolumen einzudämmen, wurde daher ebenfalls im Jahr 1994[412] mit § 10 Abs. 5 AktG eine Einschränkung des Einzelverbriefungsanspruchs zugelassen. Seit dem KonTraG[413] im Jahr 1998 kann in der Satzung der Anspruch des Aktionärs auf Verbriefung seines Anteils sogar ausgeschlossen werden (§ 10 Abs. 5 AktG). Der kleinste mögliche Nennbetrag ist heute ein Euro (§ 8 Abs. 2 Satz 1 AktG).

*(b) Verbriefung von Aktien in einer Globalaktie*

Die Globalaktie[414] ist keine besondere Aktienart im Sinne einer besonderen Mitgliedschaft neben Inhaber- und Namensaktie, sondern lediglich eine besondere Art der Verbriefung (§ 9a Abs. 1 Satz 1 DepotG). Sie ist also entweder Inhaber- oder Namensaktie bzw. Stück- oder Nennbetragsaktie, je nachdem welche Art und welche Gattung von Aktien sie verkörpert. Auch vinkulierte Namensaktien können in einer Sammelurkunde zusammengefaßt werden. Die Wirkung der zusammenfassenden Verbriefung geht dabei nicht über die der verbrieften Aktienart hinaus; das gilt insbesondere für die entsprechenden Legitimations- und Rechts-

---

408 Gesetz zur Änderung des Gesetzes über die Verwahrung und Anschaffung von Wertpapieren vom 24.05.1972, BGBl. I 1972, 801.

409 Die Sammelurkunde ist zu unterscheiden vom sog. Großstück, einer Aktie mit einem besonders hohen Nennbetrag (vgl. *Kümpel*, Bank- und Kapitalmarktrecht, Rn. 11.230).

410 Vgl. nur MüKoAktG-*Heider*, § 10 Rn. 55 m.w.N.

411 Vom 26.07.1994, BGBl. I 1994, 1749.

412 Gesetz für kleine Aktiengesellschaften und zur Deregulierung des Aktienrechts vom 02.08.1994, BGBl. I 1994, 1961.

413 Gesetz zur Kontrolle und Transparenz im Unternehmensbereich vom 27.04.1998, BGBl. I 1998, 786.

414 Vgl. MüKoAktG-*Heider*, § 10 Rn. 38 f.

scheinwirkungen. Eine Sammelurkunde unterscheidet sich nur dadurch von Einzelurkunden, daß sie Aktien eines oder – so der Regelfall – mehrerer Aktionäre in einer einzigen Urkunde zusammenfaßt. Wie viele (Mitgliedschafts-)Rechte in einer Globalurkunde verbrieft sind, kann – muß sich aber nicht – aus dieser selbst ergeben. Bei Dauerglobalurkunden[415] genügt es, wenn in einem Anhang zur Urkunde (Allonge) oder dem Depotauszug die Nennbeträge oder die Stückzahl der zusammengefaßten Einzelaktien verzeichnet sind. Änderungen des Bestands werden dann dort vermerkt.[416] Neben der Wertpapierkenn-Nummer zur Bezeichnung der Wertpapierart, tragen Sammelurkunden nur noch eine einzige Stückenummer (Ordnungsnummer). Für die in der Sammelurkunde verbrieften einzelnen Aktien führt wiederum der Emittent ein Verzeichnis der Stückenummern.[417]

*(c) Exkurs – Möglichkeit des generellen Ausschlusses der Verbriefung[418]*

§ 10 Abs. 5 AktG lautet: „In der Satzung kann der Anspruch des Aktionärs auf Verbriefung seines Anteils ausgeschlossen oder eingeschränkt werden." Dieser Wortlaut könnte bedeuten, daß eine Verbriefung der Aktien generell ausgeschlossen werden kann mit der Folge, daß anstelle von Aktienurkunden unverbriefte, körperlose Wertrechte existierten. Aus den Worten „seines Anteils" in § 10 Abs. 5 AktG ließe sich jedoch auch folgern, daß ein Übergang zu solchen reinen Wertrechten vom Gesetzgeber nicht gewollt ist, sondern nur die Möglichkeit des Ausschlusses der Verbriefung des einzelnen Anteils jedes Aktionärs. Folglich müßte zumindest eine Verbriefung in einer einzigen Sammelurkunde stattfinden, wenn diese das Grundkapital insgesamt repräsentiert.[419] Dafür spricht, daß ein völliger Verzicht auf Verbriefung die nicht ohne weiteres zu beantwortende Frage aufwerfen würde, ob eine Übereignung von Aktien in Form reiner Wertrechte gleichwohl nach sachenrechtlichen und nicht nach zessionsrechtlichen Grundsätzen möglich ist. Davon hinge die Bejahung oder Verneinung der Möglichkeit des gutgläubigen Erwerbs von Aktien und mit ihm das Vertrauen in den einwendungsfesten Erwerb ab, auf das sich der Kapitalmarkt zu einem großen Teil gründet.

Einen praktischen Fall dazu gibt es derzeit nicht – wohl auch wegen der ungeklärten, hier nur angedeuteten rechtlichen und wirtschaftlichen Konsequenzen.

---

415 Dazu sogleich unter Kapitel 2 B.II.5.a(1)(e).
416 Vgl. *Lenenbach*, Kapitalmarkt- und Börsenrecht, Rn. 2.13; MüKoHGB-*Einsele*, Depotgeschäft, Rn. 49, 53.
417 Vgl. MüKoHGB-*Einsele*, Depotgeschäft, Rn. 49.
418 Vgl. den Problemaufriß bei MüKoAktG-*Heider*, § 10 Rn. 57.
419 So auch *Hüffer*, § 10 Rn. 11; MüKoHGB-*Einsele*, Depotgeschäft, Rn. 54. Zweifelnd MüKoAktG-*Heider*, § 10 Rn. 57.

Ein völliger Verzicht auf die Verbriefung von Aktien zugunsten der Schaffung reiner Wertrechte erfordert meines Erachtens eine eindeutige gesetzliche Regelung, die sich zur Zeit in § 10 Abs. 5 AktG nicht findet.

*(d) Ermächtigung zur Ausgabe von Globalaktien*

Die Gesellschaft kann Globalaktien ohne eine entsprechende Ermächtigung in der Satzung ausgeben. Etwas anderes gilt nur, wenn Aktionäre Einzelverbriefung ihrer Aktien verlangen und dieser Anspruch nicht gemäß § 10 Abs. 5 AktG ausgeschlossen wurde. Ferner kann die Gesellschaft jederzeit einzelne Aktien eines Sammelbestands der Wertpapiersammelbank durch eine Sammelurkunde (vgl. § 9a Abs. 1 Satz 2 Nr. 2 DepotG) und der Aussteller eine Sammelurkunde jederzeit durch Einzelurkunden ersetzen (§ 9a Abs. 1 Satz 2 Nr. 1 DepotG).

*(e) Dauerglobalurkunden und Zwangsgiro*

Ist der Anspruch auf Auslieferung von Einzelurkunden dauerhaft, das heißt für die gesamte Lebensdauer des Wertpapiers, ausgeschlossen, so spricht man von Dauerglobalurkunden (vgl. dazu auch § 9a Abs. 3 Satz 2 DepotG, § 10 Abs. 5 AktG). Der Wertpapiereigentümer ist damit gleichzeitig gezwungen, seinen in Dauerglobalurkunden verbrieften Bestand sammelverwahren zu lassen (sog. Zwangsgiro).[420] Dauerglobalurkunden haben für den Emittenten den zusätzlichen Vorteil, daß der Druck weniger aufwendig ist, weil die Urkunden infolge der fehlenden börsenmäßigen Lieferbarkeit nicht den Druckrichtlinien der Wertpapierbörsen unterliegen, was die Kosten bei Emissionen senkt.[421]

*(f) Hinterlegungsbescheinigung anstelle der Aktie*

Bei Sammelverwahrung erhält der Aktionär keine Aktie. Für die Ausübung der in der Aktie verbrieften Rechte genügt bei Inhaberaktien eine Hinterlegungsbescheinigung, sofern die Satzung die Stimmrechtsausübung von der Hinterlegung der Aktien abhängig macht. Dabei handelt es sich um eine nach dem Rechtsgedanken des § 123 Abs. 3 Satz 2 AktG[422] vom depotführenden Institut ausgestellte Bescheinigung in Textform (§ 126b BGB), die den Anteilsbesitz des Aktionärs

---

420  Vgl. MüKoHGB-*Einsele*, Depotgeschäft, Rn. 53; Schimansky/Bunte/Lwowski-*Kümpel/Bruski*, Bankrechts-HdB Bd. II, § 104 Rn. 76 ff.; Schwintowski/Schäfer-*Schäfer*, Bankrecht, § 17 Rn. 24.

421  Vgl. *Lenenbach*, Kapitalmarkt- und Börsenrecht, Rn. 2.13; MüKoHGB-*Einsele*, Depotgeschäft, Rn. 53.

422  Die Vorschrift gilt unmittelbar nur für börsennotierte Gesellschaften.

zu einem bestimmten Zeitpunkt belegt und deren Vorlage[423] den Aktionär bei der Hauptversammlung zur Ausübung seines Stimmrechtes legitimiert (vgl. § 123 Abs. 3 AktG).[424]

*(2) Die Sammelverwahrung – Grundlage des heutigen Wertpapierhandels*

Die Sammelurkunde ist zu unterscheiden von der Sammelverwahrung (§ 5 DepotG), einer besonderen Verwahrungsform für vertretbare[425] Wertpapiere. Die Sammelverwahrung ist die Grundlage des heutigen Wertpapierwesens. Praktiziert wird sie bereits seit dem Jahr 1882.[426] Im Zuge der Deregulierung des Aktienrechts und der Finanzmarktförderung hat sie in den 90iger Jahren einen enormen Bedeutungszuwachs erfahren, weil die Kosten und die Störanfälligkeit von Ausgabe, Aufbewahrung, Verwaltung und Übertragung von Wertpapieren durch die Sammelverwahrung in Verbindung mit der globalen Verbriefung der Urkunden erheblich reduziert wurden.

*(a) Verwahrungsformen und ihre Eigentumsverhältnisse im Vergleich*

Die Eigenverwahrung von (vertretbaren) Wertpapieren durch den Eigentümer oder den Besitzer selbst spielt heute kaum noch eine Rolle. Vorherrschend sind stattdessen die Sonderverwahrung und insbesondere die Sammelverwahrung.

*(i) Die Sonderverwahrung*

Bis zum Zweiten Finanzmarktförderungsgesetz 1994 war die Sonderverwahrung die gesetzliche Regelverwahrungsform. Dabei werden die Wertpapiere unter äußerlich erkennbarer Bezeichnung des Hinterlegers separat von den eigenen Beständen des Verwahrers (§ 1 Abs. 2 DepotG, i.d.R. ein Kreditinstitut) und Dritter aufbewahrt (vgl. § 2 DepotG). Sie wird auch als *Streifbandverwahrung* bezeichnet, da die Wertpapiere des Hinterlegers zur gesonderten Aufbewahrung mit Streifband umwickelt oder in eine Mappe gelegt werden, um eine Vermengung mit eigenen Beständen des Verwahrers oder Dritter zu verhindern. Ist der Hinter-

---

423 Vgl. hierzu § 123 Abs. 3 Satz 3 AktG.
424 Vgl. *Lenenbach*, Kapitalmarkt- und Börsenrecht, Rn. 2.14 mit Fn. 76; MüKoHGB-*Einsele*, Depotgeschäft, Rn. 55; MüKoHGB-*Ekkenga*, Effektengeschäft, Rn. 30.
425 Nur diese sind sammelverwahrfähig (vgl. §§ 1 Abs. 1, 5 Abs. 1 Satz 1 DepotG).
426 Wertpapiere, deren Inhaber die Banken selbst sind, werden schon seit 1882 sammelverwahrt. Seit dem Depotgesetz 1937 gibt es eine gesetzliche Grundlage für die Sammelverwahrung sonstiger Hinterleger (vgl. *Einsele*, WM 2001, 7 m.w.N.; *Lenenbach*, Kapitalmarkt- und Börsenrecht, Rn. 2.11.).

leger Alleineigentümer der Wertpapiere, so bleibt er das bei dieser Verwahrungs-form auch.[427]

*(ii) Die Sammelverwahrung*

Bei der Sammelverwahrung[428] werden vertretbare Wertpapiere aller Kunden des Verwahrers sowie dessen eigener Bestand ungetrennt in einem Sammelbestand aufbewahrt (vgl. § 5 Abs. 1 Satz 2 DepotG). Die Eigentumsverhältnisse an den sammelverwahrten Wertpapieren regelt § 6 DepotG, der § 948 BGB verdrängt. Mit dem Zeitpunkt des Eingangs eines Wertpapiers beim Sammelverwahrer verliert der Hinterleger sein bisheriges Alleineigentum und erlangt Miteigentum nach Bruchteilen an den zum Sammelbestand des Verwahrers gehörenden Wertpapieren derselben Art und Gattung. Die Größe des Anteils des jeweiligen Aktionärs bestimmt sich entweder nach dem Verhältnis des Gesamtbestands zum Nennwert oder zur Stückzahl aller Papiere eines Miteigentümers – je nach Aktienart (vgl. § 6 Abs. 1 Satz 2 DepotG). Eine Zuordnung bestimmter effektiver Stücke zu den Hinterlegern erfolgt nicht. Der Hinterleger kann – im Gegensatz zur Sonderverwahrung – aus dem Sammelbestand nur die ihm gebührende Menge herausverlangen und nicht die konkreten von ihm eingelieferten Stücke (§ 7 Abs. 1 HS 2 DepotG). Er hat lediglich einen Anspruch gegen den (seinen[429]) Verwahrer auf Auslieferung von Wertpapieren in Höhe des Nennbetrags bzw. der Stückzahl der für ihn in Verwahrung genommenen Wertpapiere (§ 7 Abs. 1 HS 1 DepotG). § 7 Abs. 1 DepotG paßt damit § 749 BGB sowie den verwahrungs-rechtlichen Rückgewähranspruch nach § 695 BGB der Interessenlage bei der Sammelverwahrung an.[430]

*(iii) Exkurs – Sammelverwahrung von Sammelurkunden*

Die Sammelverwahrung wird oft im Zusammenhang mit Sammelurkunden genannt, weil diese gemäß § 9a Abs. 1 Satz 1 DepotG zwingend einer Wertpapier-sammelbank[431] zur Sammelverwahrung zu übergeben sind, es sei denn, der Hin-

---

427 Vgl. *Lenenbach*, Kapitalmarkt- und Börsenrecht, Rn. 2.11; MüKoHGB-*Einsele*, Depotgeschäft, Rn. 37 f.; Schwintowski/Schäfer-*Schäfer*, Bankrecht, § 17 Rn. 31.
428 Vgl. *Lenenbach*, Kapitalmarkt- und Börsenrecht, Rn. 2.11; MüKoHGB-*Einsele*, Depotgeschäft, Rn. 39 ff., 68 ff.; Schwintowski/Schäfer-*Schäfer*, Bankrecht, § 17 Rn. 7 ff.
429 Strittig ist, ob auch ein Anspruch gegen höherstufige Verwahrer besteht. Vgl. dazu MüKoHGB-*Einsele*, Depotgeschäft, Rn. 80 m.w.N.
430 Vgl. *Lenenbach*, Kapitalmarkt- und Börsenrecht, Rn. 5.30.
431 Dazu sogleich unter Kapitel 2 B.II.5.a(2)(b).

terleger verlangt Sonderverwahrung. Werden also Rechte in einer Sammelurkunde verbrieft, so ist dies grundsätzlich ein Fall der Sammelverwahrung. Die Rechte der Wertpapierinhaber werden in einer Urkunde sammelverwahrt.[432] Sammelurkunden sind aus sich heraus sammelverwahrfähig.[433] § 9a Abs. 2 DepotG regelt dementsprechend, daß die §§ 6 bis 9 DepotG sowie die sonstigen Vorschriften über die Sammelverwahrung und Sammelbestandsanteile sinngemäß gelten. Eine Globalurkunde ist einem aus einzelnen Wertpapieren bestehenden Sammelbestand gleichgestellt. Bei der Sammelverwahrung von in Einzelurkunden verbrieften Wertpapieren bestehen Miteigentumsanteile der Wertpapiereigentümer am Sammelbestand, bei der Verbriefung in einer Globalurkunde Miteigentum an der Globalurkunde (vgl. §§ 9a Abs. 2, 6 Abs. 1 Satz 1 DepotG).[434] Der Hinterleger kann jedoch auch hier grundsätzlich die Auslieferung einzelner Aktien verlangen (§ 9a Abs. 3 Satz 1 i.V.m. §§ 7, 8 DepotG). Ist allerdings der Anspruch auf Verbriefung des Anteils ausgeschlossen (§ 10 Abs. 5 AktG, Dauerglobalurkunden[435]), so entfällt dieser Anspruch (vgl. § 9a Abs. 3 Satz 2 DepotG).[436]

*(iv) Die Haussammelverwahrung*

Möglich ist auch die Sammelverwahrung bei einem Kreditinstitut, das keine Wertpapiersammelbank ist, die sogenannte Haussammelverwahrung. Dabei verwahrt eine Bank die Wertpapiere nach besonderer Ermächtigung durch den Hinterleger ungetrennt von ihren sonstigen Beständen derselben Art oder sie läßt sie von einem Dritten (keine Wertpapiersammelbank; sog. Drittverwahrung), sammelverwahren (vgl. § 5 Abs. 1 Satz 2 DepotG).[437]

*(b) Die Wertpapiersammelbank*

Wertpapiersammelbanken sind spezielle Kreditinstitute, welche die Verwahrung und Verwaltung von Wertpapieren übernehmen und dazu einer besonderen Anerkennung bedürfen (vgl. § 1 Abs. 3 DepotG). Heute gibt es nur noch eine einzi-

---

432  Vgl. *Lenenbach*, Kapitalmarkt- und Börsenrecht, Rn. 2.13.
433  Vgl. auch MüKoHGB-*Einsele*, Depotgeschäft, Rn. 49.
434  *Lenenbach*, Kapitalmarkt- und Börsenrecht, Rn. 2.13.
435  Vgl. dazu bereits unter Kapitel 2 B.II.5.a(1)(e).
436  Vgl. *Lenenbach*, Kapitalmarkt- und Börsenrecht, Rn. 2.13.
437  Vgl. *Kümpel*, Bank- und Kapitalmarktrecht, Rn. 11.23, 11.173; MüKoHGB-*Einsele*, Depotgeschäft, Rn. 57.

ge Wertpapiersammelbank,[438] die *Clearstream Banking AG*, eine hundertprozentige Tochtergesellschaft der Deutsche Börse AG, die zur Clearstream International gehört. Hinterleger, Kunde und damit Inhaber eines Wertpapierdepots bei der Clearstream Banking AG können ausschließlich Kredit- und Finanzdienstleistungsinstitute sowie die in Nr. 2 der Allgemeinen Gechäftsbedingungen der Clearstream Banking AG (im folgenden AGB Clearstream Banking AG) genannten Institutionen sein. Die dingliche Rechtslage der Sammelverwahrung wird durch die Verwahrung der Wertpapiere bei der Clearstream Banking AG nicht verändert. Unabhängig davon, wer der Hinterleger ist und ob die Verwahrung bei der Clearstream Banking AG stattfindet, findet § 6 Abs. 1 Satz 1 DepotG Anwendung[439]. Der Depotvertrag, den die Bank im eigenen Namen mit der Clearstream Banking AG abschließt, wird allerdings als Vertrag mit Schutzwirkung zugunsten Dritter angesehen, der den Anleger in seinen Schutzbereich mit einbezieht.[440]

*(c) Resümee zur Sammelverwahrung*

Da eine Bank die vertretbaren Wertpapiere ihrer Kunden ohne besondere Ermächtigung von der Wertpapiersammelbank verwahren lassen darf (vgl. § 5 Abs. 1 Satz 1 DepotG), befinden sich heute nahezu alle *vertretbaren* Aktien in Sammelverwahrung bei der Clearstream Banking AG, wo sie im Rahmen eines Depotgeschäftes verwahrt und verwaltet werden. Die ebenfalls mögliche Sonderverwahrung (§ 2 DepotG) erfolgt bei vertretbaren Wertpapieren nur noch auf ausdrückliches Verlangen des Kunden.

*(3) Übertragung von Aktien im Effektengiroverkehr*

Sammelverwahrte Wertpapiere, insbesondere Dauerglobalurkunden, werden in der Regel stückelos, das heißt ohne Lieferung von Wertpapierurkunden übertragen. Die (Sammel-)Urkunden sind zwar körperlich in einem Depotraum vorhan-

---

438 Bis 1989 gab es in Deutschland sieben Wertpapiersammelbanken, sog. Kassenvereine. Mit Wirkung zum 01.01.1990 wurden sechs Kassenvereine auf die Frankfurter Kassenverein AG verschmolzen. Diese firmierte seit dem 01.01.1990 als Deutscher Kassenverein AG und ab 01.10.1997 als Deutsche Börse Clearing AG, eine hunderprozentige Tochter der Deutsche Börse AG. Zum 01.01.2000 fusionierten die Deutsche Börse Clearing AG und die Luxemburger Wertpapiersammelbank Cedel zur *Clearstream Banking AG*. Im Jahr 2002 übernahm die Deutsche Börse AG die Anteile der anderen Aktionäre. Vgl. dazu MüKoHGB-*Einsele*, Depotgeschäft, Rn. 47; Wilhelm/*Brauer*, Kapitalgesellschaftsrecht, Rn. 674 mit Fn. 904.
439 Allg.M., vgl. nur MüKoHGB-*Einsele*, Depotgeschäft, Rn. 69 m.w.N.
440 Vgl. *Lenenbach*, Kapitalmarkt- und Börsenrecht, Rn. 5.31.

den, ihre Verwaltung und die Übertragung geschieht aber über elektronisch geführte Depots. Die Übereignung[441] erfolgt nach den §§ 929 ff. BGB,[442] die Übergabe ersetzt jedoch faktisch die bloße Umbuchung vom elektronischen Depot des Verkäufers in das des Erwerbers. Im Rahmen von Effektengeschäften spricht man insoweit von „Clearing".[443] Da dies dem Geldgiroverkehr ähnelt, wird die stückelose Übertragung sammelverwahrter Wertpapieren als *Effektengiroverkehr* bezeichnet[444] und die Sammelverwahrung durch die Wertpapiersammelbank auch als *Girosammelverwahrung*.[445] Anders als beim Geldgiro geht hier mit der Umbuchung der Miteigentumsanteil am Wertpapiersammelbestand (gemäß §§ 929 ff. BGB[446]) über, also eine sachenrechtliche Position. Die dem Sachenrecht immanente körperliche Fassbarkeit und Beherrschbarkeit der Sache[447] ist dabei auf ein absolutes Minimum reduziert. Die (Sammel-)Wertpapierurkunde lagert ausschließlich in einem Tresorraum der Clearstream Banking AG, daran ändert sich – von wenigen Ausnahmen abgesehen – auch nichts bei Übertragungen. Der für die Übereignung erforderliche Akt der Übergabe wird im Interesse der Vereinfachung und der Kostenersparnis durch die Umbuchung substituiert.[448]

*(4) Sammelverwahrfähigkeit von Aktien*

Sammelverwahrte Wertpapiere müssen sammelverwahrfähig,[449] das heißt vertretbar i.S.v. § 91 BGB sein (vgl. § 5 Abs. 1 Satz 1 DepotG). Ohne weiteres austauschbar sind Aktien nur innerhalb der selben Art (Inhaber- oder Namensaktie, ggf. vinkulierte Namensaktie) und Gattung (Stück- oder Nennbetragsaktie).

---

441 Dazu ausführlich unter Kapitel 2 C.III.
442 Allg.M., da die Verwahrungsart von Aktien für die grundsätzliche Unterscheidung des Eigentumserwerbs nach Sachenrecht oder Zessionsrecht keinen Unterschied ausmachen darf. Vgl. *Einsele*, WM 2001, 7 (12); *Kümpel*, Bank- und Kapitalmarktrecht, Rn. 11.218; *Lenenbach*, Kapitalmarkt- und Börsenrecht, Rn. 2.11; Schwintowski/Schäfer-*Schäfer*, Bankrecht, § 16 Rn. 55.
443 Vgl. *Lenenbach*, Kapitalmarkt- und Börsenrecht, Rn. 5.42. Zum Ablauf von Effektengeschäften im einzelnen siehe unter Kapitel 2 B.II.5.b.
444 Vgl. *Lenenbach*, Kapitalmarkt- und Börsenrecht, Rn. 2.11; MüKoHGB-*Einsele*, Depotgeschäft, Rn. 48.
445 *Lenenbach*, Kapitalmarkt- und Börsenrecht, Rn. 2.12; MüKoHGB-*Einsele*, Depotgeschäft, Rn. 47.
446 Vgl. *Lenenbach*, Kapitalmarkt- und Börsenrecht, Rn. 2.11; 5.43; Schwintowski/Schäfer-*Schäfer*, Bankrecht, § 16 Rn. 55.
447 Vgl. *Baur/Stürner*, Sachenrecht, § 3 Rn. 2.
448 So MüKoHGB-*Ekkenga*, Effektengeschäft, Rn. 16.
449 Vgl. dazu *Kümpel*, Bank- und Kapitalmarktrecht, Rn. 11.187 f.; MüKoHGB-*Einsele*, Depotgeschäft, Rn. 40.

*(a) Sammelverwahrung von Inhaberaktien*

Inhaberaktien[450] räumen jedem Besitzer die verbriefte Rechtsstellung ein. Folglich sind die Inhaberaktien, die die gleiche Rechtsstellung einräumen, vertretbar und damit girosammelverwahrfähig. Welche Aktie der Inhaber besitzt, ist unrelevant, solange seine Rechtsstellung unverändert bleibt.

*(b) Sammelverwahrfähigkeit von Namensaktien*

Namensaktien[451] kennzeichnen den Berechtigten durch Nennung seines Namens oder durch Indossamentenkette. Gegenüber Dritten wird damit nur der Bezeichnete, nicht aber jeder Inhaber der Aktie legitimiert. Eine Namensaktie ist folglich nicht ohne weiteres mit einer auf einen anderen Indossatar lautenden Aktie austauschbar.[452] Im Verhältnis zur Gesellschaft gilt als Aktionär nur, wer als solcher im Aktienregister eingetragen ist (§ 68 Abs. 2 AktG). Für die Wahrnehmung der mitgliedschaftlichen Rechte durch den Aktionär ist also dessen Eintragung im Aktienregister erforderlich. Die Sammelverwahrung, die dem Hinterleger lediglich Miteigentum nach Bruchteilen am Sammelbestand einräumt, scheint diese Voraussetzung nicht erfüllen zu können, weil die Zuordnung eines effektiven Stückes zu einem bestimmten Aktionär nicht möglich ist. Sammelverwahrte Aktien müßten auf die Namen sämtlicher Miteigentümer lauten und beim Wechsel eines Aktionärs müßte aus Gründen der Legitimation gegenüber der Gesellschaft stets das Aktienregister entsprechend geändert werden. Einem raschen Transfer von Wertpapieren, wie ihn der Kapitalmarkt fordert und der Effektengiroverkehr ermöglichen soll, dient das weniger.

Girosammelverwahrung und Effektengiroverkehr mit Namensaktien sind jedoch möglich, wenn die Namensaktien blankoindossiert und damit vertretbar sind (vgl. Nr. 46 Abs. 1 AGB Clearstream Banking AG[453]). Das selbe gilt für entsprechende Globalurkunden. Dem Aktienregisterführer werden die Übertragungen zur Vornahme der erforderlichen Eintragungen börsentäglich elektronisch mitgeteilt (vgl. Nr. 46 Abs. 3 AGB Clearstream Banking AG). Erteilt der Erwerber die Weisung, daß er nicht ins Aktienregister eingetragen werden möchte, so wird er zwar Aktionär, ins Aktienregister werden aber die Clearstream Banking AG oder

---

450  Vgl. dazu schon Kapitel 2 B.II.4.a(1).
451  Vgl. dazu schon Kapitel 2 B.II.4.a(2).
452  Vgl. *Kümpel*, WM 1983, So.beil. 8, S. 4; MüKoAktG-*Bayer*, § 68 Rn. 5 ff.; MüKoHGB-*Einsele*, Depotgeschäft, Rn. 41.
453  Abgedruckt bei *Kümpel/Hammen/Ekkenga*, Kapitalmarktrecht (Losebl.).

eine Depotbank als Treuhänder eingetragen (Nr. 46 Abs. 2 AGB Clearstream Banking AG).[454]

*(c) Sammelverwahrfähigkeit vinkulierter Namensaktien*

Sind Namensaktien vinkuliert, so ist ihre Übertragung von der Zustimmung der Gesellschaft abhängig (vgl. § 68 Abs. 2 AktG). Die Einlieferung und Auslieferung in einen Sammelbestand und die damit verbundene Umwandlung von Alleineigentum an der Einzelurkunde in Miteigentum am Sammelbestand (vgl. § 6 DepotG) ist ohne Zustimmung der Gesellschaft möglich, da sich die Vinkulierung ausschließlich auf rechtsgeschäftliche Übertragungen und nicht auf gesetzliche Änderungen der Eigentumsverhältnisse bezieht.[455]

Vinkulierte Namensaktien werden von der Clearstream Banking AG sammelverwahrt, wenn sie blankoindossiert[456] und in Globalurkunden verbrieft sind (vgl. Nr. 48 Abs. 2 AGB Clearstream Banking AG).[457] In der jeweiligen Globalurkunde sind die Aktien mit ihren Zuordnungsnummern (im Aktienbuch des Emittenten verzeichnete Stückenummern) zusammengefaßt (vgl. Nr. 48 Abs. 2 AGB Clearstream Banking AG). Über diese erfolgt die Zuordnung der einzelnen Aktien zu den im Aktienregister eingetragenen Aktionären (vgl. Nr. 50 Abs. 2 AGB Clearstream Banking AG). Die Aktionäre sind weiterhin im Aktienregister als Berechtigte eingetragen. Vinkulierte Namensaktien sind ebenso vertretbar wie sonstige blankoindossierte Namensaktien. Das Zustimmungserfordernis betrifft die Transportfunktion des Indossaments und bezieht sich auf die Übertragung an einen konkreten Erwerber, nicht auf eine bestimmte Aktie. Nach der Zustimmung der Gesellschaft zur Übertragung an einen bestimmten Erwerber kann dessen Übertragungsanspruch mit jeder Namensaktie erfüllt werden.[458] Dementsprechend hat der Kunde der Wertpapiersammelbank auch keinen Anspruch auf Auslieferung von Urkunden mit bestimmten Stückenummern (vgl. Nr. 51 Satz 2 AGB Clearstream Banking AG).

---

454  Vgl. *Lenenbach*, Kapitalmarkt- und Börsenrecht, Rn. 5.66.

455  Vgl. *Kümpel*, WM 1983, So.beil. 8, S. 8; MüKoAktG-*Bayer*, § 68 Rn. 52; MüKoHGB-*Einsele*, Depotgeschäft. Rn. 45.

456  Ohne Blankoindossament sind die Namensaktien schon aus diesem Grund nicht vertretbar. Vgl. auch *Kümpel*, Bank- und Kapitalmarktrecht, Rn. 11.193. Die Zulässigkeit eines Blankoindossaments auch für vinkulierte Namensaktien ergibt sich aus § 68 Abs. 2 i.V.m. Abs. 1 AktG und Art. 13 Abs. 2 Satz 1 WG.

457  Zur Einbeziehung vinkulierter Namensaktien in die Girosammelverwahrung durch die deutschen Kassenvereine vgl. schon *Kümpel*, WM 1983, So.beil. 8.

458  Vgl. dazu auch MüKoHGB-*Einsele*, Depotgeschäft, Rn. 42 f.

Die bloße Umbuchung von Miteigentumsanteilen an sammelverwahrten vinkulierten Namensaktien führt allerdings ohne Zustimmung der Gesellschaft nicht zur Übereignung. Der Gesellschaft werden die Aktienübertragungen (elektronisch) mitgeteilt. Erst nach (ebenfalls elektronischer) Erteilung der Zustimmung wird das Aktienregister umgeschrieben (vgl. § 67 Abs. 2 AktG; Nr. 52 Satz 2 lit. c) bb) AGB Clearstream Banking AG).[459]

*(d) Zwischenergebnis zur Sammelverwahrfähigkeit*

Unter bestimmten Voraussetzungen sind alle Arten von Aktien sammelverwahrfähig.

*(5) Ausübung von Mitgliedschaftsrechten bei Sammelverwahrung*

Die klassische Konzeption des Wertpapiers setzt für das Geltendmachen des verbrieften Rechts die Vorlage der Urkunde voraus. Bei der heute üblichen Sammelverwahrung von Globalaktien ist das nicht mehr möglich, weil der Aktionär hier regelmäßig keinen Anspruch auf Auslieferung seiner Aktie hat (Dauerglobalurkunde; vgl. § 9a Abs. 3 Satz 2 DepotG, § 10 Abs. 5 AktG). Bei Namensaktien ist gegenüber der Gesellschaft nach wie vor der im Aktienregister Eingetragene legitimiert. Bei Inhaberaktien müssen andere Belege die Mitgliedschaft nachweisen. Welche das sind, bestimmt regelmäßig die Satzung; denkbar ist beispielsweise eine Hinterlegungsbescheinigung (vgl. § 123 Abs. 3 AktG). Maßgebend für die Verwahrung und Verwaltung der Wertpapiere sind – neben dem zwischen Anleger und Bank geschlossenen Depotvertrag – insbesondere die vom Bundesaufsichtsamt für Kreditwesen an die Ordnungsmäßigkeit des Depotgeschäfts und die Erfüllung von Wertpapiergeschäften gestellten Anforderungen vom 21.12.1998[460] sowie Nr. 13 bis 20 der Sonderbedingungen für Wertpapiergeschäfte der deutschen Banken (SBW).[461] Der Depotvertrag regelt die Eröffnung eines Depotkontos für den Anleger und verpflichtet die Bank zur Verwahrung und Verwaltung (vgl. § 1 Abs. 1 Nr. 5 KWG)[462] der Wertpapiere gegen eine Depotgebühr. Die Pyramide der Depotverträge läßt sich vom Zentralverwahrer über Zwischenverwahrer bis zur lokalen Bank verfolgen.[463]

---

459  Vgl. *Lenenbach*, Kapitalmarkt- und Börsenrecht, Rn. 5.66.
460  Abgedruckt bei *Kümpel/Hammen/Ekkenga*, Kapitalmarktrecht (Losebl.).
461  Abgedruckt bei *Kümpel/Hammen/Ekkenga*, Kapitalmarktrecht (Losebl.).
462  Vgl. MüKoHGB-*Einsele*, Depotgeschäft, Rn. 3, 153 f.
463  Vgl. dazu auch MüKoHGB-*Einsele*, Depotgeschäft, Rn. 59 f., 88.

*(a) Ausübung des Stimmrechts*

Der Aktionär kann sein Stimmrecht selbst ausüben, darf allerdings auch einen anderen dazu bevollmächtigen. Ist der Bevollmächtigte die depotführende Bank, so finden sich in §§ 135 ff. AktG und in Nr. 13 der Bekanntmachung des Bundesaufsichtsamtes für Kreditwesen über das Depotgeschäft[464] Regelungen für die Ausübung des Stimmrechtes,[465] deren Sinn und Zweck die Vermeidung von Verletzungen des Abspaltungsverbotes ist. Eine Bank, die u.U. eine große Zahl von Aktionären vertritt, darf bei der Abstimmung nicht ihre eigenen Interessen an die Stelle der Aktionärsinteressen setzen. Der Aktionär kann der Bank Weisungen für die Ausübung des Stimmrechts erteilen, vielfach macht die Bank ihrem Kunden aber auch eigene Vorschläge für die Abstimmung. Davon darf sie, wenn der Kunde keine Weisung für die Abstimmung erteilt, nur begrenzt abweichen (vgl. dazu §§ 128, 135 Abs. 5 AktG). Bei Sammelverwahrung von Namensaktien kann auch die Clearstream Banking AG als Aktionär im Aktienregister eingetragen sein (vgl. Nr. 46 Abs. 2 AGB Clearstream Banking AG), die damit gegenüber der Gesellschaft als Aktionärin gilt. Die Clearstream Banking AG übt das Stimmrecht allerdings nicht aus, sondern gibt ihren Kunden, den hinterlegenden Banken, entsprechende Vollmachten (Nr. 46 Abs. 4 AGB Clearstream Banking AG).

*(b) Wahrnehmung des Gewinnbeteiligungsrechts*

Gemäß Nr. 14 Abs. 1 SBW ist die depotführende Bank für die Einlösung der Dividendenscheine[466] zuständig und stellt somit das Gewinnbeteiligungsrecht des Aktionärs sicher. Werden die Aktien bei der Clearstream Banking AG sammelverwahrt, fällt die Einlösung der Dividendenscheine in deren Zuständigkeit (Nr. 30 Abs. 1, 33, 34 AGB Clearstream Banking AG). Die Clearstream Banking AG leitet die ihr zugehenden Erträge per Gutschrift an die Bank weiter.

*b. Effektengeschäfte am Kapitalmarkt*

Will ein Anleger bestimmte börsengehandelte Aktien erwerben und hat er selbst keinen Zugang zum „Effektenmarkt", so erteilt er seiner Bank oder einem Online-Broker den Auftrag, die Aktien für ihn zu kaufen. Nach Auftragsdurchführung erhält er einen Depotauszug, der die erworbenen Wertpapiere aufführt. Der

---

464 Abgedruckt bei *Kümpel/Hammen/Ekkenga*, Kapitalmarktrecht (Losebl.).
465 Eingehend dazu *Kümpel*, Bank- und Kapitalmarktrecht, Rn. 11.123 ff. m.w.N.; MüKoHGB-*Einsele*, Depotgeschäft, Rn. 167 ff.; Schwintowski/Schäfer-*Schäfer*, Bankrecht, § 17 Rn. 56 ff.
466 Zum Begriff siehe oben Kapitel 2 B.II.4.c(4).

Kaufpreis wird vom Bankkonto abgebucht. Damit ist ein Effektengeschäft vollzogen. In umgekehrter Weise gilt dies für den Aktienverkauf. Ein Effektengeschäft ist also die Anschaffung oder Veräußerung von Effekten[467] durch eine Bank für andere.[468] Aktien sind ein klassischer Gegenstand von Effektengeschäften. Private Anleger und Investoren haben aufgrund bestimmter Zulassungserfordernisse keinen unmittelbaren Zugang zu den Kapitalmärkten (insbesondere den börsenmäßigen). Sie sind zum Aktienerwerb in der Regel auf die hierfür zugelassenen Banken (§ 19 BörsG) angewiesen, die als „Marktintermediäre"[469] agieren und ohne die insbesondere kein Erwerb börsengehandelter Wertpapiere möglich ist. Bei einem Effektengeschäft handelt es sich nicht um einen einzigen Vertrag oder einen Vertragstyp, sondern um einen Sachverhalt, bei dem mehrere Rechtsverhältnisse zwischen verschiedenen Rechtssubjekten zu unterscheiden sind.

*(1) Rechtsverhältnisse zwischen Bank und Anleger*

Zum Kauf oder Verkauf eines Wertpapiers schließen Bank und Anleger im Normalfall[470] einen Kommissionsvertrag (§§ 383 ff. HGB)[471] oder sie tätigen ein Festpreisgeschäft (§§ 433 ff. BGB).[472]
- Beim *Kommissionsgeschäft* kauft oder verkauft die Bank Aktien im eigenen Namen für Rechnung des Kunden (vgl. § 383 Abs. 1 HGB, Nr. 1 Abs. 1 SBW). Der Kauf- bzw. Verkaufspreis richtet sich nach dem von der Bank abgeschlossenen Ausführungsgeschäft (vgl. Nr. 1 Abs. 3 SBW), bei börsengehandelten Aktien also nach dem Börsenkurs, wobei der Kunde auch Preisgrenzen vorgeben kann (§ 386 HGB, Nr. 3 SBW).

---

467  Zum Begriff siehe oben Kapitel 2 B.I.2.b.
468  Assmann/Schütze-*Roth*, HdB des Kapitalanlagerechts, § 10 Rn. 26; *Kümpel*, Bank- und Kapitalmarktrecht, Rn. 10.1; MüKoHGB-*Ekkenga*, Effektengeschäft, Rn. 1 mit Verweis auf das „Finanzkommissionsgeschäft" sowie Rn. 36 ff.
469  *Kümpel*, Bank- und Kapitalmarktrecht, Rn. 10.5.
470  Vgl. SBW. Denkbar wäre außerdem ein Geschäftsbesorgungsvertrag aufgrund dessen die Bank als offene Stellvertreterin ihres Kunden den Anteilskaufvertrag mit dem Käufer/Verkäufer schließt. Das birgt allerdings wegen der Offenlegung der Identität des Vertretenen gegenüber dem Käufer/Verkäufer zum einen die Gefahr, daß dieser den Kunden direkt kontaktiert, was nicht im Interesse der Banken ist. Zum anderen gehen die Börsenteilnehmer ein unerwünschtes Insolvenz- und Abwicklungsrisiko ein, da der Kaufvertrag direkt mit dem Kunden der Bank zustande kommt und sie dessen Solvenz nicht kennen. Vgl. dazu auch Assmann/Schütze-*Roth*, HdB des Kapitalanlagerechts, § 10 Rn. 60 f.; *Kümpel*, Bank- und Kapitalmarktrecht, Rn. 10.71 ff.; MüKoHGB-*Ekkenga*, Effektengeschäft, Rn. 52; Schwintowski/Schäfer-*Schäfer*, Bankrecht, § 16 Rn. 11.
471  Vgl. Nr. 1 ff. SBW.
472  Vgl. Nr. 9 SBW. Schwintowski/Schäfer-*Schäfer*, Bankrecht, § 16 Rn. 36.

- Beim *Festpreisgeschäft* kommt zwischen Bank und Kunde ein Kaufvertrag (§ 433 BGB, Nr. 9 SBW) zum vereinbarten („festen") Preis für die zu (ver-) kaufenden Aktien zustande. Die Bank übernimmt die Wertpapiere als Käuferin bzw. liefert als Verkäuferin an ihren Kunden. Im Unterschied[473] zum Festpreisgeschäft schuldet die Bank beim Kommissionsgeschäft nach § 384 Abs. 1 HGB lediglich sorgfältiges Bemühen um die Ausführung des Kundenauftrages durch den Abschluß eines Wertpapierkaufvertrages mit einem Dritten. Gelingt das trotz aller Bemühungen nicht, hat die Bank dennoch ihre Pflicht aus dem Kommissionsgeschäft erfüllt[474] und ist nicht verpflichtet, Aktien für ihren Kunden zu kaufen oder zu verkaufen. Vor Abschluß des Ausführungsgeschäftes besteht demnach auch keine Lieferpflicht, sondern nur eine Pflicht, sich um den Abschluß eines Ausführungsgeschäftes zu bemühen.[475] Es handelt sich um einen Geschäftsbesorgungsvertrag mit Dienstvertragscharakter.[476] Das Festpreisgeschäft hingegen ist ein Kaufvertrag zwischen Bank und Kunde mit den daraus resultierenden Pflichten, insbesondere einer Lieferpflicht bzw. Abnahmeverpflichtung der Bank (vgl. § 433 BGB). Nach der Systematik der Sonderbedingungen für Wertpapiergeschäfte der Banken (SBW) werden Effektengeschäfte im Regelfall in Kommission ausgeführt.

*(2) Ausführungsgeschäft beim Kommissionsvertrag*

Beim Kommissionsgeschäft schließt die Bank zur Erfüllung ihrer gegenüber dem Auftraggeber eingegangenen Verpflichtung mit einem anderen Marktteilnehmer (im Regelfall einer anderen Bank) einen Wertpapierkaufvertrag im eigenen Namen für Rechnung ihres Kunden (sog. Ausführungsgeschäft, vgl. Nr. 1 Abs. 1 Satz 1 SBW).[477] Dabei muß ein Auftrag über Wertpapiere, die an einer inländischen Börse gehandelt werden, über die Börse abgewickelt werden (Nr. 2 Abs. 3

---

473 Vgl. dazu auch *Kümpel*, Bank- und Kapitalmarktrecht, Rn. 10.265 ff.; *Lenenbach*, Kapitalmarkt- und Börsenrecht, Rn. 4.19, 4.21, 4.54; MüKoHGB-*Ekkenga*, Effektengeschäft, Rn. 70 f.

474 Vgl. Assmann/Schütze-*Roth*, HdB des Kapitalanlagerechts, § 10 Rn. 70; *Kümpel*, Bank- und Kapitalmarktrecht, Rn. 10.85 ff.; *Lenenbach*, Kapitalmarkt- und Börsenrecht, Rn. 4.41; MüKoHGB-*Ekkenga*, Effektengeschäft, Rn. 256.

475 Vgl. dazu insbesondere auch Nr. 8 SBW, wonach die Bank auch bei Beauftragung eines Zwischenkommissionärs bis zum Abschluß des Ausführungsgeschäfts nur für dessen sorgfältige Auswahl und Unterweisung haftet.

476 Vgl. MüKoHGB-*Ekkenga*, Effektengeschäft, Rn. 36, 54.

477 Fall der mittelbaren Stellvertretung, vgl. Palandt-*Heinrichs*, BGB, Einf v § 164 Rn. 6; Schwintowski/Schäfer-*Schäfer*, Bankrecht, § 16 Rn. 11.

SBW[478]), wenn nichts anderes mit dem Kunden vereinbart wurde (sog. Börsenzwang).

*(a) Ausführungsgeschäft an der Börse*

Sinn und Zweck des Börsenzwanges ist es, den Anleger vor einer Übervorteilung durch die Bank zu schützen, da der Vertragsschluß über Börsenmakler und unter staatlicher Marktaufsicht zum jeweiligen Marktpreis zustande kommt. Der Bank ist es verwehrt, die Kommission in der Weise auszuführen, daß sie dem Kunden ohne Absprache börsengehandelte Aktien verkauft, die sie selbst im Depot hat[479] oder Kauf- und Verkaufsaufträge verschiedener Kunden selbst zusammenführt.[480] Der Kaufvertrag über die Börse wird zwischen zugelassenen Marktteilnehmern, i.d.R. den beteiligten Banken, geschlossen.

*(b) Exkurs – Ablauf des Ausführungsgeschäfts an der Börse[481]*

Der Wertpapierhandel an der Börse läuft entweder über den Präsenzhandel und/oder ggf. über ein elektronisches Handelssystem[482]:
- Im *Präsenzhandel* wird das Ausführungsgeschäft nicht durch direkte Kontaktaufnahme mit einem anderen Handelsteilnehmer geschlossen, sondern durch einen Börsenmakler vermittelt. Dieser hat die Rechtsstellung eines Handelsmaklers (§§ 93 ff. HGB, §§ 611, 652 ff. BGB). Die Bank erteilt dem Börsenmakler einen Auftrag durch einen im Saal anwesenden Börsenhändler oder elektronisch über ein elektronisches Orderdurchleitungssystem, mit dem die angeschlossenen Banken ihre Order direkt in das Orderbuch des Maklers übermitteln. Geschäftsabschlüsse werden der auftraggebenden Bank sofort elektronisch bestätigt. Die Bank erstellt dem Kunden dann eine Wertpapierabrechnung. Die Daten der Geschäftsabschlüsse werden bei sammelverwahrten Aktien außerdem an die Clearstream Banking AG übermittelt, die über ihr elektronisches Clearingsystem (CASCADE[483]) für die Erfüllung der Kaufverträge sorgt.

---

478  Bis zum 31.10.2007 auch § 22 Abs. 1 Satz 1 BörsG. Die Regelung ist im BörsG n.F. nicht mehr enthalten.
479  Sog. Kommission mit Selbsteintritt gem. § 400 Abs. 1 HGB.
480  Vgl. *Kümpel*, Bank- und Kapitalmarktrecht, Rn. 10.116 ff.; *Lenenbach*, Kapitalmarkt- und Börsenrecht, Rn. 4.20.
481  Vgl. *Kümpel*, Bank- und Kapitalmarktrecht, Rn. 10.91 ff.; *Lenenbach*, Kapitalmarkt- und Börsenrecht, Rn. 4.35, 5.48.
482  Z.B. XETRA für an der Frankfurter Wertpapierbörse gehandelte Aktien.
483  Für Central Application for Settlement, Clearing and Depositary Expansion.

- Werden die Wertpapierkaufverträge über ein *elektronisches Handelssystem*[484] geschlossen, geben die angeschlossenen Banken ihre Order direkt in das System ein. Das Computersystem führt die Aufträge selbst zusammen (sog. Matching), bestätigt der Bank die ausgeführten Geschäfte und übermittelt die Daten an das Abwicklungssystem.

*(c) Außerbörsliches Ausführungsgeschäft*

Bei außerbörslichen Ausführungsgeschäften ist zwar eine Erfüllung mit eigenen Beständen der Bank (Selbsteintritt) oder die Zusammenführung von vorliegenden Kauf- bzw. Verkaufsaufträgen verschiedener Bankkunden denkbar. Nach Nr. 1 Abs. 1 Satz 2 SBW hat die Bank aber ein Wertpapiergeschäft stets „mit einem anderen Marktteilnehmer oder einer Zentralen Gegenpartei" abzuschließen. Einen Selbsteintritt und die Erfüllung mit eigenen Beständen scheidet damit aus.[485]

*(3) Das Festpreisgeschäft als Alternative zum Kommissionsvertrag*

Beim Festpreisgeschäft gibt es kein Ausführungsgeschäft im eben geschilderten Sinn. Die Bank muß den Kaufvertrag erfüllen und kann dazu auch Aktien aus eigenen Beständen verwenden. Wie und woher die Bank sich die Aktien beschafft oder wie sie mit den vom Kunden erworbenen Aktien verfährt, ist für den Anleger unerheblich.[486] Individualvertraglich kann die Erfüllung des Festpreisgeschäftes aber vom Abschluß eines Deckungsgeschäftes durch die Bank abhängig gemacht werden[487].

*(4) Erfüllungsgeschäft zur Eigentumsverschaffung*

Die Eigentumsverschaffung erfordert ein Erfüllungsgeschäft. Hat die Bank im Rahmen des Kommissionsgeschäftes einen Wertpapierkaufvertrag abgeschlos-

---

484 Zum XETRA-Best-System vgl. *Kümpel*, Bank- und Kapitalmarktrecht, Rn. 10.128 ff. m.w.N.

485 Vgl. Assmann/Schütze-*Roth*, HdB des Kapitalanlagerechts, § 10 Rn. 72; *Kümpel*, Bank- und Kapitalmarktrecht, Rn. 10.70; Schwintowski/Schäfer-*Schäfer*, Bankrecht, § 16 Rn. 13 ff.

486 Vgl. Assmann/Schütze-*Roth*, HdB des Kapitalanlagerechts, § 10 Rn. 76, 103 ff.; *Lenenbach*, Kapitalmarkt- und Börsenrecht, Rn. 4.13, 4.54; MüKoHGB-*Ekkenga*, Effektengeschäft, Rn. 259 f.; Schwintowski/Schäfer-*Schäfer*, Bankrecht, § 16 Rn. 36 ff.

487 Vgl. Assmann/Schütze-*Roth*, HdB des Kapitalanlagerechts, § 10 Rn. 76; *Lenenbach*, Kapitalmarkt- und Börsenrecht, Rn. 4.55; MüKoHGB-*Ekkenga*, Effektengeschäft, Rn. 261; Schwintowski/Schäfer-*Schäfer*, Bankrecht, § 16 Rn. 40.

sen, so haftet sie für die ordnungsgemäße Erfüllung des Ausführungsgeschäftes (vgl. Nr. 8 Satz 1 SBW; sog. *Delkrederehaftung* aus § 394 Abs. 1 HGB). Sie hat ihrem Kunden das aus der Geschäftsbesorgung Erlangte – die Aktien bzw. den Verkaufserlös – herauszugeben (vgl. § 384 Abs. 2 HGB). Bei Festpreisgeschäften ergibt sich das aus § 433 BGB. An der Börse geschlossene Wertpapierkaufverträge sind innerhalb von zwei Börsentagen nach Geschäftsabschluß zu erfüllen (Grundsatz schnellstmöglicher Auftragsausführung[488]). Diese Zweitagesfrist gilt als Handelsbrauch (§ 346 HGB) auch für den außerbörslichen Handel unter Banken und gegenüber ihren Kunden (vgl. Nr. 1 Abs. 2 SBW).[489] Zahlungs- und Lieferungsregulation können u.U. sogar innerhalb des Handelstages bzw. unmittelbar nach der Eingabe der Order erfolgen (same-day-settlement bzw. real-time-settlement).[490] Sammelverwahrte[491] Wertpapiere des Anlegers werden in sein Wertpapierdepot ein- bzw. dort ausgebucht. Der Käufer ist bei Lieferung Zug um Zug zur Zahlung des Kaufpreises verpflichtet, frühestens jedoch am zweiten Börsentag nach Geschäftsschluß[492]. Gemäß Nr. 7 SBW ist die Bank zur Ausführung von Kauf- oder Verkaufsaufträgen jedoch nur soweit verpflichtet (Leistungsverweigerungsrecht) als das Guthaben des Kunden bzw. sein Depotbestand ausreichen (Deckungserfordernis[493]). Die Ausführung von sog. Leerverkäufen kann die Bank verweigern.[494]

*(a) Übereignung nach §§ 18 ff. DepotG*

Die §§ 18 ff. DepotG regeln zwar unmittelbar nur die Einkaufskommission, laut § 31 DepotG sind die Vorschriften aber auf das Festpreisgeschäft anwendbar.[495]

---

488  Vgl. z.B. § 15 Abs. 1 Bedingungen für Geschäfte an der Frankfurter Wertpapierbörse.
489  Dazu ausführlich MüKoHGB-*Ekkenga*, Effektengeschäft, Rn. 295 ff.; vgl. auch Schwintowski/Schäfer-*Schäfer*, Bankrecht, § 16 Rn. 49.
490  Vgl. *Sorgenfrei*, FR 2001, 291 (292).
491  Der (heutige) Ausnahmefall der nicht sammelverwahrten Wertpapiere wird hier außer Betracht gelassen.
492  Vgl. z.B. § 15 Abs. 2 Bedingungen für Geschäfte an der Frankfurter Wertpapierbörse.
493  Vgl. nur *Kümpel*, Bank- und Kapitalmarktrecht, Rn. 10.201 ff.
494  Vgl. Schwintowski/Schäfer-*Schäfer*, Bankrecht, § 16 Rn. 34. Da Nr. 7 SBW sich ausdrücklich auch auf Verkaufsaufträge und den dafür ausreichenden Depotbestand bezieht, erübrigt sich m.E. die Frage, ob die Bank nur bei Kaufaufträgen ein Leistungsverweigerungsrecht hat. Diese würde sich nur stellen, wenn allein auf die Vorschußpflicht nach § 669 BGB abzustellen wäre, wobei str. ist, ob nur eine Geld- oder auch eine Warenleistung verlangt werden kann.
495  *Lenenbach*, Kapitalmarkt- und Börsenrecht, Rn. 4.44; Schwintowski/Schäfer-*Schäfer*, Bankrecht, § 16 Rn. 48.

- *Übereignung zum Alleineigentum*

§ 18 DepotG gilt nur für die Übereignung einzelner Wertpapierurkunden zum Alleineigentum[496] (insbesondere bei Sonderverwahrung). In einem sog. Stückeverzeichnis hat der Kommissionär die gekauften Wertpapiere nach Gattung, Nennbetrag, Nummern oder sonstigen Bezeichnungsmerkmalen zu bezeichnen (vgl. § 18 Abs. 1 DepotG). Das Stückeverzeichnis ist vom Kommissionär unverzüglich, spätestens eine Woche nach Erwerb der Stücke oder nach Ablauf des gewöhnlichen Bezugszeitraums an den Kommittenten zu übersenden (vgl. § 18 Abs. 1, Abs. 2 DepotG). Nach dem Handelsbrauch schnellstmöglicher Ausführung entsprechen einem ordnungsgemäßer Geschäftsgang zwei Börsentage nach dem Geschäftsabschluß.[497] Mit der Absendung des Stückeverzeichnisses geht das Eigentum an den darin bezeichneten Wertpapieren, soweit der Kommissionär verfügungsberechtigt ist, auf den Kommittenten über, wenn es nicht nach den Bestimmungen des bürgerlichen Rechts schon früher übergegangen ist (§ 18 Abs. 3 DepotG). Die Absendung des Stückeverzeichnisses kann folglich auch unterbleiben, wenn die Stücke bereits ausgeliefert sind oder ein Auftrag zur Wiederveräußerung ausgeführt ist (vgl. § 23 DepotG).

- *Übereignung bei Sammelverwahrung*

Bei girosammelverwahrten Aktien muß die Bank ihrem Kunden durch eine Girosammel-Depotgutschrift Miteigentum am Sammelbestand verschaffen (Nr. 11 Satz 1 SBW, § 24 Abs. 1 DepotG).[498] Soweit der Kommissionär verfügungsberechtigt ist, geht das Miteigentum mit der Eintragung des Übertragungsvermerks im Verwahrungsbuch[499] des Kommissionärs auf den Kommittenten über, wenn es

---

496 Vgl. *Kümpel*, Bank- und Kapitalmarktrecht, Rn. 10.304 ff.; *Lenenbach*, Kapitalmarkt- und Börsenrecht, Rn. 4.45; Schwintowski/Schäfer-*Schäfer*, Bankrecht, § 16 Rn. 49.

497 Vgl. dazu bereits oben Kapitel 2 B.II.5.b(4).

498 Streng genommen handelt es sich um eine Leistung an Erfüllungs Statt (§ 364 Abs. 1 BGB). Aus der Systematik es DepotG ergibt sich nämlich, daß gesetzlicher Regelfall immer noch die Übertragung zum Alleineigentum ist. Nach § 24 DepotG kann der Kommissionär sich lediglich von seiner Verpflichtung: „Eigentum an bestimmten Stücken zu verschaffen", durch die Verschaffung von Miteigentumsanteilen befreien.

499 Nach § 14 DepotG ist jeder Verwahrer verpflichtet, ein Handelsbuch (vgl. §§ 238 ff. HGB) zu führen, in das jeder seiner Hinterleger (Depotvertrag) sowie Art, Nennbetrag und Stückzahl, Nummern oder sonstige Bezeichnungsmerkmale (§ 14 Abs. 1 Satz 1 DepotG) der für ihn verwahrten Wertpapiere einzutragen sind (Verwahrungsbuch). Da bei der Sammelverwahrung eine Zuordnung bestimmter Stücke

nicht nach den Bestimmungen des bürgerlichen Rechts (§§ 929 ff. BGB) schon früher auf ihn übergegangen ist (vgl. § 24 Abs. 2 DepotG). Der Übertragungsvermerk liegt in der Einbuchung der Girosammeldepot-Anteile in das elektronisch geführte Wertpapierdepot des Kunden[500] und ist analog § 18 Abs. 2 DepotG innerhalb einer Woche nach dem Zeitpunkt vorzunehmen, zu dem die Bank die Wertpapiere bei ordnungsgemäßem Geschäftsgang selbst erhält. Bei Namensaktien erfaßt eine Vinkulierung auch den Eigentumserwerb gemäß § 24 Abs. 2 DepotG bzw. gemäß § 18 Abs. 3 DepotG.[501]

- *Zwischenergebnis zur Übereignung nach §§ 18 ff. DepotG*

Die Übereignungswirkung der Absendung des Stückeverzeichnisses und des Übertragungsvermerks knüpft an einen Realakt an[502] und ist unabhängig vom Übertragungswillen der Bank. Es handelt sich nicht um einen rechtsgeschäftlichen, sondern um einen gesetzlichen Eigentumserwerb. Die Übereignung setzt dementsprechend die Verfügungsberechtigung der Bank voraus. Ein gutgläubiger Erwerb scheidet aus.

*(b) Übereignung nach §§ 929 ff. BGB*

Das Eigentum an Wertpapieren bzw. an Miteigentumsanteilen am Girosammelbestand wird nur ausnahmsweise nach § 18 Abs. 2 bzw. § 24 Abs. 2 DepotG übertragen, nämlich dann wenn die Übereignung nach §§ 929 ff. BGB fehlgeschlagen ist. Das Eigentum geht zwar spätestens kraft Gesetzes mit der Absendung des Stückeverzeichnisses bzw. dem Übertragungsvermerk auf den Käufer über. Ein früherer rechtsgeschäftlicher Erwerb ist jedoch möglich und die Regel.[503] Bei Girosammelverwahrung werden die Anteile durch die Buchungen bei der Wertpapiersammelbank vom Depot der Verkäufer-Bank in das Depot der Käufer-Bank nach §§ 929 ff. BGB[504] direkt vom Verkäufer auf den Käufer ohne Zwischenerwerb der Bank des Käufers übertragen.[505]

---

an den einzelnen Hinterleger nicht möglich ist, gilt dies für die Sammelverwahrung nach § 14 Abs. 3 DepotG nur sinngemäß. Hier genügt der Eintrag des Nennbetrags bzw. der Stückzahl der für einen Hinterleger verwahrten Wertpapiere.

500  *Lenenbach*, Kapitalmarkt- und Börsenrecht, Rn. 4.46.
501  MüKoAktG-*Bayer*, § 68 Rn. 55.
502  MüKoHGB-*Einsele*, Depotgeschäft, Rn. 93 f.
503  Vgl. *Einsele*, WM 2002, 7 (12); *Kümpel*, Bank- und Kapitalmarktrecht, Rn. 10.307.
504  Genauer dazu unter Kapitel 2 C.III.
505  Vgl. nur MüKoHGB-*Ekkenga*, Effektengeschäft, Rn. 51.

## (c) Exkurs – Ablauf eines Erfüllungsgeschäftes bei Girosammelverwahrung[506]

Die beteiligten Banken haben Wertpapierkonten bei der Clearstream Banking AG und Girokonten bei der Bundesbank.[507] Die Erfüllung der Pflichten aus dem Wertpapierkaufvertrag erfolgt über das elektronische Clearingsystem der Clearstream Banking AG. Die zu übereignenden Wertpapiere werden vom Wertpapierkonto der Verkäufer-Bank bei der Clearstream Banking AG abgebucht und dem Konto der Käufer-Bank gutgeschrieben (vgl. Nr. 8 Abs. 1 AGB Clearstream Banking AG). Die Verkäufer-Bank bucht die Wertpapiere aus dem Depot ihres Kunden aus und die Käufer-Bank bucht sie in das Depot ihres Kunden ein. Beide Banken erteilen ihren Kunden daraufhin Wertpapierabrechnungen. Der Kaufpreis wird bei Teilnahme[508] am Geldverrechnungsverkehr der Clearstream Banking AG auf deren Anweisung Zug-um-Zug vom Bundesbank-Konto der Käufer-Bank auf das der Verkäufer-Bank gebucht (vgl. auch Nr. 9 AGB Clearstream Banking AG). Die Käufer-Bank bucht den Kaufpreis (einschließlich[509] Provision und Gebühren) vom Girokonto des Käufers ab. Die Verkäufer-Bank schreibt dem Konto des Verkäufers den Kaufpreis (abzüglich Provision und Gebühren) gut.

## (d) Anschaffung von Aktien im Ausland

Die bisherigen Ausführungen betrafen allein den Erwerb von Aktien im Inland.[510] Werden zur Erfüllung Aktien im Ausland[511] angeschafft und dort verwahrt, weil sie im Inland weder gehandelt noch verwahrt werden,[512] so handelt

---

506  Dazu *Kümpel*, Bank- und Kapitalmarktrecht, Rn. 10.88, 10.285 ff., 11.355 f.; *Lenenbach*, Kapitalmarkt- und Börsenrecht, Rn. 4.42 f., 5.48a.

507  Möglich ist auch die Abwicklung des Geschäfts über das Bundesbankkonto einer Drittbank (vgl. Nr. 9 AGB Clearstream Banking AG).

508  Das ist der Regelfall. Bei Zahlungs-/Lieferungsgeschäften stellt die *Clearstream Banking AG* die Lieferung Zug-um-Zug sicher (vgl. Nr. 8 Abs. 1 Satz 4 AGB Clearstream Banking AG).

509  Bei Kommission – vgl. Nr. 1 Abs. 3 SBW.

510  Vgl. Nr. 2 Abs. 2 SBW – gibt der Kunde keine besonderen Anweisungen zum Ausführungsort, so werden inländische wie ausländische Wertpapiere im Inland angeschafft, wenn sie an einer inländischen Börse gehandelt werden.

511  Gemäß Nr. 10 SBW erfüllt die Bank Wertpapiergeschäfte grundsätzlich im Inland. Abweichungen ergeben sich bei anderweitiger Vereinbarung mit dem Kunden oder aus Nr. 12 Abs. 1 SBW.

512  Zur Sammelverwahrung vertretbarer ausländischer Aktien vgl. MüKoHGB-*Einsele*, Depotgesetz, Rn. 11 ff.

die Bank als Treuhänder:[513] Sie erwirbt das (Mit-)Eigentum an den Aktien, hält diese treuhänderisch für ihren Kunden und erteilt dem Kunden über den sich aus dem Treuhandverhältnis ergebenden Herausgabeanspruch eine *Gutschrift in Wertpapierrechnung* (vgl. Nr. 12 Abs. 3 SBW). Das Eigentum an den Aktien muß die Bank dem Kunden erst auf sein Verlangen verschaffen (vgl. § 22 DepotG).[514]

### c. Fazit zur Aktie als Kapitalmarktpapier

Das Zusammenwirken von (Dauer-)Globalurkunden und Girosammelverwahrung ist die Basis des heutigen Effektengeschäfts, bei dem die einzelne verkörperte Wertpapierurkunde einen gewissen Funktionsverlust[515] erfahren hat. Selbst für die Ausübung der Mitgliedschaftsrechte ist die Vorlage der Aktienurkunde hier nicht mehr erforderlich. Man spricht daher auch allgemein von der „Entmaterialisierung" des Effektenverkehrs.[516] Gleichwohl ist die Urkunde aus Papier immer noch das Fundament, auf das sich der Effektengiroverkehr gründet. Die Tatsache, daß die girosammelverwahrte Globalurkunde in Papierform im Verwahrraum der Wertpapiersammelbank lagert, rechtfertigt die sachenrechtliche Übereignung der Miteigentumsanteile. Die global verbriefte, sammelverwahrte Aktie ist kein bloßes Wertrecht, das nach derzeitiger Rechtslage nur zessionsrechtlich ohne die Möglichkeit des gutgläubigen Erwerbs übereignet werden könnte.[517]

## C. Das zivilrechtliche Eigentum an Aktien

Wirtschaftsgüter sind grundsätzlich dem zivilrechtlichen Eigentümer zuzurechnen (§ 39 Abs. 1 AO). Um einen Übergang des wirtschaftlichen Eigentums an

---

513  Zur Ausstellung von Inhaber-Sammelzertifikaten über nicht vertretbare ausländische Wertpapiere durch die *Clearstream Banking AG* vgl. MüKoHGB-*Einsele*, Depotgeschäft, Rn. 9 f.

514  Vgl. dazu auch *Kümpel*, Bank- und Kapitalmarktrecht, Rn. 10.312 ff.; *Lenenbach*, Kapitalmarkt- und Börsenrecht, Rn. 5.37 ff.; MüKoHGB-*Einsele*, Depotgeschäft, Rn. 15; MüKoHGB-*Ekkenga*, Effektengeschäft, Rn. 270 ff.; Schwintowski/Schäfer-*Schäfer*, § 16 Rn. 56 f.

515  Vgl. Assmann/Schütze-*Roth*, HdB des Kapitalanlagerechts, § 10 Rn. 19 ff.; *Einsele*, WM 2001, 7 (8); *Lenenbach*, Kapitalmarkt- und Börsenrecht, Rn. 2.10; MüKoHGB-*Einsele*, Depotgeschäft, Rn. 55.

516  Vgl. Assmann/Schütze-*Roth*, HdB des Kapitalanlagerechts, § 10 Rn. 19 ff.; *Einsele*, WM 2001, 7 (8, 10); Schwintowski/Schäfer-*Schäfer*, Bankrecht, § 16 Rn. 3; Wilhelm/*Brauer*, Kapitalgesellschaftsrecht, Rn. 674.

517  Entsprechend auch Schwintowski/Schäfer-*Schäfer*, Bankrecht, § 17 Rn. 25, 27 f.

Aktien feststellen zu können, ist zunächst zu prüfen, wie das zivilrechtliche Eigentum an Aktien erworben wird. Dabei sind die verschiedenen Aktienarten zu unterscheiden. Eine besondere Stellung nimmt der Eigentumserwerb bei girosammelverwahrten Aktien ein, der für börsengehandelte Aktien relevant ist. Die nachfolgenden Ausführungen beziehen sich auf verbriefte Aktien. Verfügungen über unverbriefte Aktien, für die kein Zwischenschein[518] erteilt ist, erfolgen stets zessionsrechtlich durch Abtretung nach §§ 413, 398 ff. BGB.[519]

## I. Eigentum an Inhaberaktien

Das zivilrechtliche Eigentum an Inhaberpapieren, mithin auch an Inhaberaktien[520] (§ 10 Abs. 1 Alt. 1 AktG), wird nach §§ 929 ff. BGB durch Übereignung des Papiers begründet, nicht durch Abtretung des Rechts.[521] Das Recht aus dem Papier folgt dem Recht am Papier.[522] Inhaberaktien werden wie bewegliche Sachen behandelt. Ein gutgläubiger Erwerb ist nach §§ 932 bis 934 BGB, § 366 HGB möglich, selbst wenn die Aktie dem Eigentümer abhanden gekommen ist (§ 935 Abs. 2 BGB, vgl. aber § 367 HGB).

## II. Eigentumsübergang bei Namensaktien

Namensaktien[523] (§ 10 Abs. 1 Alt. 2 AktG) können durch Abtretung des verbrieften Rechts (§§ 398 ff., 413 BGB), aber „auch durch Indossament"[524] (§ 68 Abs. 1 Satz 1 AktG) übertragen werden.

### 1. Übertragung durch Indossament

Das Indossament ist eine Voraussetzung für die Übertragung des Rechts aus dem Papier (vgl. Art. 14 Abs. 1 WG). Der Indossant kann zwischen zwei verschiede-

---

518  Zum Begriff siehe oben Kapitel 2 B.II4.c(1). Vgl. auch zum Jungschein Kapitel 2 B.II.4.c(2).

519  *Hueck/Canaris*, Recht der Wertpapiere, § 25 II 1; *Hüffer*, § 10 Rn. 2.

520  Zum Begriff bereits oben Kapitel 2 B.II.4.a(1).

521  Im Gegensatz zum GmbH-Anteil, der nach § 15 Abs. 3 GmbHG durch Abtretung übertragen wird.

522  Vgl. *Hueck/Canaris*, Recht der Wertpapiere, § 25 I 2 a); MüKoAktG-*Heider*, § 10 Rn. 36; Palandt-*Sprau*, BGB, Einf v § 793 Rn. 3.

523  Zum Begriff bereits oben Kapitel 2 B.II.4.a(2).

524  Zum Begriff Fn. 372.

nen Formen wählen.[525] Das sog. *Vollindossament* erfordert eine schriftliche, vom Indossanten unterschriebene Übertragungserklärung auf der Aktienurkunde oder einem mit dieser fest verbundenem Blatt (Anhang) (§ 68 Abs. 1 Satz 2 AktG i.V.m. Art. 13 Abs. 1 WG), die zum Ausdruck bringt, daß das Mitgliedschaftsrecht künftig dem namentlich benannten Indossatar zustehen soll. Jede weitere Rechtsübertragung erfordert dann ein neues Indossament.[526] Ein Indossament muß den Indossatar jedoch nicht namentlich bezeichnen. Das *Blankoindossament* besteht in der bloßen Unterschrift des Indossanten auf der Rückseite der Aktie oder dem Anhang (§ 68 Abs. 1 Satz 2 AktG i.V.m. Art. 13 Abs. 2 WG). Ist die Aktie mit einem Blankoindossament versehen, kann sie fortan auch ohne Skripturakt durch bloße „Begebung" der Urkunde übertragen werden[527] (vgl. Art. 14 Abs. 2 Nr. 3 WG[528]). Die blankoindossierte Aktie ist sammelverwahrfähig und der Inhaberaktie weitestgehend angenähert. Sie ist die Basis des stückelosen Effektengiroverkehrs mit Namensaktien.

### a. Funktion des Indossaments

Wer die Aktie in den Händen hat und sein Recht durch eine ununterbrochene Reihe von Indossamenten nachweist, gilt als deren rechtmäßiger Inhaber, selbst wenn das letzte Indossament ein Blankoindossament ist (Legitimationsfunktion des Indossaments,[529] vgl. § 68 Abs. 1 Satz 2 AktG i.V.m. Art. 16 Abs. 1 WG). Der (unmittelbare) Besitz der Aktie begründet eine an §§ 932, 1007 BGB angelehnte widerlegbare Vermutung der Rechtmäßigkeit des Erwerbs, die auch für den mittelbaren Besitzer einer sammelverwahrten Aktie[530] gilt. Der Besitz ergibt sich dann aus dem Depotauszug. Die widerlegbare[531] Legitimation durch Besitz und Indossamentenkette ermöglicht den gutgläubigen Erwerb einer Namensaktie durch Übergabe der Urkunde und Indossament (Transportfunktion des Indossaments[532]).

---

525 Dazu *Hueck/Canaris*, Recht der Wertpapiere, § 8 VI; *Hüffer*, § 68 Rn. 5; MüKoAktG-*Bayer*, § 68 Rn. 11.
526 *Hueck/Canaris*, Recht der Wertpapiere, § 8 III; MüKoAktG-*Bayer*, § 68 Rn. 10.
527 MüKoAktG-*Bayer*, § 68 Rn. 12; *Wilhelm*, Kapitalgesellschaftsrecht, Rn. 607.
528 § 68 AktG verweist auf Art. 13 und 16 WG und damit inzident mit auf Art. 14 WG.
529 Eingehend dazu *Hueck/Canaris*, Recht der Wertpapiere, § 8 IV.1; vgl. auch *Hüffer*, § 68 Rn. 8.
530 Vgl. MüKoAktG-*Bayer*, § 68 Rn. 14, 23.
531 Dazu MüKoAktG-*Bayer*, § 68 Rn. 15 ff.
532 Vgl. *Hueck/Canaris*, Recht der Wertpapiere, § 8 IV. 2. b).

### b. Übergang des Rechts am Papier bei Indossament

Nicht ganz unstrittig bei der Übertragung von Aktien durch Indossament ist der Übergang des Rechts am Papier, das heißt an der Aktienurkunde. Das Recht am Papier könnte nach §§ 929 ff. BGB übertragen werden, so daß das Recht aus dem Papier dem Recht am Papier folgt. Voraussetzung für die Übertragung des Mitgliedschaftsrechts wäre dann die Übergabe der Aktienurkunde, ergänzt um das Indossament.[533] Möglich wäre aber auch, daß das Recht am Papier dem Recht aus dem Papier folgt, welches nach §§ 398 ff., 413 BGB abgetreten wird, ergänzt um Indossament und Übergabe der Urkunde. Der Wortlaut des § 68 Abs. 1 Satz 1 AktG scheint für die letztgenannte Variante zu sprechen, denn dort heißt es: „Namensaktien können auch durch Indossament übertragen werden." Andererseits setzt der Gutglaubensschutz nach § 68 Abs. 1 Satz 2 AktG i.V.m. Art. 16 WG auch das Innehaben der Aktienurkunde voraus. Für einen einwendungsfesten Erwerb ist die Übergabe der Aktienurkunde also stets notwendig. Bei der Übertragung mittels Zession gibt es wegen des Fehlens eines tauglichen Rechtsscheinträgers keinen Gutglaubensschutz. Der Rechtsschein sollte möglichst mit der Verfügungsberechtigung einhergehen. Räumt man dem sachenrechtlichen Traditionsprinzip den Vorrang ein, so ist dies gegeben, weil das Sachenrecht mit der Möglichkeit des gutgläubigen Erwerbs davon ausgeht.[534] Bei einer Übertragung der Namensaktie wird das Recht am Papier also gemäß §§ 929 ff. BGB übertragen, ergänzt um das Indossament als zusätzlicher Voraussetzung für die Übertragung des Rechts aus dem Papier.

### 2. Übertragung mittels Abtretung

Die Namensaktie kann statt durch Indossament auch mittels Abtretung des verbrieften Rechts (§§ 398 ff., 413 BGB) übertragen werden. Das Recht am Papier, der Aktienurkunde, folgt dann analog § 952 BGB dem Mitgliedschaftsrecht, dem Recht aus dem Papier. Die Möglichkeit eines gutgläubigen Erwerbs gibt es nicht. Das Recht aus der Namensaktie kann nur bei Eintragung im Aktienregister ausgeübt werden.[535]

---

533  So die wohl h.M., vgl. nur *Hüffer*, § 68 Rn. 4; MüKoAktG-*Bayer*, § 68 Rn. 3; m.w.N.

534  In diese Richtung auch *Hueck/Canaris*, Recht der Wertpapiere, § 8 I. 1. a), IV.2.a) für den Wechsel.

535  Vgl. dazu *Hüffer*, § 68 Rn. 3 m.w.N.; MüKoAktG-*Bayer*, § 68 Rn. 1, 30 ff.

### 3. Bedeutung der Eintragung im Aktienregister

Materiellrechtliche Veränderungen der Eigentumslage erfolgen stets außerhalb des Aktienregisters. Zur Wirksamkeit einer Verfügung ist die nachfolgende Eintragung im Aktienregister[536] weder Voraussetzung (vgl. auch § 67 Abs. 3 AktG) noch sind Übertragungsmängel durch sie heilbar. Das Aktienregister begründet auch keinen Gutglaubensschutz.[537]

### 4. Übertragung vinkulierter Namensaktien

Vinkulierte Namensaktien[538] sind nur mit Zustimmung der Gesellschaft übertragbar (§ 68 Abs. 2 Satz 1 AktG), was allerdings nicht zwingend auf der Aktie vermerkt sein muß, da das Vorliegen einer Namensaktie potentielle Erwerber in ausreichendem Maße warnt.[539] Die auf rechtsgeschäftliche Übertragungen beschränkte Vinkulierung bezieht sich nur auf das Verfügungsgeschäft[540], nicht auf das zugrunde liegende Verpflichtungsgeschäft.

### a. Erklärung der Zustimmung

Die Zustimmung kann sowohl dem Veräußerer als auch dem Erwerber gegenüber (§ 182 Abs. 1 BGB), in Form der Einwilligung[541] (§ 183 Satz 1 BGB) oder der Genehmigung (§ 184 Abs. 1 BGB), vor oder nach dem Verfügungsgeschäft und bedingt oder befristet erklärt werden.[542] Eine Zustimmung ist auch konkludent, insbesondere durch Eintragung in das Aktienregister oder Zulassung zur Abstimmung bei der Hauptversammlung möglich.[543] Für die Entscheidung über die Zustimmung und deren Erklärung ist der Vorstand zuständig (§ 68 Abs. 2 Satz 2 AktG), falls die Satzung nichts Abweichendes bestimmt. Der Vorstand kann die Zustimmung bzw. deren Verweigerung auch einen Bevollmächtigten erklären lassen.[544] Die Zustimmungserklärung eines nicht zuständigen Organs ist nichtig, wenn sie nicht genehmigt wird (§ 180 Satz 2 i.V.m. § 177 BGB). Umgekehrt ist

---

536  Vgl. dazu bereits oben Kapitel 2 B.II.4.a(2).
537  Vgl. *Hüffer*, § 68 Rn. 3; MüKoAktG-*Bayer*, § 67 Rn. 36 f., § 68 Rn. 4.
538  Vgl. dazu bereits oben Kapitel 2 B.II.4.b.
539  Vgl. *Hueck/Canaris*, Recht der Wertpapiere, § 25 I 2 b).
540  Vgl. *Hüffer*, § 68 Rn. 11 m.w.N.; MüKoAktG-*Bayer*, § 68 Rn. 38, 52.
541  Die Einwilligung bzw. deren Verweigerung ist – im Gegensatz zur Genehmigung – bis zur Vornahme des Verfügungsgeschäfts widerruflich (vgl. § 183 BGB).
542  *Hüffer*, § 68 Rn. 16; MüKoAktG-*Bayer*, § 68 Rn. 84 f.
543  MüKoAktG-*Bayer*, § 68 Rn. 90.
544  Weiterführend *Hüffer*, § 68 Rn. 15.

eine pflichtwidrige (nicht evident mißbräuchliche) Zustimmungsverweigerung des Vorstands stets wirksam, greift allerdings in das Mitgliedschaftsrecht des Aktionärs ein und führt zu einem Schadensersatzanspruch des veräußerungswilligen Aktionärs.[545]

### b. Rechtsfolgen der Vinkulierung[546]

Eine wirksame Übereignung erfordert die Zustimmung des Vorstands. Vinkulierte Namensaktien können jedoch gutgläubig erworben werden, wenn sie durch Indossament übertragen werden, da § 68 Abs. 1 Satz 2 AktG i.V.m. Art. 16 Abs. 2 WG auch hier gilt.[547] Allerdings kann nur das Fehlen der Zustimmung bei einer früheren, der aktuellen Übereignung vorangehenden Übereignung durch gutgläubigen Erwerb überwunden werden, weil das Indossament nicht den guten Glaube an die Zustimmungsfreiheit schützt.[548] Eine Genehmigung wirkt ex-tunc auf den Zeitpunkt des Verfügungsgeschäftes zurück (vgl. § 184 Abs. 1 BGB). Bei Verweigerung der Zustimmung ist die Verfügung von Anfang an unwirksam.

### III. Eigentumserwerb bei Sammelverwahrung

Bei der Sammelverwahrung von Aktien haben die Aktionäre Miteigentum nach Bruchteilen an den zum Sammelbestand des Verwahrers gehörenden Aktien derselben Art (vgl. § 6 Abs. 1 Satz 1 DepotG). Sind die Aktien in einer Sammelurkunde (§ 9a DepotG) verbrieft, so sind sie Miteigentümer nach Bruchteilen an der Globalaktie.[549]

### 1. Die depotrechtliche Sammelbestandsgemeinschaft

Werden Aktien in Sammelverwahrung genommen, so entsteht mit dem Zeitpunkt des Eingangs beim Sammelverwahrer für den bisherigen Eigentümer Miteigentum nach Bruchteilen an den zum Sammelbestand des Verwahrers gehörenden Aktien der selben Art (vgl. § 6 Abs. 1 Satz 1 DepotG). Eigentlich liegt eine Bruchteilsgemeinschaft vor. Die Regelungen des Bruchteilseigentums in §§ 1008 ff. BGB sind jedoch auf das Miteigentum am Sammelbestand unanwendbar und werden durch die §§ 6 ff. DepotG ersetzt. Die §§ 741 ff. BGB blei-

---

545  Vgl. MüKoAktG-*Bayer*, § 68 Rn. 94 f.
546  Vgl. dazu *Hüffer*, § 68 Rn. 16; MüKoAktG-*Bayer*, § 68 Rn. 96 ff.
547  Vgl. MüKoAktG-*Bayer*, § 68 Rn. 43.
548  Vgl. *Hueck/Canaris*, Recht der Wertpapiere, § 25 I 2 b).
549  Vgl. MüKoAktG-*Heider*, § 10 Rn. 40. Siehe oben Kapitel 2 B.II.5.a(2)(a)(ii).

ben zwar grundsätzlich anwendbar,[550] sind aber, soweit die Regelungen für den Effektengiroverkehr hinderlich sind, durch die §§ 6 ff. DepotG modifiziert[551] bzw. verdrängt.[552] §§ 6 ff. DepotG normieren damit eine eigenständige Form der Rechtsgemeinschaft, die Lenenbach[553] als „depotrechtliche Sammelbestandsgemeinschaft" bezeichnet.

### a. Eigentum im Rahmen eines Sammelbestands

Wie bei einer Bruchteilsgemeinschaft steht auch bei der depotrechtlichen Sammelbestandsgemeinschaft[554] jedem Miteigentümer ein bestimmter, fester Anteil am Sammelbestand bzw. an der Sammelurkunde (vgl. § 9a Abs. 2 DepotG) zu, der allerdings nicht real sichtbar, sondern nur ideell vorhanden ist. Über diesen ideellen Miteigentumsanteil kann jeder Miteigentümer wie über Alleineigentum frei verfügen, ihn z.B. veräußern oder belasten, und zwar in der selben Form, die für Alleineigentum vorgesehen ist.[555] Der Eigentumserwerb richtet sich damit nach der jeweiligen Aktienart. Inhaberaktien werden nach §§ 929 ff. BGB übertragen.[556] Das gleiche gilt für Namensaktien, läßt man die im Effektengiroverkehr unpraktikable Möglichkeit der Abtretung außer Betracht.[557] Sammelverwahrte Namensaktien sind zudem blankoindossiert,[558] so daß diese faktisch wie Inhaberaktien übertragbar sind. Über die Sammelbestandsanteile wird mithin wie über bewegliche Sachen nach §§ 929 ff. BGB verfügt[559]. Die sammelverwahrten (Global-)Aktien werden rechtlich wie Einzelwertpapiere behandelt.[560]

---

550  Vgl. *Lenenbach*, Kapitalmarkt- und Börsenrecht, Rn. 5.28.
551  Etwa § 747 Satz 2 BGB durch § 6 Abs. 2 DepotG.
552  So z.B. §§ 744 – 746 BGB über die Verwaltung „des gemeinschaftlichen Gegenstands" oder § 749 BGB über die Aufhebung der Gemeinschaft.
553  *Lenenbach*, Kapitalmarkt- und Börsenrecht, Rn. 5.29.
554  Vgl. soeben unter Kapitel 2 C.III.1. und § 6 Abs. 1 Satz 1 DepotG.
555  Vgl. *Baur/Stürner*, Sachenrecht, § 3 Rn. 28.
556  Siehe oben Kapitel 2 C.I.
557  Siehe oben Kapitel 2 C.II.
558  Siehe oben Kapitel 2 C.II.1.
559  Ganz h.M., vgl. *Einsele*, WM 2001, 7 (12); *Kümpel*, Bank- und Kapitalmarktrecht, Rn. 11.346; *Lenenbach*, Kapitalmarkt- und Börsenrecht, Rn. 5.29 m.w.N.
560  So auch *Lenenbach*, Kapitalmarkt- und Börsenrecht, Rn. 5.35.

## b. Besitz bei Sammelbestandsanteilen

Die Wertpapiersammelbank ist unmittelbare (Fremd-)Besitzerin[561] der sammelverwahrten Aktien und als Verwahrerin gleichzeitig Besitzmittlerin (§ 868 BGB) für die Hinterleger. Die hinterlegenden Banken sind mittelbare Mitbesitzer der Sammelbestandsanteile in ihren Depots und ggf. Besitzmittler für ihre Kunden, die mittelbaren Mitbesitzer zweiter Stufe.[562] An den Sammelbestandsanteilen ergeben sich also in der Regel mehrstufige mittelbare Mitbesitzverhältnisse (§§ 871, 866 BGB).

## 2. Verfügung über Sammelbestandsanteile

In der Praxis erfolgen Verfügungen über Sammelbestandsanteile[563] mittels stückelosen Effektengiroverkehrs[564] durch bloße Umbuchung der Miteigentumsanteile vom Depot des Veräußerers in das des Erwerbers der sammelverwahrten Aktien. Zivilrechtlich richtet sich der Eigentumsübergang auf den Erwerber jedoch nach §§ 929 ff. BGB. Zwar gibt es auch die Möglichkeit eines gesetzlichen Eigentumsübergangs nach § 24 Abs. 2 Satz 1 DepotG.[565] Allerdings kommt diese Regelung nur zur Anwendung, wenn vorher kein Eigentumsübergang nach bürgerlichem Recht erfolgt ist. Voraussetzungen für den Eigentumsübergang nach §§ 929 ff. BGB sind Einigung und Übergabe der Sache (bzw. das Vorliegen eines Übergabesurrogates) sowie die Verfügungsberechtigung des Veräußerers oder die Erfüllung der Voraussetzungen des gutgläubigen Erwerbs nach §§ 932 ff. BGB.

## a. Einigung zur Übertragung von Sammelbestandsanteilen

Zunächst ist festzustellen, zwischen welchen Personen die Übereignung und damit auch die dingliche Einigung erfolgt. Bei einer Übertragung zwischen Privaten kommt es nur zwischen den beteiligten Personen zur dinglichen Einigung. Glei-

---

561 *Lenenbach*, Kapitalmarkt- und Börsenrecht, Rn. 5.31. *Ausnahme* (mittelbarer Besitz): Wertpapiere, die die Bank bei einer ausländischen Verwahrstelle im Treuhandgiroverkehr über Treuhandgirokonten für ihre Kunden verwahrt (vgl. Nr. 6 AGB Clearstream Banking AG).
562 *Kümpel*, Bank- und Kapitalmarktrecht, Rn. 11.347; *Lenenbach*, Kapitalmarkt- und Börsenrecht, Rn. 5.31. A.A. nur: MüKoHGB-*Einsele*, Depotgeschäft, Rn. 90 f. Dagegen Schwintowski/Schäfer-*Schäfer*, Bankrecht, § 17 Rn. 11 ff., 14.
563 Dazu ausführlich *Lenenbach*, Kapitalmarkt- und Börsenrecht, Rn. 5.55 ff.
564 Siehe dazu schon oben Kapitel 2 B.II.5.a(3).
565 Siehe auch oben Kapitel 2 B.II.5.b(4)(a).

ches gilt bei einem Festpreisgeschäft,[566] wenn der Kunde Aktien aus den Eigenbeständen der Bank erwirbt.[567] Die Bank veranlaßt dann lediglich die Umbuchung. Erfolgt die Aktienübertragung im Rahmen eines Kommissionsgeschäfts,[568] so willigt der Veräußerer schon mit dem Verkaufsauftrag an seine Bank oder den Online-Broker konkludent[569] nach § 185 Abs. 1 BGB in die Verfügung über die Sammelbestandsanteile ein. Die bei der Clearstream Banking AG hinterlegende Bank handelt im eigenen Namen und bietet dieser die Übereignung an. Die Übereignungsofferte der Verkäuferbank ist mit Eingang des Umbuchungsauftrages bei der Clearstream Banking AG verbindlich (§ 145 BGB).[570]

*(1) Sachenrechtlicher Bestimmtheitsgrundsatz*

Die Übereignung bestimmter Aktienurkunden kann nicht verlangt werden. Der Hinterleger hat nur einen schuldrechtlichen Anspruch gegen den (seinen[571]) Verwahrer auf Auslieferung von Aktien in Höhe des Nennbetrags bzw. der Stückzahl der für ihn in Sammelverwahrung genommenen Wertpapiere (§ 7 Abs. 1 HS 1 DepotG). Der sachenrechtlichen Bestimmtheit genügt daher die Bezeichnung des Sammelbestands anhand der Depotnummer und der Wertpapierart (Wertpapierkenn-Nummer) sowie die Angabe des Nennbetrages bzw. der Stückzahl der zu übereignenden Aktien.[572]

*(2) Annahme des Angebots*

Die Clearstream Banking AG[573] nimmt das Angebot in Vertretung für die Bank des Käufers an, wozu sie mit der Kontoeröffnung durch die Bank bevollmächtigt

---

566 Siehe oben Kapitel 2 B.II.5.b(3).
567 Vgl. MüKoHGB-*Einsele*, Depotgeschäft, Rn. 96.
568 Vgl. dazu oben Kapitel 2 B.II.5.b(2).
569 *Kümpel*, Bank- und Kapitalmarktrecht, Rn. 11.371; *Lenenbach*, Kapitalmarkt- und Börsenrecht, Rn. 5.56.
570 *Kümpel*, Bank- und Kapitalmarktrecht, Rn. 11.373; vgl. auch *Sorgenfrei*, FR 2001, 291 (293).
571 Strittig ist, ob auch ein Anspruch gegen höherstufige Verwahrer besteht. Vgl. dazu MüKoHGB-*Einsele*, Depotgeschäft, Rn. 80 m.w.N.
572 Vgl. dazu *Kümpel*, Bank- und Kapitalmarktrecht, Rn. 11.400 ff.; *Lenenbach*, Kapitalmarkt- und Börsenrecht, Rn. 5.57; MüKoHGB-*Einsele*, Depotgeschäft, Rn. 95.
573 Zur Zwischenschaltung eines „Zentralen Kontrahenten" (Central Counterpart – CCP, seit 2003 bei der Frankfurter Wertpapierbörse durch die Eurex Clearing AG) vgl. *Kümpel*, Bank- und Kapitalmarktrecht, Rn. 11.376 ff.; *Horn*, WM 2002, Sonderbeilage Nr. 2. Der CCP wird als Vertragspartei zwischen die beiden Handelsteil-

wird. Die Erklärung der Annahme liegt in der Gutschrift der Anteile auf dem De-
potkonto der Käuferbank. Der Zugang der Annahmeerklärung ist nach der Ver-
kehrssitte, den Gepflogenheiten des Effektengiroverkehrs, nicht zu erwarten
(§ 151 S.1 BGB).[574]

*(3) „Geschäft für denjenigen, den es angeht"*

Die Einigung über den Eigentumsübergang erfolgt zwischen Verkäufer- und
Käuferbank. Die Verkäuferbank handelt dabei in Vertretung (§§ 164 ff. BGB)[575]
für den Veräußerer und die Käuferbank für den Erwerber. Die Stellvertretung der
Käuferbank wird lediglich dadurch verdeckt, daß die Käuferbank ihrerseits durch
die Clearstream Banking AG vertreten wird. Fraglich ist nun, wie der Käufer Eigentum erwirbt: von seiner Bank nach deren Durchgangserwerb oder unmittelbar
vom Veräußerer? Ersteres ist für ihn regelmäßig nicht von Interesse. Eine im
Namen des Vertretenen abgegebene Willenserklärung verpflichtet diesen unmittelbar (vgl. § 164 Abs. 1 Satz 1 BGB). Die Banken handeln aber in der Regel im
eigenen Namen.[576] Zwar ist eine ausdrückliche Erklärung des Vertreters, im Namen des Vertretenen zu handeln, nicht erforderlich (vgl. § 164 Abs. 1 Satz 2
BGB). Das gilt allerdings nur, wenn sich das zumindest aus den Umständen des
Einzelfalles ergibt. Normalerweise erfährt der Verkäufer gar nicht, an wen konkret er die Aktien verkauft, sondern er sieht nur die Ausbuchung *seiner* Bank auf
dem Depotauszug und die Gutschrift des Kaufpreises auf seinem Konto. Gleiches
gilt umgekehrt für den Erwerber. Dem Verkäufer ist es in aller Regel[577] auch
gleichgültig, ob er an die als Geschäftspartner auftretende Bank oder einen von
dieser Vertretenen übereignet. Beim üblichen Effektengeschäft spielt das in
§ 164 Abs. 2 BGB zum Ausdruck kommende Offenheitsprinzip keine Rolle, das

---

nehmer geschoben und unmittelbare Vertragspartei der Käufer- und Verkäuferbank.
Er vertritt also gegenüber dem Käufer die Verkäuferbank und umgekehrt. Der CCP
dient vor allem der Verringerung von Transaktionskosten, indem es im Verhältnis
CCP zu den Handelsteilnehmern zu einer Verrechnung der gegenseitigen Ansprüche auf Lieferung von Wertpapieren gleicher Art kommt und nur noch die Spitzen
ausgeglichen werden (sog. Nettingverfahren). Die sachenrechtliche Konstruktion
der Übereignung wird dadurch aber nicht berührt. Insbesondere die Übergabe erfolgt nach wie vor im Verhältnis *Clearstream Banking AG* und Käuferbank.

574  Vgl. *Einsele*, WM 2001, 7 (12); *Kümpel*, Bank- und Kapitalmarktrecht, Rn. 11.373,
     11.375; *Lenenbach*, Kapitalmarkt- und Börsenrecht, Rn. 5.58.

575  A.A. *Sorgenfrei*, FR 2001, 291 (293): „Die Wertpapiersammelbank ist hierbei als
     Empfangsbote des Erwerbers anzusehen."

576  Das ist auch bei Namensaktien möglich, da die Eintragung in das Aktienregister kei-
     ne Voraussetzung für eine wirksame Übereignung ist.

577  Anders ist es u.U. bei vinkulierten Namensaktien.

den Vertreter verpflichtet, wenn nicht erkennbar ist, ob er für sich oder einen anderen handelt. Vielmehr gelten die Grundsätze des ‚Geschäfts für denjenigen, den es angeht', die eine Durchbrechung des Offenheitsprinzips erlauben: Der Wille des nicht erkennbar in fremdem Namen handelnden Beauftragten, für den Geschäftsherrn zu erwerben, verschafft diesem unmittelbar Eigentum, wenn dem Veräußerer die Person des Erwerbers gleichgültig ist.[578] Die Einigung von Käufer- und der Verkäuferbank wirkt damit unmittelbar gegen die Vertretenen, so daß es zur direkten Übereignung vom Veräußerer auf den Erwerber kommt ohne Durchgangserwerb der beteiligten Banken.[579]

### b. Übergabe bei Sammelbestandsanteilen

Für die Übergabe kommen an sich alle in den §§ 929 Satz 1, 930, 931 BGB geregelten Möglichkeiten in Betracht. Allerdings ist zu berücksichtigen, daß die Übertragung von Sammelbestandsanteilen ein Massengeschäft ist, das wesentlich auf der Möglichkeit des gutgläubigen Erwerbs beruht. Die Übergabe sollte rechtlich und technisch so unkompliziert wie möglich sein. Andernfalls führt die Girosammelverwahrung nicht zu der Effizienz und Schnelligkeit, die für den stückelosen Effektengiroverkehr notwendig ist.

### (1) Abtretung des Herausgabeanspruchs (§§ 931, 934 BGB)

Am naheliegendsten ist der Ersatz der Übergabe durch das Übergabesurrogat in § 931 BGB.[580] Dazu müßte der Eigentümer dem Erwerber einen verwahrungsrechtlichen Rückforderungsanspruch (vgl. § 695 BGB) gegen die Clearstream Banking AG auf Herausgabe von Aktien in Höhe des kaufgegenständlichen Nennbetrages bzw. der Stückzahl aus dem Sammelbestand abtreten und das der Clearstream Banking AG über die zwischengeschalteten Banken anzeigen (vgl. § 409 BGB), damit diese die Umbuchungen in den jeweiligen Depots vornehmen können. Einen solchen Herausgabeanspruch hat nach § 7 Abs. 1 DepotG jedenfalls der Hinterleger – also die bei der Clearstream Banking AG hinterlegende Bank. Ob der Eigentümer der Sammelbestandsanteile, also der u.U. in einer Kette von Besitzmittlungsverhältnissen am Ende stehende Bankkunde, ebenfalls einen derartigen Herausgabeanspruch innehat, ist umstritten, da Kunde und Hinterleger bei der Clearstream Banking AG nur bestimmte Kredit- und Finanz-

---

578  *Baur/Stürner*, Sachenrecht, § 51 Rn. 43 a.E.
579  Vgl. dazu auch *Einsele*, WM 2001, 7 (12); *Kümpel*, Bank- und Kapitalmarktrecht, Rn. 11.393 ff.; *Lenenbach*, Kapitalmarkt- und Börsenrecht, Rn. 5.59 m.w.N.
580  Vgl. dazu auch *Kümpel*, Bank- und Kapitalmarktrecht, Rn. 11.358 ff.

dienstleistungsinstitute[581] sein können. Zudem besteht bei der Verbriefung von Aktien in einer Sammelurkunde nach § 9a Abs. 3 Satz 2 DepotG vielfach kein Anspruch auf Herausgabe effektiver Stücke, weil dies von der Aktiengesellschaft nach § 10 Abs. 5 AktG ausgeschlossen wurde. Die Möglichkeit der Abtretung eines Herausgabeanspruchs durch den Eigentümer ist damit fraglich, wenn nicht sogar wegen Nichtbestehens ausgeschlossen.

Schwierigkeiten bereitet außerdem der gutgläubige Erwerb nach § 934 BGB. Ist der Veräußerer mittelbarer Besitzer der Sammelbestandsanteile, wird der Erwerber bereits mit der Abtretung des Anspruchs Eigentümer. Hat der Veräußerer jedoch keinen mittelbaren Besitz, so muß der Erwerber von diesem den Besitz der Sache erlangen, das heißt der Erwerber müßte die Umbuchung in sein Depot erwirken. Will ein Erwerber sicher gehen, daß er Eigentümer geworden ist, muß der Anteil jedenfalls nach der Abtretungsanzeige in das Depot des Erwerbers umgebucht werden. Zudem unterliegt der Handel mit börsennotierten Aktien dem Börsenzwang, so daß die Abtretung des Herausgabeanspruchs in Vertretung durch zum Börsenhandel zugelassene Teilnehmer erfolgen müßte. Bei nicht börsengehandelten Aktien könnten die Parteien zwar unmittelbar in Kontakt treten. Wird hier aber z.B. die Abtretungsanzeige an die Bank vergessen, sind erhebliche Probleme am Kapitalmarkt zu erwarten, wenn die Papiere vielfach weiterverkauft und abgetreten werden und die Umbuchung später (üblicherweise zwei Börsentage) nicht erfolgt. Ein gutgläubiger Erwerb wäre nicht mehr möglich, falls einer in der Kette nicht Eigentümer geworden ist. Und wer überhaupt Eigentum erworben hat, müßte aufwendig untersucht werden. Die Übereignung nach §§ 929 Satz 1, 931 BGB erweist sich damit insgesamt als „schwerfällig" und wenig geeignet.

*(2) Vereinbarung eines Besitzkonstituts (§§ 930, 933 BGB)*

Beim Besitzkonstitut nach § 930 BGB[582] wird die Übergabe dadurch ersetzt, daß der unmittelbar oder mittelbar besitzende Eigentümer und der Erwerber ein Besitzmittlungsverhältnis vereinbaren, so daß der Erwerber mittelbaren Besitz (§ 868 BGB) erlangt. Da der Eigentümer girosammelverwahrter Aktien stets nur mittelbar besitzt, erscheint diese Übergabevariante zunächst passend. Praktisch hieße das jedoch, daß bei jeder Veräußerung ein neues Besitzmittlungsverhältnis mit dem ursprünglichen Eigentümer begründet werden müßte, der dann einem anderen Erwerber den Besitz vermitteln müßte (Änderung des Besitzmittlungswillens), weil die Sammelbestandsanteile im Depot des ursprünglichen Eigentü-

---

581  Nr. 2 AGB Clearstream Banking AG.
582  Dazu auch *Kümpel*, Bank- und Kapitalmarktrecht, Rn. 11.362 ff.

mers verbucht bleiben. Gleiches gilt für die den Besitz zwischen Eigentümer und der Clearstream Banking AG vermittelnden Banken. Auch in ihren Depots würde sich nichts ändern, so daß zumindest die Bank des ursprünglichen Eigentümers bei jedem weiteren Verkauf des Erwerbers einzuschalten wäre. Eine solche Einbindung des ursprünglichen Eigentümers und dessen Bank ist jedoch in der Regel unerwünscht. Der neue Eigentümer will „seine Aktien" in seinem Depot verbucht haben und diese ohne Kontakt zu seinem Verkäufer und dessen Verkäufer weiterveräußern können. Jede zusätzlich erforderliche Mitwirkung eines Dritten macht eine Übereignung komplizierter und störanfällig. Dies gilt erst recht, wenn man bedenkt, wie oft manche Aktien pro Tag verkauft werden. Der ursprüngliche Eigentümer müßte ständig seinen Besitzmittlungswillen ändern. Sind die Übereignungen zwischenzeitlich überholt, würde die nachträgliche Änderung des Besitzmittlungswillens auf eine juristische Sekunde minimiert und geriete eher zur Farce. Für einen gutgläubigen Erwerb nach § 933 BGB wäre zudem eine Umbuchung des Depotguthabens in das Depot des Käufers erforderlich, was den gutgläubigen Erwerb und damit den Handel am Kapitalmarkt erschwert, da sich der Erwerber bzw. dessen Bank erkundigen müßte, bei wem die Sammelbestandsanteile verbucht sind. Praktikabler wäre es dann wohl, jeder Übereignung nach §§ 929, 931 BGB eine Depotumbuchung folgen zu lassen, um jedenfalls den gutgläubigen Erwerb sicherzustellen.

*(3) Übergabe durch Umstellung des Besitzmittlungsverhältnisses (§§ 929, 932 BGB)*

Die Übergabe „der Aktien" – bzw. des Mitbesitzes an den Sammelbestandsanteilen – kann sich auch durch die Umstellung des Besitzmittlungsverhältnisses vollziehen; dies ersetzt die Übergabe des sammelverwahrten Wertpapiers.[583] Eine körperliche Übergabe wäre bei Aktien, deren Verbriefung nach § 10 Abs. 5 AktG ausgeschlossen ist, ohnehin unmöglich.

*(a) Umbuchung und der Tatbestand des § 929 Satz 1 BGB*

Übergabe bedeutet Aufgabe des Besitzes durch den Eigentümer und Erwerb des Besitzes unmittelbar durch den Erwerber, dessen Besitzdiener oder Besitzmittler. Eine ausreichende Besitzaufgabe liegt unter anderem darin, daß der bisherige Eigentümer seinen Besitzmittler beauftragt, mit dem Erwerber ein Besitzmittlungs-

---

583 Vgl. dazu Nr. 8 AGB Clearstream Banking AG sowie *Kümpel*, Bank- und Kapital-marktrecht, Rn. 11.344, 11.349, 11.365 ff.; Schwintowski/Schäfer-*Schäfer*, Bank-recht, § 17 Rn. 17; *Sorgenfrei*, FR 2001, 291. A.A. *Einsele*, WM 2001, 7 (13).

verhältnis zu vereinbaren und der Besitzmittler diesem Auftrag nachkommt.[584] Für den Besitzerwerb ist es ausreichend, daß der Erwerber mittelbaren Besitz erlangt, sofern nicht der Veräußerer sein Besitzmittler ist (dann § 930 BGB). Konkret heißt das: Der Veräußerer weist seine Bank an, bestimmte Sammelbestandsanteile zu verkaufen. Die Bank setzt in Vertretung für ihren Kunden die Wertpapiersammelbank als Verwahrerin und Besitzmittlerin davon in Kenntnis, indem sie diese (un-)mittelbar anweist, den Besitz nunmehr dem Erwerber zu mitteln. Die Wertpapiersammelbank kommt dem Auftrag durch die sichtbare Umbuchung der Sammelbestandsanteile in das Depot der Käuferbank nach. Sie schließt damit gleichzeitig in Vertretung für die Käuferbank einen neuen Verwahrungsvertrag über die umgebuchten Sammelbestandsanteile. Zu diesem Insichgeschäft (vgl. § 181 BGB) wird die Clearstream Banking AG von ihren Kunden mit der Eröffnung eines Depots bei ihr konkludent[585] ermächtigt. Die Belastungsbuchung im Depot der Verkäuferbank offenbart den Willen der Wertpapiersammelbank, das bisherige Besitzmittlungsverhältnis im Umfang der ausgebuchten Anteile zu beenden.[586] Damit hat die Wertpapiersammelbank ihren Besitzmittlungswillen bezüglich der verkauften Anteile dergestalt geändert, daß sie künftig als Besitzmittlerin für die Käuferbank fungiert. Mit der Einbuchung des Girosammelanteils in das Depot des Käufers ist die Übergabe nach § 929 Satz 1 BGB vollzogen und damit zivilrechtlich das Eigentum übergegangen.

*(b) Abgrenzung von der Abtretung des Herausgabeanspruchs und dem Besitzkonstitut (§§ 931, 930 BGB)*

Es liegt keine Übereignung nach § 931 BGB vor, da nicht der Herausgabeanspruch aus dem Vertragsverhältnis zwischen Verkäuferbank und Clearstream Banking AG abgetreten, sondern ein neues Verwahrungsverhältnis zwischen der Clearstream Banking AG und der Käuferbank begründet wird. Eine Übereignung nach § 930 BGB ist nicht gegeben, da kein Besitzmittlungsverhältnis zwischen Veräußerer und Erwerber begründet wird.

---

584  Vgl. dazu RG II 198/21, v. 07.11.1921, RGZ 103, 151.
585  Das setzt Nr. 8 Abs. 1 AGB Clearstream Banking AG voraus, andernfalls würde die Abwicklung von Wertpapierübertragungsaufträgen nicht funktionieren. Vgl. dazu auch *Kümpel*, Bank- und Kapitalmarktrecht, Rn. 11.349 m.w.N.
586  Vgl. *Kümpel*, Bank- und Kapitalmarktrecht, Rn. 11.348.

## (c) Unterschied zum „Geheißerwerb"

Ein sogenannter Geheißerwerb[587] liegt ebenfalls nicht vor. Dazu müßte der unmittelbare Besitzer, der dem Eigentümer *nicht* den Besitz vermittelt (Bsp. Finder), dem Erwerber auf Geheiß des Eigentümers die Sache übergeben oder ihm künftig den Besitz vermitteln.[588] Die unmittelbare Besitzerin, die Clearstream Banking AG, vermittelt dem Eigentümer (u.U. über mehrere Besitzmittlungsstufen hinweg) jedoch den Besitz.

## (d) Gutgläubiger Erwerb (§§ 932, 935 BGB)

Zunächst stellt sich das Problem, daß der Mitbesitz keine geeignete Rechtsscheinsgrundlage für die Größe des Anteils ist, weil Mitbesitz zwar Rückschlüsse auf eine Mitberechtigung zuläßt, jedoch nichts über deren Höhe aussagt. Bei der Übertragung von Miteigentumsanteilen an beweglichen Sachen ist gutgläubiger Erwerb grundsätzlich nicht möglich.[589] Ein gutgläubiger Erwerb nach § 932 BGB wäre demnach ausgeschlossen.[590]

Es besteht aber ein unabweisbares praktisches Bedürfnis an der Möglichkeit des gutgläubigen Erwerbs auch girosammelverwahrter Anteile. Deshalb wird in der Buchung der zwischenverwahrenden Bank zugunsten ihres Kunden ein zweiter Rechtsscheinsträger neben dem Mitbesitz gesehen, der die konkrete Höhe des Anteils ausweist.[591] Im Wege der Rechtsfortbildung kommt der Buchung insoweit der selbe Stellenwert zu wie dem unmittelbaren Besitz.[592] Zuweilen stellt sich die Frage, auf wessen Gutgläubigkeit es ankommt. Gemäß § 166 Abs. 1 BGB ist grundsätzlich die Kenntnis des Vertreters, hier also der Clearstream Banking AG, maßgebend. Rechtsscheinsträger für die Eigentumsvermutung (§ 1006 Abs. 3 BGB) und damit für den gutgläubigen Erwerb ist der Ausweis der Buchung der Anteile im Depot der Verkäuferbank. Das gilt grundsätzlich (vgl. § 935 Abs. 2 BGB) auch für abhanden gekommene Inhaberaktien. Kauft allerdings eine Bank von einem Nichtberechtigten, so gilt ihr guter Glaube gemäß

---

587 A.A. *Kümpel*, Bank- und Kapitalmarktrecht, Rn. 11.347; *Lenenbach*, Kapitalmarkt- und Börsenrecht, Rn. 5.62; *Sorgenfrei*, FR 2001, 291 (292).

588 Vgl. dazu *Baur/Stürner*, Sachenrecht, § 51 Rn. 15.

589 Ausführlich dazu *Einsele*, Wertpapierrecht als Schuldrecht, S. 105 ff.; vgl. auch Palandt-*Bassenge*, BGB, § 932 Rn. 1 m.w.N.

590 So konsequent MüKoHGB-*Einsele*, Depotgeschäft, Rn. 106.

591 So die h.M. Vgl. nur die Nachweise bei *Einsele*, Wertpapierrecht als Schuldrecht, S. 161 Fn. 1 sowie *Kümpel*, Bank- und Kapitalmarktrecht, Rn. 11.412 mit Fn. 3.

592 Zur Diskussion über die Eignung der Buchung als Rechtsscheinsträger ausführlich *Einsele*, Wertpapierrecht als Schuldrecht, S. 161 ff.; zusammenfassend *dies.*, WM 2001, 7 (13).

§ 367 Abs. 1 HGB als ausgeschlossen, wenn der Verlust der Aktie zum Veräußerungszeitpunkt im Bundesanzeiger veröffentlicht ist und seit dem Ablauf des Jahres der Veröffentlichung nicht mehr als ein Jahr verstrichen ist. Die Bank hat gemäß Nr. 17 SBW eine entsprechende Prüfungspflicht.

# Kapitel 3: Das wirtschaftliche Eigentum an Aktien

## A. Aussagen der Rechtsprechung und der Literatur

In der in der *Rechtsprechung* wird das wirtschaftliche Eigentum an Aktien, insbesondere seit der Entscheidung des Bundesfinanzhofes zum sog. „Dividendenstripping",[593] wie folgt beschrieben: „Bei Aktien erlangt der Erwerber wirtschaftliches Eigentum im allgemeinen ab dem Zeitpunkt, von dem ab er nach dem Willen der Vertragspartner über die Wertpapiere verfügen kann. Das ist in der Regel der Fall, sobald Besitz, Gefahr, Nutzungen und Lasten, insbesondere die mit Wertpapieren gemeinhin verbundenen Kursrisiken und Kurschancen, auf den Erwerber übergegangen sind. Der Umstand, daß die entsprechende Umbuchung ggf. erst zwei Tage nach dem Vertragsabschluß vorgenommen worden ist, beeinflußt den Übergang des wirtschaftlichen Eigentums nicht."[594]

Ähnliche Ansichten werden in der *Literatur* vertreten. Dort heißt es, daß der nach Maßgabe des Privatrechts Berechtigte derart ausgeschlossen sein müsse, daß er wirtschaftlich nicht mehr verfügungsberechtigt sei. Dazu gehöre, daß die Rechte des Ausgeschlossenen vom Ausschließenden wahrgenommen werden. Das sei der Fall, wenn z.B. der Erwerber eines Gesellschaftsanteils nach dem Kaufvertrag bereits eine Anwartschaft auf den Anteil erworben habe und die Chancen und Risiken der Wertveränderung auf ihn übergegangen seien bzw. wenn Besitz, Gefahr, Nutzungen und Lasten, bei Wertpapieren insbesondere die Kursrisiken, auf den Erwerber übergegangen seien.[595]

---

593 BFH I R 29/97, v. 15.12.1999, BStBl. II 2000, 527 ff.

594 BFH I R 29/97, v. 15.12.1999, BStBl. II 2000, 527 (529 f.); III B 50/01, v. 30.07.2002, BFH/NV 2003, 55; FG Düsseldorf 17 K 3669/68 F, v. 04.03.2002, EFG 2002, 693 (694); 6 K 3666/98 K, EFG 2003, 20; FG Köln 5 K 4396/03, v. 05.10.2005, EFG 2006, 182 (182).

595 Vgl. *Hahne*, DStR 2007, 605 (606 ff.); *Haun/Winkler*, DStR 2001, 1195 (1196); HHSp-*Fischer*, AO, § 39 Rz. 4a; *Krause*, WM 1999, 1101 (1103); Pahlke/Koenig-*Koenig*, § 39 Rn. 28; *Rund*, GmbHR 2001, 96 (97); *Schmid/Mühlhäuser*, BB 2001, 2609 (2611); *Seibt*, DStR 2000, 2061 (2065); *Sorgenfrei*, FR 2001, 291 (293); T/K-*Kruse*, AO, § 39 Tz. 24; *Tschesche*, Wpg 2002, 965 (957); *Unfried*, DStR 2000, 993 (996).

## I. Gepflogenheiten beim Aktienkauf

Diese Aussagen zum Übergang des wirtschaftlichen Eigentums beziehen sich primär auf die Situation des Aktienkaufs. Denn sie entsprechen den ungeschriebenen Gepflogenheiten der Wertpapierbörsen, nach denen der Käufer bereits mit Abschluß des schuldrechtlichen Verpflichtungsgeschäfts wie ein Eigentümer gestellt wird, obwohl die Übereignung mittels Umbuchung erst zu einem späteren Zeitpunkt erfolgt. Dementsprechend werden einem Erwerber, dessen Aktienkaufvertrag noch kurz vor dem Gewinnverwendungsbeschluß geschlossen wird, die Dividenden abzüglich Kapitalertragsteuer gutgeschrieben sowie eine Kapitalertragsteuerbescheinigung erteilt, selbst wenn das Erfüllungsgeschäft noch aussteht. Umgekehrt erhält der Verkäufer nach dem Abschluß des Verpflichtungsgeschäftes durch die Bank keine Dividendengutschrift und keine Steuerbescheinigung mehr. Das wirtschaftliche Eigentum an den Aktien wird mit dem Abschluß des Kaufvertrages dem Erwerber zugerechnet. Im Ergebnis wirft diese Annahme keine Probleme auf, wenn der Verkäufer zum Zeitpunkt des noch ausstehenden Erfüllungsgeschäftes Eigentümer der Aktien ist und auch tatsächlich erfüllen kann.

## II. Probleme beim Übergang des wirtschaftlichen Eigentums

Schwierigkeiten ergeben sich beispielsweise im Fall eines Leerverkaufs, bei dem sich der Verkäufer die Wertpapiere nach Abschluß des Kaufvertrages erst bei einem Dritten besorgen muß und das fehlschlägt. Der Aktienbestand befindet sich hier zum Zeitpunkt der Ausschüttung bei einem Dritten, wird aber gleichzeitig auch dem Erwerber zugerechnet. Bei der Abwicklung des Geschäfts bekommen beide eine Nettogutschrift über die Dividenden sowie eine entsprechende Kapitalertragsteuerbescheinigung, die zur Anrechnung auf die Einkommensteuer berechtigt.[596] Tatsächlich handelt es sich bei der Zahlung an den Erwerber jedoch nicht um eine Dividende, sondern um eine Ausgleichszahlung wegen der fehlenden Erfüllungsmöglichkeit des Verkäufers. Für diese Ausgleichszahlung wurde bis zum Jahressteuergesetz 2007[597] keine Kapitalertragsteuer abgeführt, so daß es bei einmaliger Abführung (bei der Dividendenauszahlung an den Eigentümer der Aktien) regelmäßig zur doppelten Anrechnung der Kapitalertragsteuer mit entsprechenden Steuerausfällen für den Fiskus kam. Mit dem Jahressteuergesetz 2007 wurde § 20 Abs. 1 Nr. 1 Satz 4 EStG eingeführt, wonach bei diesen Aus-

---

596 Zu den Haftungsrisiken der ausstellenden Banken vgl. *Krause*, WM 1999, 1101 (1103) mit Fn. 17.

597 Jahressteuergesetz 2007 vom 13.12.2006, BGBl. I 2006, S. 2878 ff.

gleichszahlungen ebenfalls Kapitalertragsteuer abzuführen ist, so daß zumindest der Steuerausfall unterbunden wird.[598]

Dieser Problemfall zeigt, daß die in der Praxis üblichen Umschreibungen des Übergangs des wirtschaftlichen Eigentums an Aktien vor allem die Situation des Aktienkaufs betreffen und an die hier üblichen Gepflogenheiten angepaßt wurden, aber nicht alle Fälle des Übergangs des wirtschaftlichen Eigentums an Aktien erfassen können. Eine konsequente Anwendung kann vielmehr zu dem Ergebnis führen, daß es zur Zurechnung von Aktien beim Erwerber kommt, obwohl dieser gar nicht darüber verfügt bzw. tatsächlich den Eigentümer von der Einwirkung darauf nicht wirtschaftlich ausschließen kann. Dies ist weder mit § 39 AO[599] noch mit dem Leistungsfähigkeitsprinzip vereinbar. Zwar erhält der Leer-Erwerber eine Ausgleichszahlung, diese ist jedoch nicht mit dem Wirtschaftsgut Aktie gleichzusetzen.

## B. Zurechnung nach § 39 Abs. 2 Nr. 1 Satz 1 AO

In § 39 AO ist das jeweilige Wirtschaftsgut Ausgangspunkt der Zurechnung,[600] nicht aber gewünschte Ergebnisse oder bestimmte zivilrechtlich geprägte Situationen. Das gilt umso mehr, als der Abschluß eines Vertrages zur Erlangung zivilrechtlichen Eigentums auch nicht zwingende Voraussetzung für den Erwerb wirtschaftlichen Eigentums ist. Die Umschreibung wirtschaftlichen Eigentums in Rechtsprechung und Literatur ist stark von den für die Handelsbilanz maßgebenden positiven Kriterien für die wirtschaftliche Vermögenszugehörigkeit geprägt.[601] Auf die einzelnen Voraussetzungen des § 39 Abs. 2 Nr. 1 Satz 1 AO wird hingegen kaum Bezug genommen. Im Einzelfall und gerade bei Anteilsrechten kann es jedoch bei handelsbilanzieller und steuerrechtlicher Zurechnung zu unterschiedlichen Ergebnissen kommen.

Für die wirtschaftliche Vermögenszugehörigkeit im Handelsrecht werden u.a. als wesentlich angesehen, wem der Ertrag des Vermögensgegenstandes zusteht, und wer das Recht zur Verwertung des Vermögensgegenstands hat. Die in der Rechtsprechung und Literatur immer wieder gebrauchte Wendung vom notwendigen Übergang der „Nutzungen" bzw. der „Kursrisiken und Kurschancen" der Aktien als Voraussetzung für den Übergang des wirtschaftlichen Eigentums

598 Vgl. zu diesem Thema: *Rau*, DStR 2007, 1192 ff.; *Storg*, NWB 2007, Fach 3, 14327ff. Kritisch zu § 20 Abs. 1 Nr. 1 Satz 4 EStG: *Hahne*, DStR 2007, 605 ff., 1196 ff.
599 Vgl. dazu auch *Krause*, WM 1999, 1101 (1103).
600 Ähnlich HHSp-*Fischer*, AO, § 39 Rz. 45b.
601 Vgl. oben unter Kapitel 1 F.IV.

scheint an diese handelsrechtlichen Gedanken anzuknüpfen. Für die Zurechnung nach § 39 Abs. 2 Nr. 1 Satz 1 AO spielt das aber gerade keine Rolle.[602] Die Zurechnung von Wirtschaftsgütern und Erträgen zum Besteuerungssubjekt sind grundsätzlich voneinander unabhängig. Zu einer Verknüpfung von beidem kommt es zwar bei der Einkünften aus Kapitalvermögen, allerdings nicht im Sinne einer Zurechnung des Wirtschaftsgutes in Abhängigkeit von der Ertragszurechnung. Das Gegenteil ist der Fall. Gemäß § 20 Abs. 2a Satz 1 EStG erzielt der Anteilseigner Einkünfte aus Kapitalvermögen, und Anteilseigner ist derjenige, dem die Anteile nach § 39 AO im Zeitpunkt des Gewinnverteilungsbeschlusses zuzurechnen sind (§ 20 Abs. 2a Satz 2 EStG). Die Ertragszurechnung hängt im Steuerrecht also von der Anteilszurechnung ab und nicht umgekehrt. Würde man für die Anteilszurechnung entsprechend den Grundsätzen der wirtschaftlichen Vermögenszugehörigkeit davon ausgehen, wem der Ertrag zusteht, so käme man zu einem Zirkelschluß. Aus diesem Grund erfolgt die Zurechnung im Steuerrecht nach der hier vertretenen Meinung[603] ausschließlich gemäß § 39 AO und damit im Kollisionsfall auch abweichend von der für die Handelsbilanz ausschlaggebenden wirtschaftlichen Vermögenszugehörigkeit.

### I. Die Zurechnungskriterien in Bezug auf die Aktie

Die steuerrechtliche Zurechnung von Aktien richtet sich allein nach den Kriterien des § 39 Abs. 2 Nr. 1 Satz 1 AO. Danach ist ein Wirtschaftsgut grundsätzlich dann einem anderen als dem Eigentümer zuzurechnen, wenn dieser (1) die tatsächliche Herrschaft über ein Wirtschaftsgut in der Weise ausübt, daß er (2) den Eigentümer im Regelfall für die gewöhnliche Nutzungsdauer (3) von der Einwirkung auf das Wirtschaftsgut wirtschaftlich ausschließen kann.

### II. Die Aktie als Wirtschaftsgut

Die einzelne Aktie ist eine Kapitalbeteiligung (vgl. § 1 Abs. 2 AktG), aus der die Mitgliedschaft des Aktionärs an der Aktiengesellschaft folgt. Die Aktie ist – unabhängig von ihrer Verbriefung – ein „greifbarer", objektiv realisierbarer Vermögenswert, der einer selbständigen Bewertung fähig ist (vg. § 11 BewG) und in der Regel über mehrere Jahre nutzbar ist. Folglich ist die Aktie ein Wirtschaftsgut. Daran ändert sich auch durch die Sammelverwahrung (§ 5 DepotG) oder die

---

602  Siehe dazu schon oben Kapitel 1 F.IV.2.c und Kapitel 1 F.IV.2.d.
603  Dazu oben unter Kapitel 1 H.

Verbriefung in Form einer Globalurkunde (§ 9a DepotG) nichts, wenngleich der Aktionär hier nur Miteigentum nach Bruchteilen an den zum Sammelbestand gehörenden Aktien bzw. der Globalurkunde hat (§ 6 Abs. 1 DepotG i.V.m. § 9a Abs. 2 DepotG). Der Aktionär kann aber über einen ideellen Miteigentumsanteil am Sammelbestand bzw. an der Globalaktie wie über Alleineigentum frei verfügen.[604] Der ideelle Anteil am Aktiensammelbestand stellt daher ebenso wie eine einzeln verbriefte Aktie einen objektiv realisierbaren und selbständig bewertbaren Vermögenswert dar, der – wie die einzeln verbriefte Aktie – ein Wirtschaftsgut[605] und als solches auch bilanzierungsfähig ist.

*III. Tatsächliche Herrschaft über eine Aktie*

Eine Aktie ist zwar unabhängig von ihrer Verbriefung ein Wirtschaftsgut. Der Begriff „Aktie" ist jedoch ambivalent. Zum einen bezeichnet Aktie die *Mitgliedschaft* an einer Aktiengesellschaft mit den aus der Kapitalbeteiligung folgenden Rechten und Pflichten, die unabhängig von ihrer Verbriefung in einer Aktienurkunde entsteht und existiert.[606] Zum anderen meint Aktie die *Urkunde*, welche die private Rechtsstellung des Mitglieds einer Aktiengesellschaft verbrieft, die aber für das Bestehen dieser Mitgliedschaft nur von deklaratorischer Bedeutung[607] ist. Insoweit ist die Aktie ein Wertpapier[608] und dient als solches der Legitimation des Aktionärs,[609] weil dieser seine in der Aktie verbrieften Mitgliedschaftsrechte (insbesondere Stimmrecht, Gewinnbezugsrecht) grundsätzlich[610] nur nach Vorlage der Aktienurkunde geltend machen kann.[611] Diese beiden Seiten der Aktie werfen die Frage auf, wie und woran die tatsächliche Herrschaft i.S.v. § 39 Abs. 2 Nr. 1 Satz 1 AO begründet werden muß, um wirtschaftliches Eigentum an der Aktie zu erlangen.

---

604 Vgl. dazu bereits oben Kapitel 2 C.III.1.a.
605 Vgl. *Weber-Grellet*, Steuerbilanzrecht, § 8 Rn. 5.
606 Vgl. *Hueck/Canaris*, Recht der Wertpapiere, § 1 I 5; *Lenenbach*, Kapitalmarkt- und Börsenrecht, Rn. 2.7.
607 Vgl. *Hueck/Canaris*, Recht der Wertpapiere, § 25 II 1; *Wilhelm*, Kapitalgesellschaftsrecht, Rn. 605 f.
608 Zum Begriff vgl. oben Kapitel 2 B.I.1.
609 Vgl. dazu bereits oben Kapitel 2 B.II.4.a.
610 Die Verfahrensweise bei sammelverwahrten Aktien wird hier aus Vereinfachungsgründen außer acht gelassen. Vgl. dazu die Ausführungen unter Kapitel 2 B.II.5.a(1)(f).
611 Vgl. *Hueck/Canaris*, Recht der Wertpapiere, § 1 I 5; *Lenenbach*, Kapitalmarkt- und Börsenrecht, Rn. 2.6 f.

## 1. Besitz als Kennzeichen tatsächlicher Herrschaft

Das Kriterium der tatsächlichen Herrschaft spiegelt vorderhand das Verlangen nach etwas ,Greifbarem', etwas ,Körperlichem' wider, das ein Dritter nach Gewahrsamserlangung physisch beherrschen kann.[612] Der Rückgriff auf die tatsächliche Gewalt als Voraussetzung für den Erwerb des Besitzes an einer Sache gemäß § 854 Abs. 1 BGB liegt daher nahe. Schließlich wird auch Besitz als „die vom Verkehr anerkannte tatsächliche Herrschaft einer Person über eine Sache"[613] definiert. Wie in § 39 Abs. 2 Nr. 1 Satz 1 AO geht es hier um „tatsächliche Herrschaft". Tatsächliche Herrschaft bedeutet zwar mehr als sachenrechtlicher Besitz, weil das Kriterium auch auf nicht besitzfähige unkörperliche Gegenstände Anwendung finden soll.[614] In der Rechtsprechung und Literatur wird jedoch, insbesondere beim wirtschaftlichen Eigentum an Aktien, auf den Besitz abgestellt.[615] Da der Besitzer eines Wirtschaftsgutes jedenfalls tatsächliche Herrschaft daran hat, kann das besitzrechtliche Verhältnis des Aktionärs nicht außer Betracht bleiben.

### a. Besitz im Verhältnis zur Aktie

Im allgemeinen Sprachgebrauch ist oft die Rede vom „Aktienbesitz". Für sich betrachtet ist die Aktie als Mitgliedschaftsrecht an einem Unternehmen ein immaterielles Wirtschaftsgut, eine Beteiligung, an der kein Besitz begründet werden kann.[616] Da immateriellen Wirtschaftsgütern, wie Mitgliedschaftsrechten, die notwendige Körperlichkeit fehlt, wird in der Literatur die Ansicht vertreten, daß die Voraussetzung der tatsächlichen Herrschaft für das wirtschaftliche Eigentum an immateriellen Wirtschaftsgütern keine Relevanz habe.[617] Auch in der Rechtsprechung des Bundesfinanzhofes zum wirtschaftlichen Eigentum an *GmbH-Anteilen* wird nicht auf den Besitz abgestellt, sondern vor allem darauf ob „der Berechtigte/Erwerber die Befugnis erlangt, alle mit der Beteiligung verbundenen wesentlichen Rechte auszuüben." Dies sei „nicht nur für das Gewinnbezugsrecht

---

612 Vgl. dazu die Ausführungen unter Kapitel 1 E.III.1.a sowie Pahlke/Koenig-*Koenig*, § 39 Rn. 15.
613 Palandt-*Bassenge*, BGB, Einf v § 854 Rn. 1.
614 Siehe oben unter Kapitel 1 E.III.1.a(1).
615 Vgl. nur BFH I R 29/97, 15.12.1999, BStBl. 2000, 527 (530); III B 50/01, v. 30.07.2002, BFH/NV 2003, 55; FG Düsseldorf 17 K 3669/98 F, v. 04.03.2002, EFG 2002, 693 (694); 6 K 3666/98 K, v. 10.09.2002, EFG 2003, 20; FG Köln 5 K 4396/03, v. 05.10.2005, EFG 2006, 182 (182). Lit. vgl. nur Pahlke/Koenig-*Koenig*, § 39 Rn. 15 und Fn. 595.
616 Vgl. dazu bereits Kapitel 1 E.III.1.a(1).
617 So Pahlke/Koenig-*Koenig*, § 39 Rn. 15. Siehe auch oben Kapitel 1 E.III.1.a(1).

(§ 29 GmbHG) sowie die Teilhabe am Risiko der Wertminderung und der Chance der Wertsteigerung der Anteile, sondern gleichermaßen für die aus der Beteiligung ergebenden Verwaltungsrechte – also insbesondere für die Stimmrechte (§ 47 GmbHG) – zu fordern."[618] Beim GmbH-Anteilskauf rechnet der Bundesfinanzhof die Anteile „jedenfalls dann ... nicht dem bürgerlich-rechtlichen, sondern dem wirtschaftlichen Rechtsinhaber" zu, „wenn aufgrund eines bürgerlich-rechtlichen Rechtsgeschäfts der Käufer eines Anteils bereits eine rechtlich geschützte, auf den Erwerb des Rechts gerichtete Position erworben hat, die ihm gegen seinen Willen nicht mehr entzogen werden kann und auch die mit den Anteilen verbundenen wesentlichen Rechte sowie das Risiko einer Wertminderung und die Chance einer Wertsteigerung auf ihn übergegangen sind."[619] Die Rechtsprechung stellt bei den nicht in einem Wertpapier verkörperten GmbH-Anteilen für das wirtschaftliche Eigentum also nicht auf den Besitz, sondern auf den Erwerb einer rechtlich gesicherten Position ab, die dem wirtschaftlich Berechtigten nicht mehr ohne weiteres gegen seinen Willen entzogen werden kann. Bisweilen läßt sich diese Tendenz auch bei der Rechtsprechung zum wirtschaftlichen Eigentum an *Aktien* beobachten. So setzt der Bundesfinanzhof für den Übergang des wirtschaftlichen Eigentums zum Teil voraus, daß „der Besitz (oder eine vergleichbare letztlich unentziehbare Position) in Erwartung des Eigentumserwerbs eingeräumt wird", wovon ausgegangen werden könne, „wenn die Vertragsbeteiligten entsprechende schuldrechtliche Verpflichtungen eingegangen sind".[620] Vielfach[621] beschränkt sich der Bundesfinanzhof aber auch auf die Frage, wer die wesentlichen Gesellschafterrechte ausüben darf, ohne auf die tatsächliche Herrschaft einzugehen, und prüft sodann das zweite Tatbestandsmerkmal des § 39 Abs. 2 Nr. 1 Satz 1 AO, die Möglichkeit des wirtschaftlichen Ausschlusses des Eigentümers von der Einwirkung auf das Wirtschaftsgut.

Sieht man die Aktie primär als Mitgliedschaftsrecht und damit als immaterielles Wirtschaftsgut, so ist sie mit einem GmbH-Anteil vergleichbar. Der Besitz als Kennzeichen tatsächlicher Herrschaft im Sinne von § 39 Abs. 2 Nr. 1 Satz 1 AO scheidet in diesem Fall aus. Die Aktie ist jedoch im Gegensatz zu einem GmbH-

618  St.Rspr., vgl. nur BFH VIII R 5/00, v. 18.12.2001, DStRE 2002, 687 (689 f.); VIII R 26/01, v. 17.02.2004, DStRE 2004, 744 (746); VIII R 28/02, v. 17.02.2004, DStRE 2004, 886; VIII R 34/01, v. 18.05.2005, DStR 2005, 1849 (1851); VIII R 11/02, v. 08.11.2005, GmbHR 2006, 98 (102); jew. m.w.N.
619  BFH IV R 226/85, v. 10.03.1988, BStBl. II 1988, 832 (834); BFH VIII R 5-00, v. 18.12.2001, DStRE 2002, 687 (689).
620  Vgl. BFH I R 29/97, v. 15.12.1999, BStBl. II 2000, 527 (520).
621  Vgl. nur BFH VIII R 5/00, v. 18.12.2001, DStRE 2002, 687 (689 f.); VIII R 26/01, v. 17.02.2004, DStRE 2004, 744 (746); VIII R 28/02, v. 17.02.2004, DStRE 2004, 886 (886); VIII R 34/01, v. 18.05.2005, DStR 2005, 1849 (1851); VIII R 11/02, v. 08.11.2005, GmbHR 2006, 98 (102).

Anteil in einem Wertpapier verbrieft und die Aktienurkunde eine Sache i.S.v. § 90 BGB, an der tatsächliche Gewalt ausgeübt und damit Besitz begründet werden kann. Das gilt auch bei einer einzigen (Dauer-)Sammelurkunde (§ 9a DepotG).

### b. Besitz an der Aktienurkunde

Die Mitgliedschaft des Aktionärs wird grundsätzlich in einem Wertpapier verbrieft,[622] das seine Rechtsstellung beurkundet. Dabei folgt das Recht aus dem Papier dem Recht am Papier, weil die Inhaberaktie sachenrechtlich nach §§ 929 ff. BGB übertragen wird. Für die Namensaktie gilt das ebenfalls, wenngleich hier auch eine Übertragung durch Zession möglich ist. Das Anknüpfen der tatsächlichen Herrschaft nach § 39 Abs. 2 Nr. 1 Satz 1 AO an den Besitz der Aktienurkunde erscheint daher sinnvoll. Ob die tatsächliche Herrschaft über eine Aktie an deren Besitz anknüpft, hängt jedoch zum einen von Art der Aktie und zum anderen von der Art ihrer Verwahrung ab.

### (1) Besitz einer Inhaberaktie

Der mit einer Aktie als Wertpapier verbundene Rechtsschein legitimiert bei der Inhaberaktie[623] zunächst jeden Besitzer. Das Geltendmachen der Mitgliedschaftsrechte des Aktionärs, insbesondere des Stimmrechts und des Gewinnbezugsrechts, setzt nur das Innehaben der Aktienurkunde voraus. Der Rechtsschein kann aber von der Gesellschaft widerlegt werden.

### (2) Besitz einer Namensaktie

Bei Namensaktien[624] ist zu differenzieren: Gegenüber der Gesellschaft ist unwiderlegbar nur der im Aktienregister Eingetragene als Aktionär legitimiert (vgl. § 67 Abs. 2 AktG) und als Mitglied berechtigt und verpflichtet. Nur die Eintragung im Aktienregister entscheidet über die Inanspruchnahme der Mitgliedschaftsrechte nicht der Besitz der Aktie. Das gilt unabhängig von der materiellen Rechtslage außerhalb des Registers.[625] Der im Aktienregister Eingetragene hat insbesondere das Recht auf Teilnahme an der Hauptversammlung mit Antrags- und Stimmrecht, auf Dividendenbezug und Teilnahme am Liquidationserlös.[626]

---

622 Vgl. dazu schon Kapitel 2 B.II.4.a.
623 Vgl. oben Kapitel 2 B.II.4.a(1).
624 Vgl. oben Kapitel 2 B.II.4.a(2).
625 Vgl. MüKoAktG-*Bayer*, § 67 Rn. 1, 36 ff.
626 MüKoAktG-*Bayer*, § 67 Rn. 43.

Die Gesellschaft ist verpflichtet, an den Eingetragenen zu leisten, selbst wenn ihr die materielle Nichtberechtigung bekannt ist.[627] Materielle Rechtsänderungen vollziehen sich außerhalb des Aktienregisters.[628] Bei einem Vollindossament[629] ist gegenüber Dritten der im Papier Benannte als Aktionär legitimiert (Art. 13 Abs. 1, 16 Abs. 1 WG i.V.m. § 68 Abs. 1 AktG). Die mit einem Blankoindossament[630] versehene Aktie kann wie eine Inhaberaktie durch Begebung übertragen werden (vgl. Art. 14 Abs. 2 Nr. 3 WG, auf den § 68 Abs. 1 AktG mit der Nennung des Art. 16 WG sinngemäß verweist), so daß jeder Inhaber gegenüber Dritten als Aktionär legitimiert ist.

Eigentum und Besitz an der Aktie und die Berechtigung zum Geltendmachen der Mitgliedschaftsrechte (die Rechte aus der Aktie) können also auseinanderfallen. Dazu kann es insbesondere bei Übertragungen außerhalb der Girosammelverwahrung kommen. Fallen Besitz und Eintragung im Aktienregister auseinander, so kann der Besitzer zwar u.U. über die Aktie verfügen; ohne Eintragung ist er aber nicht zum Geltendmachen der aus der Mitgliedschaft folgenden Rechte befugt. Demgegenüber kann ein Eingetragener ohne Besitz, sowohl den Eigentümer als auch jeden anderen Besitzer von den mit der Aktie verbundenen mitgliedschaftlichen Rechten und Pflichten ausschließen, was einem wirtschaftlichen Ausschluß von der Einwirkung auf die Aktie entspricht. Würde man hier für die tatsächliche Herrschaft i.S.v. § 39 Abs. 2 Nr. 1 Satz 1 AO ausschließlich auf den Besitz abstellen, so läge trotz des Ausschlusses des Eigentümers von der Einwirkung auf die Aktie mangels Besitz kein wirtschaftliches Eigentum vor.

*(3) Zwischenergebnis zum Besitz an der Aktienurkunde*

Das ausschließliche Anknüpfen der tatsächlichen Herrschaft an den Besitz ist bei Namensaktien ungeeignet. Maßgebend muß hier die Eintragung im Aktienregister sein.

*(4) Eigenverwahrung und Besitz*

Bei der Eigenverwahrung verwahrt der Eigentümer oder der Besitzer die Aktienurkunde selbst.[631] Der Eigenverwahrer einer Aktie hat mit Erlangen der tatsächlichen Gewalt tatsächliche Herrschaft in Form von Besitz. Ob der eigenverwah-

---

627  Vgl. MüKoAktG-*Bayer*, § 67 Rn. 40.
628  Vgl. MüKoAktG-*Bayer*, § 67 Rn. 1, 36. Siehe oben Kapitel 2 C.II.3.
629  Vgl. dazu Kapitel 2 C.II.1.
630  Vgl. dazu Kapitel 2 C.II.1.
631  Vgl. zu den unterschiedlichen Verwahrungsformen oben Kapitel 2 B.II.5.a(2)(a).

rende Besitzer den Eigentümer dauerhaft von der Einwirkung auf die Aktie ausschließen kann, ist eine andere Frage.

*(5) Besitz bei Sonderverwahrung*

Bei der Sonder- bzw. Streifbandverwahrung[632] (vgl. § 2 DepotG) werden die Aktien jedes Hinterlegers beim Verwahrer gesondert von anderen Beständen aufbewahrt. Der Verwahrer ist unmittelbarer (Fremd-) Besitzer der Aktien, der Aktionär hat zumindest mittelbaren (Eigen-[633]) Besitz (vgl. §§ 868, 872 BGB). Ist Besitz das maßgebende Kriterium für die tatsächliche Herrschaft i.S.v. § 39 Abs. 2 Nr. 1 Satz 1 AO, so haben hier sowohl der Verwahrer als auch der hinterlegende Aktionär tatsächliche Herrschaft, weil beide Besitzer ein und desselben Wirtschaftsgutes sind. Eine Differenzierung danach, ob es sich um mittelbaren oder unmittelbaren Besitz handelt, wird allgemein nicht gefordert. Da der Herrschaftswille nur noch bei der letzten Variante des § 39 Abs. 2 Nr. 1 Satz 2 AO eine Rolle spielt, ist auch keine Unterscheidung nach Eigen- oder Fremdbesitzerwillen geboten.[634] Ansonsten könnte die Zurechnung eines Wirtschaftsgutes mit der Behauptung, für einen anderen besitzen zu wollen, in die Beliebigkeit des Steuerpflichtigen gestellt werden. Das würde dem Leistungsfähigkeitsprinzip widersprechen.

Der Besitz ist bei der Sonderverwahrung allerdings ein Indiz dafür, wer als wirtschaftlicher Eigentümer in Betracht kommt. Welcher von den Besitzern als wirtschaftlicher Eigentümer angesehen wird, entscheidet erst das zweite Tatbestandsmerkmal. Der Verwahrer kann im Regelfall den Eigentümer nicht für die gewöhnliche Nutzungsdauer von der Einwirkung auf die Aktie ausschließen. Im Gegenteil, die Befugnisse des Verwahrers reichen nur soweit sie der Hinterleger einräumt. Wäre der Besitz die einzige Form einer tatsächlichen Herrschaft, so käme als wirtschaftlicher Eigentümer hier nur der Hinterleger in Betracht bzw. eine Person, welcher der Hinterleger wiederum den Besitz vermittelt.

*(6) Besitzverhältnisse bei Sammelverwahrung*

Eigen- und Sonderverwahrung sind wegen der kostengünstigeren (Giro-) Sammelverwahrung[635] mittlerweile selten geworden. Von Interesse ist daher der

---

632  Dazu bereits oben Kapitel 2 B.II.5.a(2)(a)(i).
633  Mittelbarer Besitz ist als Eigen- und als Fremdbesitz denkbar. Vgl. Palandt-*Bassenge*, BGB, § 868 Rn. 1, § 872 Rn. 1.
634  Siehe dazu oben Kapitel 1 E.III.1.a(1).
635  Dazu bereits Kapitel 2 B.II.5.a(2)(a)(ii).

Besitz an sammelverwahrten Aktien und Sammel-(Global-)urkunden.[636] Diese lagern bei Inlandsverwahrung bei der Clearstream Banking AG[637] als Wertpapiersammelbank (vgl. § 1 Abs. 3 DepotG), die unabhängig von Einzel- oder Globalverbriefung unmittelbaren (Fremd-)Besitz an den Urkunden hat sowie tatsächliche Herrschaft i.S.v. § 39 Abs. 2 Nr. 1 Satz 1 AO, wenn man die tatsächliche Herrschaft auf den Besitz reduziert. Eigen- oder Fremdbesitzerwille[638] spielen für die tatsächliche Herrschaft keine Rolle.

## (a) Kein Besitz einzelner Aktien

Die Sammelverwahrung weist Besonderheiten auf: Mit der Einlieferung der Aktien bei der Wertpapiersammelbank entsteht kraft Gesetzes Miteigentum nach Bruchteilen an den zum Sammelbestand gehörenden Aktien derselben Art (vgl. § 6 Abs. 1 Satz 1 DepotG). Der Hinterleger kann nicht die eingelieferten Stücke, sondern nur die ihm gebührende Menge an Aktien herausverlangen (§ 7 Abs. 1 DepotG). Im Fall einer Verbriefung der Aktien in einer Sammelurkunde kann der Anspruch auf Einzelverbriefung sogar ganz ausgeschlossen sein (§ 9a Abs. 3 Satz 2 DepotG, § 10 Abs. 5 AktG). Für den Aktionär ist in diesem Fall das physische Innehaben der Aktie praktisch unmöglich. Jeder Aktionär hat damit mehrfach gestuften[639] mittelbaren Mitbesitz an den zum Sammelbestand gehörenden Aktien.[640] Auch der bzw. die Hinterleger haben mittelbaren Mitbesitz, der u.U. ebenfalls mehrfach gestuft ist. Alleinbesitz des Hinterlegers und des Aktionärs an einer zum Sammelbestand gehörenden Aktie ist nicht möglich, wenn man von dem denkbaren Ausnahmefall der Vereinigung aller Aktien einer Gesellschaft in der Hand eines einzigen Besitzers absieht. Das bedeutet: Bei Sammelverwahrung kann grundsätzlich keine tatsächliche Herrschaft an einer *einzelnen* Aktie mehr begründet werden.

---

636 Vgl. dazu auch Kapitel 2 B.II.5.a(1).
637 Auf die ebenfalls seltene *Haussammelverwahrung* (vgl. § 5 Abs. 1 Satz 2 DepotG) wird an dieser Stelle nicht näher eingegangen. An die Stelle der Wertpapiersammelbank tritt dann lediglich ein anderer Verwahrer – im Regelfall eine Bank, so daß die Ausführungen entsprechend gelten. Global verbriefte Aktien darf allerdings nur die Wertpapiersammelbank verwahren.
638 Dazu schon unter Kapitel 1 E.III.1.a(1).
639 Mindestens zweifache Stufung Aktionär – Verwahrer/Hinterleger – Sammelverwahrer.
640 Vgl. Baumbach/Hopt-*Hopt*, DepotG, § 6 Rn. 2.

*(b) Mitbesitz an Aktien*

Beim Mitbesitz[641] haben alle Mitbesitzer tatsächliche Gewalt an der ganzen Sache, also an *allen* zum jeweiligen Sammelbestand gehörenden Aktien. Im Innenverhältnis ist jeder durch den gleichen Besitz der anderen Mitbesitzer beschränkt (vgl. § 866 BGB). Die tatsächliche Gewalt ist hier also nicht so ausgestaltet, daß der Besitzer alle anderen Personen ausschließt. Im Gegenteil, er teilt sich die tatsächliche Gewalt grundsätzlich mit allen anderen Mitbesitzern,[642] die er im Fall der Sammelverwahrung wahrscheinlich nicht einmal kennt. Der Mitbesitzer kann nur seine Besitzerstellung, den Mitbesitz übertragen.[643] Eine eindeutige steuerrechtliche Zurechnung des Wirtschaftsgutes Aktie in Gestalt bestimmter Aktienurkunden ist in solchen Fällen nicht möglich. Bei Globalverbriefung wäre das auch praktisch nicht erreichbar, sieht man einmal von der oft ausgeschlossenen Möglichkeit der Einzelverbriefung nach § 9a Abs. 3 Satz 1 DepotG ab.

*(c) Kein Besitz an ideellen Sammelbestandsanteilen*

Der ideelle Anteil am Aktiensammelbestand stellt ebenso wie eine einzeln verbriefte Aktie einen objektiv realisierbaren und selbständig bewertbaren Vermögenswert dar, welcher wie die einzeln verbriefte Aktie ein Wirtschaftsgut[644] und als solches zurechnungsfähig ist. Allerdings ist ein ideeller Bruchteil für sich genommen nicht besitzfähig.[645] Eine Beschränkung der Besitzmittlung oder -übertragung auf einen ideellen Teil einer Sache ist nicht möglich, weil sich der Besitz als tatsächliche Sachherrschaft auf die Sache selbst beziehen muß und nicht nur auf einen ideellen Bruchteil an ihr.[646] Tatsächliche Gewalt und Besitz an ideellen Sachanteilen wie dem ideellen Bruchteil an einem Sammelbestand sind ausgeschlossen. Tatsächliche Herrschaft in Form von Alleinbesitz ist damit bei Sammelverwahrung weder an der einzelnen Aktie noch an einem ideellen Bruchteil des Sammelbestands möglich. Der „Alleinbesitz" des Aktionärs beschränkt sich hier auf den Depotauszug, der den „aktuellen Aktienbestand" verzeichnet und sich nur rein rechnerisch aus dem Verhältnis des ideellen Miteigentumsanteils zum Sammelbestand insgesamt ergibt. Der Depotinhaber hat tatsächlich keine

---

641  Der hier vorliegende sog. schlichte Mitbesitz ist zu unterscheiden vom gesamthänderischen Mitbesitz, bei dem die Mitbesitzer den Besitz nur gemeinschaftlich ausüben können. Vgl. *Baur/Stürner*, Sachenrecht, § 7 Rn. 78 f.
642  Vgl. *Baur/Stürner*, Sachenrecht, § 7 Rn. 76; Palandt-*Bassenge*, BGB, § 866 Rn. 1.
643  *Baur/Stürner*, Sachenrecht, § 7 Rn. 87.
644  Vgl. *Weber-Grellet*, Steuerbilanzrecht, § 8 Rn. 5.
645  Vgl. Palandt-*Bassenge*, BGB, v § 854 Rn. 3.
646  Vgl. BGH V ZR 245/81, v. 10.11.1982, NJW 1983, 568 (569) m.w.N.

einzelnen Aktien im Bestand. Der Depotauszug ist auch nicht gleichzusetzen mit den darin verzeichneten Aktien. Knüpft die tatsächliche Herrschaft an den Besitz der Aktie an, so besteht sie hier nur in der Form eines mehrfach gestuften mittelbaren Mitbesitzes am Aktiensammelbestand. Einen Alleinbesitz des ideellen Anteils am Sammelbestand gibt es nicht.

*(d) Vom Mitbesitz zu unterscheidende Fälle*

Die Frage nach der tatsächlichen Herrschaft in Form von Mitbesitz am Aktiensammelbestand ist nicht zu verwechseln mit dem Fall des *wirtschaftlichen Miteigentums*.[647] Der wirtschaftliche Miteigentümer hat eine eigentümerähnliche Stellung neben dem zivilrechtlichen Eigentümer inne, ohne selbst zivilrechtlicher Miteigentümer zu sein. Eine Zurechnung des Wirtschaftsgutes nach § 39 Abs. 2 Nr. 1 Satz 1 AO ist nur möglich, wenn der wirtschaftliche Eigentümer den zivilrechtlichen Eigentümer von der Einwirkung auf das Wirtschaftsgut ausschließen kann;[648] die Zurechnung nach § 39 Abs. 2 Nr. 1 Satz 2 AO kommt in Betracht, wenn der wirtschaftliche Miteigentümer Eigenbesitzer (Mitbesitzer) eines von ihm miterbauten und mitfinanzierten Hauses ist.[649] Zu unterscheiden ist auch der Fall der Begründung wirtschaftlichen Eigentums durch die Einräumung ideellen Bruchteilseigentums *(ideelle Miteigentumsanteile)* an einem bis dahin im Allein- oder Miteigentum stehenden Wirtschaftsgut, wenn dies mit der Verfügungsbefugnis über das Wirtschaftsgut oder der alleinigen Nutzungsbefugnis des Wirtschaftsgutes einhergeht.[650]

*(e) Mitbesitz an Aktien und wirtschaftliches Eigentum*

Der Mitbesitzer eines Wirtschaftsgutes hat tatsächliche Herrschaft, wenn auch in einer durch die tatsächliche Herrschaft der übrigen Mitbesitzer begrenzten Form. Tatsächliche Herrschaft heißt nicht zwangsläufig Alleinbesitz: Mitbesitz reicht. Das zeigt bereits der Fall, in dem wirtschaftliches Eigentum durch die Einräu-

---

647 Vgl. schon Kapitel 1 E.III.2.
648 Vgl. zu entsprechenden Fallgestaltungen BFH X 92/92, v. 27.11.1996, BStBl. II 1998, 97 (99); X R 111/96, v. 18.07.2001, BFH/NV 2002, 173 (174).
649 BFH III R 121/83, v. 20.11.1984, BStBl. II 1985, 451 (452); X R 92/92, v. 27.11.1996, BStBl. II 1998, 97; Pahlke/Koenig-*Koenig*, § 39 Rn. 20; T/K-*Kruse*, AO, § 39 Tz. 28.
650 Vgl. BFH I R 18/73, v. 28.08.1974, BStBl. II 1975, 166 (167); III R 121/83, v. 20.11.1984, BStBl. II 1985, 451 (452); X R 92/92, v. 27.11.1996, BStBl. II 1998, 97 (98); HHSp-*Fischer*, AO, § 39 Rn. 7a; Pahlke/Koenig-*Koenig*, § 39 Rn. 20.

mung ideellen Miteigentums an einem bis dahin im Allein- oder Miteigentum stehenden Wirtschaftsgut begründet wird. Ob ein Mitbesitzer den/die übrigen Eigentümer für die gewöhnliche Nutzungsdauer von der Einwirkung auf das Wirtschaftsgut wirtschaftlich ausschließen kann, regelt erst das zweite Kriterium des § 39 Abs. 2 Nr. 1 Satz 1 AO. Der reine Mitbesitz eines Wirtschaftsgutes ohne weitergehende besondere Befugnisse des Mitbesitzers kann nicht zu wirtschaftlichem Eigentum führen, weil der Mitbesitzer in seiner tatsächlichen Gewalt über eine Sache stets durch die Befugnisse der anderen Mitbesitzer beschränkt ist, so daß er allein nicht den Eigentümer bzw. die anderen Miteigentümer von der Einwirkung auf das Wirtschaftsgut auszuschließen vermag. Bei sammelverwahrten Aktien kommt noch hinzu, daß die anderen Miteigentümer oftmals gar nicht bekannt sind. Ist der Besitz einer Aktie Voraussetzung für die tatsächliche Herrschaft, so führt das daher bei sammelverwahrten Aktien in der Regel in eine Sackgasse: Der (mittelbare) Mitbesitz an Aktien des Sammelbestands vermag kein wirtschaftliches Eigentum zu begründen, weil der Mitbesitzer nicht alle Miteigentümer von der Einwirkung auf den die Aktie beinhaltenden Sammelbestand ausschließen kann.

*(f) Mitbesitz und tatsächliche Herrschaft über den Sammelbestandsanteil*

Bei sammelverwahrten Aktien kommt nach alledem nur die tatsächliche Herrschaft über den ideellen Miteigentumsanteil am Sammelbestand in Betracht, der jedoch für sich betrachtet nicht besitzfähig ist.[651] Sammelverwahrte Wertpapiere und Sammelurkunden verlieren durch die spezielle Verwahrungsart und Verbriefung allerdings nicht ihre rechtliche Selbständigkeit. Sie werden rechtlich wie Einzelwertpapiere behandelt[652] und dürfen deshalb nicht anders gehandhabt werden als Aktien in Einzelverwahrung. Das gilt umso mehr als der Aktionär vielfach nicht die Wahl hat zwischen den verschiedenen Verwahrungsarten.[653] Um sammelverwahrte Aktien für Zwecke der Zurechnung mit einzelverwahrten Aktien rechtlich gleichzustellen, muß der Mitbesitz am Aktiensammelbestand zur tatsächlichen Herrschaft über den entsprechenden ideellen Sammelbestandsanteil führen. Zuzurechnen ist die Anzahl von Aktien, die rechnerisch dem Anteil am Sammelbestand entspricht. Stellt man auf den Besitz als Zurechnungskriterium ab, so ist folglich bei sammelverwahrten Aktien tatsächliche Herrschaft über den ideellen Anteil am Aktiensammelbestand bzw. an der Globalurkunde aufgrund des Mitbesitzes am Aktiensammelbestand möglich. Dieser Mitbesitz ist wieder-

---

651 Dazu bereits oben Kapitel 3 B.III.1.b(6)(c).
652 Siehe oben unter Kapitel 2 C.III.1.a.
653 Zum Zwangsgiro vgl. Kapitel 2 B.II.5.a(1)(e).

um mehrfach gestuft. Hinsichtlich der tatsächlichen Herrschaft ergibt sich damit die selbe Situation wie bei der Sonderverwahrung. Aufgrund ihres (Mit-)Besitzes haben Wertpapiersammelbank, Hinterleger und Aktionär tatsächliche Herrschaft.

### c. Besitz als Indiz tatsächlicher Herrschaft

Setzt man für die tatsächliche Herrschaft im Sinne von § 39 Abs. 2 Nr. 1 Satz 1 AO den Besitz der Aktienurkunde voraus, so ist die Situation bei der Eigenverwahrung eindeutig, weil es kein gestuftes Besitzverhältnis gibt. Bei der Sonder- und der Sammelverwahrung gibt es jedoch stets mehrere (Mit-) Besitzer. Der Besitz schränkt hier lediglich den Kreis möglicher wirtschaftlicher Eigentümer ein. Die Reduzierung des Tatbestandsmerkmals „tatsächliche Herrschaft" auf das Kriterium Besitz führt damit vor allem zu einer Einengung des Kreises potentieller wirtschaftlicher Eigentümer. Bei der Sonder- und Sammelverwahrung haben der Verwahrer und die hinterlegenden Banken Besitz; wirtschaftliches Eigentum scheidet bei diesen Besitzern aber in aller Regel wegen Nichterfüllung des zweiten Tatbestandsmerkmals (Ausschluß des Eigentümers von der Einwirkung auf die Aktie) aus. Der ebenfalls mittelbar besitzende Aktionär am Ende der Verwahrungskette ist mit der Einbuchung des Aktienbestands in sein Depot zivilrechtlicher Eigentümer geworden. Für ein vom zivilrechtlichen Eigentum zu unterscheidendes wirtschaftliches Eigentum bleibt dann kaum noch Raum, da jeder Dritte ohne Besitz als potentieller wirtschaftlicher Eigentümer ausscheidet. Denkbar ist ein Kauf unter Eigentumsvorbehalt oder, daß der Depotinhaber einem dritten Nichtdepotinhaber den Besitz vermittelt.

Es gibt jedoch Fälle, in denen ein Dritter den Aktionär von seiner Einwirkung auf die Aktie wirtschaftlich ausschließen kann, ohne Besitzer der Aktienurkunde zu sein. Beispielsweise bei der Namensaktie, wenn Aktienbesitz und Eintragung im Aktienregister auseinanderfallen.[654] Ferner kann zwischen einem Aktionär und einem Dritten eine Vereinbarung oder ein tatsächliches Verhältnis gleich welcher Art bestehen, wonach der Eigentümer seine Mitgliedschaftsrechte nur im Interesse oder mit Zustimmung des Dritten ausüben darf. Das kann unterschiedliche Gründe haben, z.B. eine beabsichtigte spätere Übereignung der Anteile an den Dritten oder einen von diesem bestimmten Käufer. Weitere Beispiele: die Aktien dürfen weder von dem Dritten selbst noch über einen Treuhänder gehalten werden, oder es liegt ein Familienunternehmen vor, bei dem ein Aktionär seinen besonderen Einfluß geltend macht. In derartigen Fällen hat der Dritte zwar keinen Besitz an den Aktienurkunden, aber wesentlich größeren Einfluß als der Besitzer. Es wäre nicht nur wenig einsichtig, den Dritten als wirtschaftlichen Eigen-

---

654  Dazu bereits oben Kapitel 3 B.III.1.b(2).

tümer auszuscheiden, nur weil er nicht auch Besitzer ist. Eine solche Sichtweise würde zudem eine mögliche Zurechnung von Wirtschaftsgütern unter Verstoß gegen das Leistungsfähigkeitsprinzip einengen. Deshalb hat auch *Seeliger* bei der Entwicklung der Definition des wirtschaftlichen Eigentums, die sich heute in § 39 AO findet, bewußt und ausdrücklich auf das Wort Besitz verzichtet; die Möglichkeiten der Zurechnung von Wirtschaftsgütern sollten nicht durch zivilrechtliche Begrifflichkeiten eingeschränkt werden.[655] Will man das Kriterium tatsächliche Herrschaft nicht völlig außer Betracht lassen, so kann der Besitz an einem Wirtschaftsgut allenfalls ein Indiz, aber keinesfalls ein Synonym für tatsächliche Herrschaft sein.

*d. Zwischenergebnis zum Besitz als Kennzeichen tatsächlicher Herrschaft*

Besitz ist für das Vorliegen tatsächlicher Herrschaft nur insoweit von Bedeutung, als der Besitzer jedenfalls auch tatsächliche Herrschaft über das Wirtschaftsgut hat. Die tatsächliche Herrschaft über Aktien setzt aber keinen Besitz voraus, sondern kann sich auch aus anderen Umständen ergeben.

*2. Tatsächliche Herrschaft als Herrschaft über das Mitgliedschaftsrecht*

Das Mitgliedschaftsrecht an einer Aktiengesellschaft entsteht unabhängig von dessen Verbriefung.[656] Tatsächliche Herrschaft über ein Mitgliedschaftsrecht ist nach dem weit gefaßten Wortlaut des § 39 Abs. 2 Satz 1 Nr. 1 AO – anders als Besitz – möglich. Zu untersuchen ist daher, unter welchen Voraussetzungen tatsächliche Herrschaft über das Mitgliedschaftsrecht gegeben ist. Nach § 39 Abs. 2 Nr. 1 Satz 1 AO ist ein Wirtschaftsgut dann einem anderen als dem Eigentümer zuzurechnen, wenn der andere die tatsächliche Herrschaft über ein Wirtschaftsgut in der Weise ausübt, daß er den Eigentümer im Regelfall für die gewöhnliche Nutzungsdauer von der Einwirkung auf das Wirtschaftsgut wirtschaftlich ausschließen kann. Die tatsächliche Herrschaft über eine Aktie setzt also eine Situation wirtschaftlichen Ausschlusses des Aktionärs von der Einwirkung auf die Aktie voraus. Das betrifft die beiden bedeutsamsten aus der Mitgliedschaft des Aktionärs folgenden Rechte, das Stimmrecht und das Gewinnbeteiligungsrecht.

---

655  Vgl. auch oben Kapitel 1 E.III.1.a(1).
656  Dazu schon oben Kapitel 2 B.II.4.

## a. Stimmrecht und Gewinnbeteiligungsrecht als wesentliche Mitgliedschaftsrechte

Das *Stimmrecht* befugt das Mitglied zur Teilnahme an der Willensbildung der Aktiengesellschaft. Es ist ein Ausübungsrecht, das für jede Aktie gilt (§ 12 Abs. 1 Satz 1 AktG), mit der Mitgliedschaft untrennbar verbunden ist (Abspaltungsverbot) und außer bei abweichender Regelung in der Satzung mit der vollständigen Leistung der Einlage (§ 13 Abs. 2 Satz 1 AktG) entsteht. Stimmrechtslos sind lediglich Vorzugsaktien (vgl. § 12 Abs. 1 Satz 2 AktG). Gesellschaftsfremde Dritte haben kein Stimmrecht und können es auch nicht durch die Satzung erhalten.[657]

Das *Gewinnbeteiligungsrecht* oder Gewinnbezugsrecht[658] ist ein Vermögensrecht des Aktionärs. Die Aktionäre haben gemäß § 58 Abs. 4 AktG Anspruch auf den Bilanzgewinn. Das (anteilige) Gewinnbezugsrecht ist ein unselbständiger, nicht abspaltbarer Bestandteil der Mitgliedschaft, das mit der Feststellung des Jahresabschlusses durch den Aufsichtsrat (vgl. § 172 AktG) bei ausgewiesenem (positiven) Bilanzgewinn entsteht.[659] Mit dem Wirksamwerden des von der Hauptversammlung (vgl. § 174 AktG) gefaßten Gewinnverwendungsbeschlusses erwächst aus dem Gewinnbeteiligungsrecht ein selbständiger Anspruch, über den der Gesellschafter verfügen kann und der auch pfändbar ist; der Dividendenauszahlungsanspruch.[660] Dieser Anspruch auf Auszahlung bzw. Ausschüttung[661] einer Dividende, auf den Ertrag der Aktie, kann im Unterschied zum Gewinnbezugsrecht gesondert in einem Dividenden-/Gewinnanteilschein verbrieft werden.[662] Das Gewinnbezugsrecht ist von der Einkünftezurechnung zu unterscheiden. Gemäß § 20 Abs. 2a EStG sind die Einkünfte aus Kapitalvermögen grundsätzlich demjenigen zuzurechnen, dem die Anteile im Zeitpunkt des Gewinnverteilungsbeschlusses nach § 39 AO zuzurechnen sind.

## b. Abstrakte Möglichkeit des Ausschlusses von der Einwirkung auf die Aktie als Kennzeichen tatsächlicher Herrschaft

Kennzeichen tatsächlicher Herrschaft sollte die abstrakte Möglichkeit des wirtschaftlichen Ausschlusses des Eigentümers sein. Hat ein Dritter Einfluß auf das Stimmrecht und das Gewinnbeteiligungsrecht, die beiden Kernrechte des Aktio-

---

657  Vgl. *Schmidt*, Gesellschaftsrecht, § 21 II 1 d); sowie oben Kapitel 2 B.II.2.a.

658  Vgl. dazu auch Kapitel 2 B.II.2.b.

659  Vgl. *Hüffer*, § 58 Rn. 26; MüKoAktG-*Bayer*, § 58 Rn. 98.

660  Vgl. *Hüffer*, § 58 Rn. 28; MüKoAktG-*Bayer*, § 58 Rn. 100; *Schmidt*, Gesellschaftsrecht, § 29 IV 3 e).

661  Möglich ist auch eine Sachdividende (§ 58 Abs. 5 AktG).

662  *Hüffer*, § 58 Rn. 29. Sowie oben Kapitel 2 B.II.4.c(4).

närs, so kann dies – je nach Ausgestaltung des Einflusses – zum wirtschaftlichen Ausschluß des Aktionärs von der Einwirkung auf die Aktie führen. Das zeigt sich am Beispiel der Namensaktie;[663] hier ist für die Legitimation gegenüber der Aktiengesellschaft und die Ausübung der Mitgliedschaftsrechte allein die Eintragung im Aktienregister maßgebend und nicht die materiellrechtliche Situation außerhalb des Registers. Ohne Einfluß auf das Stimmrecht und das Gewinnbeteiligungsrecht ist das Eigentum an der Aktie eine „leere Hülle". Eine Ausnahme bildet insoweit die Vorzugsaktie,[664] weil es mangels Stimmrechts nur auf das Gewinnbeteiligungsrecht ankommen kann. Das Gewinnbeteiligungsrecht wird zum einen durch die Fassung des Gewinnverwendungsbeschlusses beeinflußt, da der Jahresabschluß in der Regel durch den Aufsichtsrat festgestellt wird (vgl. zur Ausnahme der Feststellung durch die Hauptversammlung §§ 172, 173 AktG). Zum anderen kann der Aktionär über seinen Dividendenauszahlungsanspruch verfügen, indem er bestimmt, an wen die Dividende ausgezahlt wird. Er kann den Anspruch selbst geltend machen und Leistung an sich verlangen, ihn an Dritte abtreten, verpfänden oder den Dividendenschein begeben. Für die Zurechnung des Wirtschaftsgutes Aktie und damit auch für die tatsächliche Herrschaft ist grundsätzlich nicht entscheidend, wem der Ertrag – die Dividende – letztlich zufließt. Die Zurechnung des Wirtschaftsgutes hängt nicht vom Zufluß des Ertrags ab.[665]

### 3. Fazit zur tatsächlichen Herrschaft über eine Aktie

Begreift man die tatsächliche Herrschaft als Herrschaft über das Mitgliedschaftsrecht des Aktionärs, so erfordert das einen bestimmenden Einfluß des Dritten auf zumindest eines der angeführten wesentlichen Mitgliedschaftsrechte des Aktionärs. Andernfalls fehlt bereits die Möglichkeit, den Eigentümer von der Einwirkung auf die Aktie auszuschließen. Kann ein Aktionär sein Stimmrecht und/oder sein Gewinnbeteiligungsrecht nicht ohne Einverständnis des Dritten oder nur auf dessen Veranlassung hin wahrnehmen, dann hat der Dritte tatsächliche Herrschaft über die Aktie. Eine vertragliche Vereinbarung ist nicht erforderlich, ein rein tatsächlicher Einfluß des Dritten genügt. Tatsächliche Herrschaft über eine Aktie i.S.v. § 39 Abs. 2 Nr. 1 Satz 1 AO ist folglich jeder bestimmende Einfluß auf die Wahrnehmung des Stimmrechts oder des Gewinnbezugsrechts durch den Aktionär. Besitz der Aktie ist keine Voraussetzung.

---

663  Siehe oben Kapitel 3 B.III.1.b(2).
664  Siehe dazu unter Kapitel 2 B.II.2.a.
665  Vgl. dazu bereits oben Kapitel 1 E.III.1.c(1).

## IV. Wirtschaftlicher Ausschluß des Eigentümers von der Einwirkung auf die Aktie

Ist tatsächliche Herrschaft über eine Aktie jeder bestimmende Einfluß auf die Wahrnehmung des Stimmrechts oder des Gewinnbezugsrechts durch den Aktionär, so stellt sich die Frage, wie der Einfluß des Dritten auf die Aktie beschaffen sein muß, damit der Aktionär wirtschaftlich von der Einwirkung auf die Aktie ausgeschlossen ist. Die Anwort lautet: Der Dritte muß sich faktisch wie ein Eigentümer gerieren und die Aktieninhaberschaft für den Aktionär nur noch eine inhaltsleere Hülle darstellen.

### 1. Einfluß auf das Stimmrecht und das Gewinnbezugsrecht

Ob ein Dritter den Aktionär wirtschaftlich von der Einwirkung auf die Aktie ausschließen kann, hängt von der konkreten Ausgestaltung des Einflusses des Dritten auf das Stimmrecht bzw. das Gewinnbeteiligungsrecht ab. Der einfachste Fall ist eine tatsächliche Einflußnahme des Dritten. So kann beispielsweise der Besitzer einer Inhaberaktie Stimmrecht und Gewinnbezugsrecht für sich in Anspruch nehmen, da jeder Besitzer der Aktie bis zum Beweis des Gegenteils durch die Gesellschaft zur Ausübung der Mitgliedschaftsrechte legitimiert ist. Bei der Namensaktie ist ein im Aktienregister eingetragener Dritter auch ohne Besitz der Aktie u.a. befugt, das Stimmrecht und das Gewinnbezugsrecht wahrzunehmen. Ein Einfluß auf das Stimmrecht und das Gewinnbezugsrecht ist jedoch auch in anderer Weise möglich.

### a. Einfluß auf das Stimmrecht

Der Eigentümer kann von der Einwirkung auf die Aktie wirtschaftlich ausgeschlossen werden, wenn ihm *faktisch* kein Stimmrecht verbleibt. Denn auch die Wahrnehmung des Gewinnbeteilungsrechts setzt mittelbar das Stimmrecht voraus, um den notwendigen Gewinnverwendungsbeschluß zu fassen.

### (1) Gestaltungen zur Einflußnahme auf das Stimmrecht

Eine isolierte Übertragung des Stimmrechts auf einen Dritten ist nicht möglich, da dies gegen das Abspaltungsverbot[666] verstößt. Die Bevollmächtigung eines Dritten zur Ausübung des Stimmrechts entsprechend den Anweisungen und Interessen des Vollmachtgebers führt noch nicht zum Ausschluß des Eigentümers

---

666  Dazu bereits oben Kapitel 2 B.II.3.

von der Einwirkung auf die Aktie. Im Gegenteil: Die Vollmacht ist Ausdruck seines Einflusses. Der Aktionär hat jedoch dann faktisch keinen Einfluß mehr auf das Stimmrecht, wenn er verpflichtet ist, das Stimmrecht ausschließlich im Interesse eines Dritten auszuüben und den Weisungen des Dritten zur Ausübung des Stimmrechts stets Folge zu leisten. Ein solches (Rechts-)Verhältnis zwischen dem Aktionär und dem Dritten kann vertraglich geregelt und sanktioniert sein. Denkbar ist aber ebenso ein rein tatsächlicher Einfluß ohne jede schuldrechtliche Vereinbarung. Ob es sich hierbei um einen unzulässigen Stimmenkauf (§ 405 Abs. 3 Nr. 6, 7 AktG) oder einen nach § 136 Abs. 2 AktG nichtigen Vertrag handelt, ist für die steuerrechtliche Zurechnung irrelevant (vgl. § 41 AO). Ein Stimmbindungsvertrag ist nicht erforderlich, führt aber auch nicht zwangsläufig zum Ausschluß des Aktionärs vom Stimmrecht. Es kommt auf die konkrete Ausgestaltung der Vereinbarung an.

*(2) Umfang der Einflußnahme*

Ist es dem Eigentümer generell nicht mehr möglich, ausschließlich im eigenen Interesse zu stimmen, so ist er jedenfalls vom Einfluß auf sein Stimmrecht ausgeschlossen. Allerdings erscheint es wenig sinnvoll und auch manipulationsanfällig, wenn man einen völligen Ausschluß des Eigentümers von der Stimmrechtsausübung für erforderlich hielte. Daß der Dritte dem Eigentümer einen unbedeutenden Rest an freien Entscheidungen überläßt, kann eine Zurechnung gemäß § 39 Abs. 1 AO nicht in Frage stellen. Allerdings könnte dies die Entwicklung einer enumerativen Aufzählung provozieren, worauf der Eigentümer noch bzw. der Dritte bereits Einfluß haben muß, damit eine Zurechnung beim einen oder beim anderen in Betracht kommt. Das ist jedoch hinnehmbar. § 39 Abs. 2 Nr. 1 Satz 1 AO fordert die Möglichkeit des wirtschaftlichen Ausschlusses des Eigentümers durch den Dritten; daß einzelne wirtschaftlich unbedeutende Entscheidungen beim Eigentümer verbleiben, schließt den Übergang des wirtschaftlichen Eigentums auf den Dritten nicht aus.

Es erscheint nicht zielführend, an dieser Stelle die Vielzahl möglicher Entscheidungen von Aktionären daraufhin zu untersuchen, ob eine diesbezügliche Abstimmungsfreiheit den Übergang des wirtschaftlichen Eigentums hindert oder nicht. Ein solcher „Katalog der Entscheidungen" würde nur zur Unflexibilität führen. Maßgebend muß vielmehr sein, ob die dem Aktionär nach dem Gesamtbild der Verhältnisse verbleibende Abstimmungsfreiheit so gering ist, daß das Stimmrecht des Aktionärs ein bloßes leeres Recht darstellt. Danach kommt die Zurechnung der Aktie bei einem Dritten zumindest dann in Betracht, wenn dieser die Stimmrechtsausübung des Aktionärs bei den sogenannten *Grundlagenentscheidungen* bestimmt. Dazu gehören Satzungsänderungen (§§ 119 Abs. 1 Nr. 5,

179 AktG), kapitalverändernde Maßnahmen (§§ 119 Abs. 1 Nr. 6, 182 ff. AktG), die Auflösung der Gesellschaft (§§ 119 Abs. 1 Nr. 8, 262 Abs. 1 Nr. 2 AktG), Umwandlungen i.S.d. Umwandlungsgesetzes, Vermögensübertragungen gemäß § 179a AktG sowie die Zustimmung zu Unternehmensverträgen (§§ 293 AktG) oder Eingliederungen (§ 319 ff. AktG). Ein wirtschaftlicher Ausschluß des Aktionärs von der Einwirkung auf die Aktie liegt auch nahe, wenn der Dritte die Stimmrechtsausübung des Aktionärs beim Beschluß über die Gewinnverwendung (§§ 119 Abs. 1 Nr. 2, 174 AktG) und bei der Wahl bzw. Abberufung des Aufsichtsrates (§§ 119 Abs. 1 Nr. 1, 101 Abs. 1 bzw. § 103 Abs. 1 AktG) beeinflußt, da der Aufsichtsrat wiederum den Vorstand bestellt (§ 84 AktG) und gemeinsam mit diesem den Jahresabschluß feststellt (§ 172 AktG). Diese Beispiele sind keineswegs abschließend.[667] Allerdings wird ein Dritter den Aktionär um so *eher* von dessen Einwirkung auf die Aktie ausschließen, je mehr der genannten Entscheidungen er in seinem Sinne beeinflussen kann.

Nicht entscheidend ist die Stimmkraft und damit der Einfluß des Dritten auf die Aktiengesellschaft. Zugerechnet wird das einzelne Wirtschaftsgut – die Aktie. Maßgebend ist der Einfluß des Dritten auf diese kleinste Einheit des Grundkapitals der Gesellschaft.

### (3) Aktien ohne Stimmrecht

Vorzugsaktien[668] haben kein Stimmrecht. Von Interesse ist hier lediglich der Einfluß auf die Wahrnehmung des Gewinnbeteiligungsrechts.

### b. Einfluß auf das Gewinnbeteiligungsrecht

Wie das Stimmrecht ist auch der Anspruch auf den Bilanzgewinn (vgl. § 58 Abs. 4 AktG) untrennbar mit der Aktie verbunden. Einfluß auf das Gewinnbeteiligungsrecht hat der Aktionär zunächst beim Beschluß über die Gewinnverwendung (§ 174 AktG), mit dem entschieden wird, ob der festgestellte Bilanzgewinn an die Aktionäre ausgeschüttet wird und ggf. in welcher Form (Bar-/Sachausschüttung). Das ist jedoch streng genommen von seinem Einfluß auf das diesbezügliche Stimmrecht abhängig. Mit dem Beschluß über die Ausschüttung des Bilanzgewinns erwächst jedoch aus seinem Gewinnbeteiligungsrecht der Dividendenausschüttungsanspruch, über den der Aktionär verfügt, indem er bestimmt, an wen die Dividende ausgezahlt wird. Er kann den Anspruch selbst geltend ma-

---

667  Vgl. im Unterschied dazu auch die Aufzählung von *Tschesche*, Wpg 2002, 965 (972).
668  Vgl. dazu auch Kapitel 2 B.II.2.a.

chen und Leistung an sich verlangen, ferner den Anspruch an Dritte abtreten, verpfänden oder den Dividendenschein begeben. Das Gewinnbeteiligungsrecht ist damit für den Aktionär wertlos, wenn er nicht mehr befugt ist, frei über den Dividendenausschüttungsanspruch zu verfügen, weil ein Dritter bestimmen kann, wem die Dividende zufließen soll. Das gilt insbesondere auch dann, wenn die Dividende zwar zunächst an den Aktionär ausgeschüttet wird und diesem zufließt, er jedoch einem Dritten gegenüber die (sanktionierte) Pflicht zur Weiterleitung der Dividende an den Dritten oder eine von diesem bestimmte (natürliche oder juristische) Person hat.

## 2. Einfluß auf das Verfügungsrecht

In der Rechtsprechung heißt es nicht selten, daß bei Aktien der Erwerber wirtschaftliches Eigentum im Allgemeinen ab dem Zeitpunkt erlangt, ab dem er nach dem Willen der Vertragspartner über die Wertpapiere verfügen kann.[669] Verfügungen sind Rechtsgeschäfte, die unmittelbar darauf gerichtet sind, ein bestehendes Recht zu verändern, zu übertragen oder aufzuheben. Zu den Verfügungen gehören auch die Veräußerung (Übereignung oder Übertragung eines Rechts) und die Belastung.[670] Da die Rechtsprechung davon ausgeht, daß der Erwerber über die Wertpapiere „in der Regel verfügen" kann, „sobald Besitz, Gefahr, Nutzungen und Lasten, insbesondere die mit Wertpapieren gemeinhin verbundenen Kursrisiken und -chancen ... übergegangen sind", ist fraglich, ob „verfügen" hier im eben genannten Sinne zu verstehen ist. Unabhängig davon stellt sich aber die Frage, ob das Verfügungsrecht[671] für die Zurechnung der Aktie überhaupt relevant ist.

Die Möglichkeit über die Aktie zu verfügen, insbesondere sie zu übereignen, ist an sich der stärkste vorstellbare Ausschluß des Aktionärs von dessen Einwirkung auf die Aktie. Dem Aktionär verbleibt stets die Befugnis, sachenrechtlich über die Aktie zu verfügen, insbesondere sie zu übereignen oder zu belasten. Das Verfügungsrecht ist Ausdruck der Grenze des zivilrechtlichen Eigentums. Nur der Eigentümer kann wiederum Dritte zur berechtigten Verfügung ermächtigen. Das Eigentum kann durch die Einwirkung eines Dritten auf das Mitgliedschaftsrecht allerdings derart ausgehöhlt sein, daß das Recht zur Verfügung lediglich ein *formales* Eigentum betrifft. Jegliche Verfügung hat keinen Wert, wenn auch der neue Eigentümer keine nennenswerten Einwirkungsmöglichkeiten auf die Aktie hätte. Das Verfügungsrecht hat nur dann einen Wert, wenn das dahinterstehende

---

669 Vgl. nur BFH I R 29/97, v. 15.12.1999, BStBl. II 2000, 527 (529).
670 Vgl. Palandt-*Heinrichs*, BGB, Überbl v § 104 Rn. 16.
671 Vgl. dazu auch oben Kapitel 1 E.III.1.c(2)(a).

Eigentum nicht lediglich formal ist. Wem ein Wirtschaftsgut wirtschaftlich zuzurechnen ist, kann deshalb nicht daraus abgeleitet werden, wem (zumindest) das Verfügungsrecht zusteht. Vielmehr hängt der Wert des Verfügungsrechts von der Zurechnung des Wirtschaftsgutes ab.

### 3. Zwischenergebnis zum wirtschaftlichen Ausschluß des Aktionärs

Beurteilt man den wirtschaftlichen Ausschluß des Aktionärs von seiner Einwirkung auf die Aktie anhand seiner Einwirkungsmöglichkeiten auf das Stimmrecht und das Gewinnbezugsrecht, so hängt die Zurechnung der Aktie davon ab, welche eigenen Entscheidungsmöglichkeiten und Befugnisse dem Aktionär – trotz der Einwirkungsmöglichkeiten eines Dritten – noch verbleiben. Ergibt die Gesamtschau, daß sich der Dritte gegenüber dem Aktionär (Innenverhältnis genügt) wie ein Eigentümer gerieren *kann* (vgl. § 39 Abs. 2 Nr. 1 Satz 1 „kann") und damit faktischer Aktionär ist, rechtfertigt dies die Zurechnung der Aktie bei ihm.

### 4. Kriterien des Dividendenstripping-Urteils

Seit dem Urteil des Bundesfinanzhofes zum sog. Dividendenstripping wird in der Rechtsprechung und der Literatur für den Übergang des wirtschaftlichen Eigentums an Wertpapieren regelmäßig auf den Zeitpunkt abgestellt, zu dem „Besitz, Gefahr, Nutzungen und Lasten, insbesondere die mit Wertpapieren gemeinhin verbundenen Kursrisiken und Kurschancen auf den Erwerber übergegangen sind".[672] Der Umstand, daß die entsprechende Umbuchung ggf. erst zwei Tage nach dem Vertragsschluß vorgenommen werde, beeinflusse den Übergang des wirtschaftlichen Eigentums nicht. Da es für die Zuordnung eines Wirtschaftsgutes auf das Gesamtbild der Verhältnisse ankomme, könne der Übergang des wirtschaftlichen Eigentums auch dann anzunehmen sein, wenn die erwähnten Voraussetzungen nicht in vollem Umfang gegeben seien.[673] Weitere Voraussetzung sei allerdings, daß der Besitz (oder die vergleichbare letztlich unentziehbare Position) in Erwartung des Eigentumserwerbs eingeräumt werde. Hiervon könne ausgegangen werden, wenn die Vertragsbeteiligten entsprechende *schuldrechtliche* Verpflichtungen eingegangen seien.

Die herrschende Meinung wirft mehrere Fragen auf: Warum ist der Besitz ausschlaggebendes Kriterium, was ist eine mit dem Besitz vergleichbare letztlich unentziehbare Position und wann sind Gefahr, Nutzungen und Lasten, Kursrisiken und Kurschancen auf den Erwerber „einer Aktie" konkret übergegangen.

---

672 Vgl. Fn. 594, 595.
673 Vgl. BFH I R 29/97, v. 15.12.1999, BStBl. II 2000, 527 (530).

*a. Besitzübergang als ausschlaggebendes Kriterium*

Die Problematik einer Anknüpfung des wirtschaftlichen Eigentums an den Besitz, insbesondere bei sammelverwahrten Aktien, wurde bereits dargestellt.[674] Der Bundesfinanzhof scheint jedoch den Besitzübergang (oder eine „vergleichbare letztlich unentziehbare Position") insgesamt als wesentlich für das wirtschaftliche Eigentum anzusehen. Daher verwundert zunächst der ergänzende Hinweis, daß eine entsprechende ggf. erst zwei Tage spätere erfolgende Umbuchung den Übergang des wirtschaftlichen Eigentums nicht beeinflusse. Man darf vermuten, daß damit den Gepflogenheiten des Wertpapierhandels bei Girosammelverwahrung und dem Grundsatz schnellstmöglicher Auftragsausführung[675] (Wertpapierkaufverträge sind innerhalb von zwei Börsentagen zu erfüllen) Rechnung getragen werden sollte.

*(1) Besitzübergang und Umbuchung*

Besitzübergang heißt bei sammelverwahrten Aktien Umstellung von Besitzmittlungsverhältnissen, angefangen beim Besitzmittlungsverhältnis zwischen der Wertpapiersammelbank und der hinterlegenden Bank bis hin zum Besitzmittlungsverhältnis zwischen der Bank und dem Depotinhaber auf der letzten Stufe. Die Umbuchung durch die Wertpapiersammelbank in das Depot einer hinterlegenden Bank markiert hierbei die Änderung des Besitzmittlungswillens der Wertpapiersammelbank; diese vermittelt damit den Besitz fortan für die Erwerberbank. Erst diese Umbuchung führt zu dem nach der Rechtsprechung und der Literatur maßgebenden Besitzübergang, der sich dann gleichsam „kaskadenartig" und „automatisch" durch weitere Umbuchungen über die verschiedenen Besitzmittlungsverhältnisse bis ins Depot des Anlegers bei seiner depotführenden Bank fortsetzt. Ob und wann die Umbuchung durch die Wertpapiersammelbank stattfindet, ist ausschlaggebend für den Besitzübergang. Ohne diese Umbuchung findet kein Besitzübergang statt.[676] Ist die Einräumung von Besitz in Erwartung des Eigentumsüberganges Voraussetzung für den Übergang wirtschaftlichen Eigentums, so ist folglich die Umbuchung durch die Wertpapiersammelbank entscheidend.

---

674  Vgl. die Ausführungen unter Kapitel 1 E.III.1.a(1) sowie Kapitel 3 B.III.1.
675  Siehe dazu bereits Kapitel 2 B.II.5.b(4).
676  Im Ergebnis ebenso *Häuselmann*, DStR 2001, 597 (600).

## (2) Die Problematik des Leerverkaufs

Die Annahme der herrschenden Meinung, daß „der Umstand, daß die entsprechende Umbuchung ggf. erst zwei Tage nach Vertragsschluß vorgenommen worden ist, ... den Übergang des wirtschaftlichen Eigentums nicht beeinflußt", ist mit den Kriterien des § 39 Abs. 2 Nr. 1 Satz 1 AO sowie dem Leistungsfähigkeitsprinzip nur dann vereinbar, wenn die Umbuchung auch tatsächlich stattfindet. Erfolgt keine sich bis zum Aktionär fortsetzende Umbuchung bei der Wertpapiersammelbank, so wäre ohne Besitzübergang auch kein Übergang wirtschaftlichen Eigentums möglich. Ein Beispiel hierfür ist der sogenannten Leerverkauf:[677] wenn der Verkäufer keine Aktie besitzt und den Kaufvertrag nicht erfüllen kann, ist er u.U. schadensersatzpflichtig. Die Zurechnung einer Aktie beim potentiellen Erwerber ist gleichwohl ausgeschlossen, weil es bereits an der tatsächlichen Herrschaft i.S.v. § 39 Abs. 2 Nr. 1 Satz 1 AO fehlt.

## (3) Zeitpunkt des Übergangs des wirtschaftlichen Eigentums

Soll der Besitzübergang für den Übergang des wirtschaftlichen Eigentums ausschlaggebend sein und findet er auch tatsächlich statt, so ist fraglich zu welchem Zeitpunkt das wirtschaftliche Eigentum übergeht. Bei girosammelverwahrten Aktien erfordert der Besitzübergang die Umbuchung. Was Rechtsprechung und Literatur unter „Umbuchung" verstehen, ist unklar. Im Rahmen eines Effektengeschäftes finden insgesamt zahlreiche Umbuchungen bis hin zum Depot des Erwerbers statt. Für den Besitzübergang ist diese letzte Umbuchung jedoch nicht die entscheidende.[678] Man könnte daher annehmen, daß das wirtschaftliche Eigentum im Zeitpunkt der Umbuchung bei der Wertpapiersammelbank auf den Erwerber übergeht und die spätere Einbuchung in *sein* Depot den (früheren) Übergang des wirtschaftlichen Eigentums nicht mehr beeinflußt. Dafür spräche auch, daß sich die nachfolgenden Buchungen in die Depots des oder der weiteren Besitzmittler bis hin zum Erwerber automatisch an den Buchungsvorgang bei der Wertpapiersammelbank anschließen. Es ist jedoch zu berücksichtigen, daß der Erwerber vom Besitzübergang erst Kenntnis hat, wenn der Aktienerwerb in *sein* Depot eingebucht ist. Zudem erfährt er auch nicht, wann die für den Besitzübergang maßgebende Umbuchung bei der Wertpapiersammelbank erfolgt. Bis zur Einbuchung in das Depot des Erwerbers liegt ein sogenanntes *schwebendes Geschäft* vor, da es sich beim gewöhnlichen Ablauf eines Effektengeschäftes um bis

---

677  Vgl. dazu auch *Häuselmann*, DStR 2001, 597 (600); *Rau/Sahl*, BB 2000, 1112 (1114).
678  Siehe dazu unter Kapitel 2 C.III.2.b(3)(a).

dahin beiderseits noch nicht erfüllte Verträge handelt.[679] In das Depot des Erwerbers sind die Aktien noch nicht eingebucht und auf dem Konto des Verkäufers ist der Kaufpreis noch nicht gutgeschrieben. Die Aktien sind damit weder handelsbilanziell (vgl. §§ 238 Abs. 1, 240 Abs. 1, 246 Abs. 1 Satz 1 HGB, Vorsichtsprinzip) noch steuerbilanziell (§ 5 Abs. 1 Satz 1 EStG sowie Leistungsfähigkeitsprinzip) beim Erwerber aktivierungsfähig. Der Anleger erwirbt also beim typischen Ablauf eines Effektengeschäftes erst mit der Einbuchung der „Aktien" in sein Depot Eigentum, so daß beim Kauf girosammelverwahrter Aktien die Kenntnis vom Besitz und der Eigentumsübergang in aller Regel zusammenfallen.[680] Das bedeutet: Ist der Besitz Voraussetzung tatsächlicher Herrschaft, so ist der Übergang wirtschaftlichen Eigentums an girosammelverwahrten Aktien vor einer Umbuchung gar nicht möglich.

### b. Mit dem Besitz „vergleichbare unentziehbare Position"

Als Alternative zur Einräumung des Besitzes gilt nach herrschender Meinung auch der Erwerb einer „vergleichbaren letztlich unentziehbaren Position".[681] Wie bei den nicht in einem Wertpapier verkörperten GmbH-Anteilen[682] stellt der Bundesfinanzhof auch für das wirtschaftliche Eigentum an Aktien nicht ausschließlich auf den Besitz ab, sondern hält als Alternative den Erwerb einer „rechtlich geschützten Position, die dem wirtschaftlich Berechtigten nicht mehr ohne weiteres gegen seinen Willen entzogen werden kann",[683] ebenfalls für ausreichend. Das ist konsequent, wenn man die Aktie als ein von der Urkunde unabhängiges Mitgliedschaftsrecht ansieht, das insoweit einem GmbH-Geschäftsanteil durchaus vergleichbar ist. Zugleich vermeidet man damit die Probleme, die mit einer ausschließlichen Anknüpfung an den Besitz verbunden sind. Fraglich ist allerdings, wann der Erwerber einer Aktie eine solche vergleichbare rechtlich geschützte Position innehat.

---

679  Vgl. dazu *ADS*, § 246 HGB Rn. 211; Küting/Weber-*Kußmaul*, HdR, Kap 6 Rn. 21, HGB § 246 Rn. 11.
680  Im Ergebnis ebenso *Haun/Winkler*, DStR 2001, 1195 (1197).
681  Vgl. BFH I R 29/97, v. 15.12.1999, BStBl. II 2000, 527 (530).
682  BFH IV R 226/85, v. 10.03.1988, BStBl. II 1988, 832 (834); BFH VIII R 5-00, v. 18.12.2001, DStRE 2002, 687 (689).
683  Vgl. BFH VIII R 32/04, v. 11.07.2006, GmbHR 2007, 49 (51).

*(1) Die Anwartschaft als dem Besitz vergleichbare Position*

Die Wortwahl des Bundesfinanzhofes erinnert dabei zunächst an die Rechtsprechung des Bundesgerichtshofes zum Anwartschaftsrecht,[684] das entsteht, wenn von einem mehraktigen Entstehungstatbestand eines Rechts schon so viele Erfordernisse erfüllt sind, daß der Veräußerer die Rechtsposition des Erwerbers nicht mehr durch einseitige Erklärung beseitigen kann.[685] Regelmäßig ist das Anwartschaftsrecht die Vorstufe zum Erwerb eines dinglichen Rechts, dessen Erwerb eingeleitet, aber noch nicht vollendet ist (z.b. beim Erwerb einer beweglichen Sache unter Eigentumsvorbehalt, § 449 BGB). Voraussetzung ist folglich eine gewisse Zeitspanne zwischen Einleitung und Vollendung des Vollrechtserwerbs.[686] Entsprechende Überlegungen stellt die Literatur an beim wirtschaftlichen Eigentum an Gesellschaftsanteilen: Der nach Maßgabe des Privatrechts Berechtigte müsse derart ausgeschlossen sein, daß er wirtschaftlich nicht mehr verfügungsberechtigt sei. Dazu gehöre, daß die Rechte des Ausgeschlossenen vom Ausschließenden wahrgenommen würden. Das sei der Fall, wenn z.B. der Erwerber eines Gesellschaftsanteils nach dem Kaufvertrag bereits eine Anwartschaft auf den Anteil erworben habe und die Chancen und Risiken der Wertveränderung auf ihn übergegangen seien, wenn Besitz, Gefahr, Nutzungen und Lasten, bei Wertpapieren insbesondere die Kursrisiken, auf den Erwerber übergegangen seien.[687]

*(2) Anwendungsfälle der Anwartschaft*

Eine Anwartschaft ist bei Aktien in Eigen- oder Sonderverwahrung ohne weiteres möglich. Bei girosammelverwahrten Aktien müßte gesondert eine entsprechende schuldrechtliche Vereinbarung geschlossen werden. In dem auf Schnelligkeit und Anonymität angelegten Effektengiroverkehr dürfte das allerdings kaum vorkommen. Der Erwerber ist hier nach den Börsenusancen Zug-um-Zug zur Entrichtung des Kaufpreises und die Bank zur Ausführung von Kauf- oder Verkaufsaufträgen nur in Höhe des Guthabens des Kunden verpflichtet (Deckungserfordernis). Eine

---

684  So auch *Tschesche*, Wpg 2002, 965 (967).
685  Vgl. BGH IV ZR 154/54, v. 05.01.1955, NJW 1955, 544; V ZR 129/63, v. 25.02.1966, NJW 1966, 1019; V ZB 6/67, v. 18.12.1967, NJW 1968, 493 (494); V ZR 104/81, v. 30.04.1982, NJW 1982, 1639 (1640).
686  Vgl. *Medicus*, Bürgerliches Recht, Rn. 456 ff.
687  Vgl. Pahlke/Koenig-*Koenig*, § 39 Rn. 28; T/K-*Kruse*, AO, § 39 Tz. 24 m.w.N. Zur Abgrenzung zwischen Anwartschaft und (ungenügendem) bindenden Verkaufsangebot (bei GmbH-Anteilen) vgl. FG München 13 K 3521/97, v. 26.06.1999, DStRE 2000, 18.

Übergabe in Form einer Umbuchung unter Eigentumsvorbehalt dürfte daher eine seltene Ausnahme sein.[688]

## c. Schuldrechtliche Verpflichtungen

Der Bundesfinanzhof geht für den Übergang des wirtschaftlichen Eigentums davon aus, daß der Besitz oder eine „vergleichbare letztlich unentziehbare Position" in Erwartung des Eigentumserwerbs eingeräumt werden, wenn die Vertragsbeteiligten entsprechende schuldrechtliche Verpflichtungen[689] eingegangen sind. Solche individualvertraglichen Gestaltungen, die dem Erwerber ein Anwartschaftsrecht an bestimmten einzel- oder sonderverwahrten Aktien einräumen würden, sind zwar denkbar. Fraglich ist jedoch, ob „schuldrechtliche Verpflichtungen" bei im Wege des Effektengeschäfts gehandelten Aktien ein taugliches Kriterium sein können. Zweifelhaft ist bereits, welche schuldrechtliche Verpflichtung beim gewöhnlichen Ablauf eines Effektengeschäfts überhaupt entscheidend wäre. Zunächst schließen Bank und Anleger einen Kommissionsvertrag oder ein Festpreisgeschäft.[690] Letzteres ist ein Kaufvertrag des Anlegers mit der Bank über die zu (ver-) kaufende Aktie zu einem vereinbarten Preis. Der Kaufvertrag begründet insbesondere die Liefer- bzw. Abnahmepflicht der Bank. Kann die Bank nicht liefern, macht sie sich zwar schadensersatzpflichtig, eine Zurechnung von Aktien ist aber schon mangels tatsächlicher Herrschaft über die Aktien weder mit § 39 Abs. 2 Nr. 1 AO, noch mit dem Leistungsfähigkeitsprinzip oder dem handelsrechtlichen Vorsichtsprinzip vereinbar[691]. Gleiches gilt, wenn die Bank das Festpreisgeschäft von einem Deckungsgeschäft[692] abhängig macht und dieses nicht zustande kommt.

Im Regelfall wird ein Effektengeschäft in Kommission ausgeführt.[693] Dabei kauft oder verkauft die Bank die Aktien börslich oder außerbörslich im eigenen Namen für Rechnung des Kunden. Die Bank schuldet hierbei nach § 384 Abs. 1 HGB nur ein sorgfältiges Bemühen um den Abschluß eines Aktienkaufvertrages (Ausführungsgeschäft[694]) mit einem Dritten für Rechnung ihres Kunden. Gelingt dies nicht, hat die Bank ihre Pflicht aus dem Kommissionsvertrag gleichwohl erfüllt. Vor dem Abschluß eines Ausführungsgeschäftes hat die Bank damit auch keine Lieferpflicht. Eine Zurechnung vor der Umbuchung der Aktien in das De-

---

688 Im Ergebnis ebenso *Rau/Sahl*, BB 2000, 1112 (1114).
689 Vgl. BFH I R 29/97, v. 15.12.1999, BStBl. II 2000, 527 (530).
690 Siehe oben Kapitel 2 B.II.5.b..
691 Vgl. auch *Krause*, WM 1999, 1101 (1103).
692 Siehe dazu auch Kapitel 2 B.II.5.b(3).
693 Vgl. dazu Kapitel 2 B.II.5.b(2).
694 Siehe oben Kapitel 2 B.II.5.b(2).

pot des Anteilseigners ist hier kaum möglich. Dabei sind das nur die Grundfälle des Kommissions- und Festpreisgeschäftes. Eine Zurechnung ab dem Zeitpunkt der Kauf-/Verkaufsorder und vor dem Zeitpunkt der Umbuchung erscheint noch weniger möglich in Fällen, bei denen eine Order beispielsweise „bis zu" einem bestimmten Preis und/oder lediglich für einen begrenzten Zeitraum erteilt wird. Denn der Aktienerwerb ist hier jedenfalls bis zum Erreichen des Kurses bzw. dem Ablauf der vorgegebenen Zeit ungewiss. Sicherheit tritt erst mit der Abrechnung und Umbuchung ein. Eine Zurechnung bereits ab dem Zeitpunkt der Erteilung der Kauforder an die Bank ist deshalb ausgeschlossen. Hinzu kommt: Von den anschließenden Vertragsschlüssen zum Aktienerwerb zwischen den Banken, hat der Anleger in der Regel keine Kenntnis. Bis zur Einbuchung der Aktien in das Depot des Erwerbers und der Belastung mit dem Kaufpreises handelt es sich um schwebende Geschäfte.[695]

### d. Gefahrübergang als Kennzeichen des Übergangs wirtschaftlichen Eigentums

Neben dem Besitz oder einer vergleichbaren unentziehbaren Position soll der „Gefahrübergang" ein Merkmal des Übergangs wirtschaftlichen Eigentums sein. Diese Annahme dürfte ihren Ursprung im Kaufrecht haben, wo gemäß § 446 Satz 1 BGB die Gefahr des zufälligen Untergangs und der zufälligen Verschlechterung der Sache mit deren Übergabe auf den Käufer übergeht. Der Gefahrübergang wird oft in einem Atemzug mit der Einräumung des Besitzes bzw. einer vergleichbaren letztlich unentziehbaren Position genannt.[696] Fraglich ist aber zunächst, welche „Gefahr" auf den Dritten übergegangen sein muß, die Preisgefahr oder die Leistungsgefahr? Unter der Preisgefahr (Gegenleistungsgefahr) versteht man im Allgemeinen das Risiko einer Partei eines gegenseitigen Vertrages, ihre Leistung erbringen zu müssen, obwohl sie die Gegenleistung nicht mehr erhält.[697] Die Leistungsgefahr umschreibt das Risiko des Schuldners, seine Leistungsanstrengungen grundsätzlich bis zum Eintritt des Leistungserfolges wiederholen zu müssen.[698]

695   Im Ergebnis ebenso *Rau/Sahl*, BB 2000, 1112 (1114).
696   Vgl. nur BFH VIII R 276/81, v. 02.05.1984, BStBl. II 1984, 820 (822); I R 29/97, v. 15.12.1999, BStBl. II 2000, 527 (530); Hessisches FG 1 K 2287/00, v. 17.01.2001, EFG 2001, 898; FG Düsseldorf 17 K 3669/98 F, v. 04.03.2002, EFG 2002, 693 (694); 6 K 3666/98, v. 10.09.2002, EFG 2003, 20; FG Köln 5 K 4396/03, v. 05.10.2005, EFG 2006, 182; jeweils m.w.N.
697   Vgl. *Medicus*, Bürgerliches Recht, Rn. 272.
698   Vgl. *Medicus*, Bürgerliches Recht, Rn. 271.

## (1) Übergang der Leistungsgefahr

Bei einem Übergang der Leistungsgefahr müßte der Schuldner der Wertpapiere seine Leistungsbemühungen bis zum Eintritt des Leistungserfolges, der Verschaffung des Eigentums an den gewünschten Aktien, wiederholen. Im Kaufrecht des BGB endet die Leistungsgefahr gemäß § 243 Abs. 2 BGB oder § 300 Abs. 2 BGB. Der Übergang der Leistungsgefahr auf den Schuldner der Aktien bedeutet für den Erwerber, daß der Schuldner seine Leistungsbemühungen grundsätzlich bis zur Übereignung der Aktien auf den Erwerber fortsetzen muß. In dieser Phase kann der Erwerber den Eigentümer der begehrten Aktien jedoch noch nicht von dessen Einwirkung darauf ausschließen. Eine Zurechnung der Aktien nach dem Übergang der Preisgefahr auf den Schuldner kommt daher nicht in Betracht, zumal der potentielle Erwerber beim Erwerb der Aktien im Effektengiroverkehr gar nicht weiß, wer der beauftragten Bank die Aktien schuldet.

## (2) Übergang der Preisgefahr

Bei einem Übergang der Preisgefahr auf den Dritten müßte dieser den Kaufpreis leisten, ohne daß noch eine Verpflichtung zur Verschaffung des Eigentums an Aktien bestünde. Die Zurechnung eines Wirtschaftsgutes bei dem Dritten ist nicht möglich, wenn feststeht, daß das Wirtschaftsgut nicht (mehr) verschafft wird. § 446 Satz 1 BGB meint die Preisgefahr,[699] setzt dabei jedoch die Übergabe der Sache voraus. Geht die Sache nach der Übergabe zufällig unter oder verschlechtert sie sich, so schuldet der Käufer gleichwohl den Kaufpreis; er trägt aufgrund der Übergabe die Sachgefahr,[700] hat damit aber vor dem Untergang der Sache auch Besitz.

Eine Zurechnung des übergebenen Wirtschaftsgutes ab dem Zeitpunkt der Übergabe und vor der Einigung über den Eigentumsübergang wäre gemäß § 39 Abs. 2 Nr. 1 Satz 1 AO denkbar, z.B. beim Kauf unter Eigentumsvorbehalt. Bei Aktien in Eigen- oder Sonderverwahrung ist diese Möglichkeit auch ohne weiteres gegeben. Die Zurechnung beruht dann aber weniger auf dem Gefahrübergang, sondern auf dem Übergang des Besitzes. Bei girosammelverwahrten Aktien ist jedoch für Übergabe und Gefahrübergang eine Umbuchung erforderlich. Ein Gefahrübergang ist deshalb erst mit Einbuchung in das Depot des Erwerbers möglich. Ohne eine Umbuchung schuldet der Erwerber auch nicht den Kaufpreis für die Aktie.[701] Andererseits: Mit der Einbuchung in sein Depot hat der Inhaber

---

699  Vgl. *Medicus*, Bürgerliches Recht, Rn. 274.
700  Vgl. Palandt-*Weidenkaff*, BGB, § 446 Rn. 14 f.
701  Vgl. zum Gefahrübergang hier auch *Rau/Sahl*, BB 2000, 1112 (1114).

beim regelmäßigen Ablauf eines Effektengeschäftes zugleich zivilrechtliches Eigentum erworben, so daß das Kriterium des Gefahrübergangs bei girosammelverwahrten Aktien nicht zu einem vom zivilrechtlichen Eigentum abweichenden wirtschaftlichen Eigentum führt.

### e. Nutzungen und Lasten – Kurschancen und Kursrisiken

Als weiteres Indiz für das Erlangen wirtschaftlichen Eigentums wird der Übergang der mit dem Wirtschaftsgut verbundenen Nutzungen und Lasten genannt, die sich bei Wertpapieren im wesentlichen in Kurschancen und Kursrisken ausdrücken. Auch diese Terminologie scheint dem Kaufrecht entlehnt. Gemäß § 446 Satz 2 BGB gebühren dem Käufer ab der Übergabe einer gekauften Sache deren Nutzungen und er trägt die Lasten. Ob die mit der Aktie verbundenen Kurschancen und -risiken auf den Dritten oder einen anderen übergehen, spielt allerdings für den wirtschaftlichen Ausschluß des Eigentümers von der Einwirkung auf das Wirtschaftsgut zunächst keine Rolle.[702] Die Kurschancen und -risiken werden erst bei einer Veräußerung der Aktien realisiert. Die Befugnis, sachenrechtlich über die Aktie zu verfügen, verbleibt stets beim Aktionär. Der aus den Kurschancen und -risiken resultierende Veräußerungsgewinn oder -verlust wäre jedoch einem Dritten zuzurechnen, wenn dieser wirtschaftlicher Eigentümer der veräußerten Aktien war. Das bedeutet: Der Übergang der Kurschancen und -risiken ist nur eine Folge des wirtschaftlichen Eigentums. Entscheidend für das Innehaben der Kurschancen und das Tragen der Kursrisiken ist jedoch der vorhergehende Übergang wirtschaftlichen Eigentums.

### f. Resümee zu den Kriterien des Dividendenstripping-Urteils

Die Anknüpfung an den Übergang von „Besitz (oder einer vergleichbaren letztlich unentziehbaren Position) und Gefahr" auf den Erwerber paßt bei einzel- oder sonderverwahrten Aktien. Bei diesen Verwahrformen gibt es nach wie vor einen Besitzübergang und damit auch einen Gefahrübergang wie bei sonstigen beweglichen Sachen.

Bei girosammelverwahrten Aktien sind die Kriterien des Dividendenstripping-Urteils nicht geeignet. Denn beim Aktienkauf im Wege des Effektengeschäftes sind die verlangten Voraussetzungen vor der Einbuchung der Aktien in das Depot des Erwerbers nicht gegeben mit der Folge, daß zwischen der Erteilung der Kauforder und der Erfüllung (mit der Übertragung zivilrechtlichen Eigentums) kein vom zivilrechtlichen Eigentum abweichendes wirtschaftliches

---

702  A.A. *Tschesche*, Wpg 2002, 965 (972).

Eigentum bestehen kann. Solange sich die Aktie noch im Depot des Veräußerers befindet, ist dieser noch zivilrechtlicher Eigentümer und weder Besitz noch Gefahr sind auf den Erwerber übergegangen. Über die Ausübung des Stimmrechts entscheidet noch der Veräußerer; die Dividenden werden ihm gutgeschrieben. Erst wenn die Aktien im Depot des Erwerbers eingebucht sind, hat dieser Kenntnis vom Besitzübergang und der Gefahrübergang hat stattgefunden. Der Erwerber ist dann Aktionär mit Stimmrecht und Gewinnbezugsrecht, hat als Eigentümer auch die Kurschancen und trägt die Kursrisiken. Eine vorherige Phase, in welcher der Erwerber bereits wirtschaftlicher Eigentümer der Aktien wäre, gibt es nicht. Zum selben Ergebnis führt es, wenn man auf den Einfluß des Erwerbers auf die Ausübung des Stimmrechts und des Gewinnbezugsrechts abstellt, da sich Erwerber und Veräußerer bei einem gewöhnlichen Effektengeschäft nicht kennen.

Die von der Rechtsprechung aufgestellten Kriterien bieten darüber hinaus und unabhängig von der Verwahrungsform auch keine Lösung, wenn es um wirtschaftliches Eigentum an Aktien außerhalb des Aktienkaufs geht, wo es insbesondere keinen „Besitz- und Gefahrübergang" gibt, weil die Aktie im Besitz/ Depot des zivilrechtlichen Eigentümers verbleibt.

*5. Neuere Rechtsprechung zum wirtschaftlichen Ausschluß*

Ein Urteil des Finanzgerichts Köln vom 5. Oktober 2005[703] zur Gewährung von Aktienoptionen läßt möglicherweise eine neue Rechtsprechungstendenz zum wirtschaftlichen Eigentum an Aktien erkennen. Streitig war hier der Zeitpunkt des Zuflusses des geldwerten Vorteils aus der Ausübung von Aktienoptionen bei Arbeitnehmern. Nach Ansicht des Finanzgerichts Köln erlangt derjenige, der die Option ausübt, erst mit deren Einbuchung in sein Depot wirtschaftliche Verfügungsmacht über die Aktien. Wirtschaftliches Eigentum sei erst zu bejahen, falls der Arbeitnehmer sowohl den Nutzen aus den Aktien als auch die Verwertungsmöglichkeit (Verfügung i.S. eines Verkaufs, Pfändung oder Ähnlichem) habe. Dies sei jedoch erst der Fall, wenn dem Aktionär auch das zivilrechtliche Eigentum an den Aktien und das damit verbundene Stimm- und Dividendenrecht zustehe.[704] Daraus folgert das Finanzgericht Köln, daß wirtschaftliches und zivilrechtliches Eigentum wegen des Umbuchungserfordernisses zum gleichen Zeitpunkt übergehen, nämlich mit der Einbuchung in das Depot des Optionsberechtigten. Im Ergebnis wird dann das wirtschaftliche Eigentum durch das Abstellen auf den Nutzen und die Verwertungsmöglichkeit indirekt mit dem mit der Aktie verbundenen Stimm- und Gewinnbeteiligungsrecht verknüpft. Das Finanzgericht

---

703  FG Köln 5 K 4396/03, v. 05.10.2005, EFG 2006, 182.
704  Vgl. FG Köln 5 K 4396/03, v. 05.10.2005, EFG 2006, 182 (183).

Köln begründet dies damit, daß die Ausübung der wirtschaftlichen Verfügungsmacht den körperlichen Besitz der Aktie voraussetze, was wiederum die Umbuchung in das Depot des Optionsberechtigten oder die Übergabe der Aktie verlange. Ansonsten sei dem Optionsberechtigten kein Nachweis seiner Aktionärseigenschaft möglich.[705]

Die Anknüpfung des Finanzgerichts Köln an das Stimm- und Gewinnbeteiligungsrecht deckt sich mit der hier vertretenen Meinung. Allerdings stellt das Finanzgericht Köln primär auf die spezielle Situation des Aktienoptionsrechts („... in Fällen, wie dem vorliegenden...") ab und ist im übrigen sehr restriktiv, weil für wirtschaftliches Eigentum eine wirtschaftliche Verfügungsmacht gefordert wird, die das Innehaben der Verwertungsmöglichkeit in Form von Verkauf, Pfändung oder Ähnlichem einschließt, was wiederum den körperlichen Besitz der Aktie voraussetzt. Hinsichtlich des bei (giro-) sammelverwahrten Aktien problematischen Besitzerfordernisses weicht das Finanzgericht Köln mithin nicht vom Dividendenstripping-Urteil des Bundesfinanzhofes ab.

Wie bereits ausgeführt, kann für das Vorliegen wirtschaftlichen Eigentums weder zwingend auf den Besitz noch auf die Verfügungsmacht abgestellt werden. Die sachenrechtliche Verfügungsbefugnis verbleibt stets beim zivilrechtlichen Eigentümer, hat allerdings keinen Wert mehr, wenn ein Dritter den Eigentümer von der Einwirkung auf die Aktie wirtschaftlich ausschließt und das verfügbare zivilrechtliche Eigentum damit zu einer für den Eigentümer wertlosen Hülle wird. Darf der Aktionär ohne Zustimmung des Dritten die Anteile weder übertragen noch verpfänden oder anderweitig belasten, so ist dies ein Indiz für das wirtschaftliche Eigentum des Dritten.[706] Das allein genügt jedoch nicht. Ansonsten würde eine gewöhnliche Vinkulierung bei Namensaktien zu einem vom zivilrechtlichen Eigentum abweichenden wirtschaftlichen Eigentum (der AG!) führen.

### 6. Wirtschaftliches Eigentum an GmbH-Anteilen im Vergleich

Die Rechtsprechung des Bundesfinanzhofes zum wirtschaftlichen Eigentum an Aktien deckt sich teilweise mit der zum wirtschaftlichen Eigentum an GmbH-Anteilen. Zwar wird der GmbH-Anteil im Gegensatz zur Aktie nicht in einer Urkunde verkörpert und nicht sachenrechtlich, sondern zessionsrechtlich übertragen, was den gutgläubiger Erwerb eines GmbH-Anteils ausschließt; und mangels Sacheigenschaft ist der GmbH-Anteil auch nicht besitzfähig. Gleichwohl gibt es Parallelen. Bei beidem handelt es sich um Mitgliedschaftsrechte an Kapitalge-

---

705  Vgl. FG Köln 5 K 4396/03, v. 05.10.2005, EFG 2006, 182 (183).
706  Vgl. FG Düsseldorf 6 K 44/80, v. 12.04.1989, Abfrage unter www.jurisweb.de, Rz. 47.

sellschaften. Unverbriefte Aktien werden ebenso wie GmbH-Anteile mittels Abtretung übertragen. Löst man sich gedanklich von der Aktienurkunde und stellt die Aktie als Mitgliedschaftsrecht in den Vordergrund, so können sich aus einem Vergleich mit den Kriterien des wirtschaftlichen Eigentums an GmbH-Anteilen durchaus für Aktien passende Lösungen ergeben.

### a. Rechtsprechung zum wirtschaftlichen Eigentum an GmbH-Anteilen

Laut dem Bundesfinanzhof ist im Fall des Verkaufs eines GmbH-Anteils wirtschaftliches Eigentum des Käufers „jedenfalls dann anzunehmen, wenn dieser

(i)   aufgrund eines (bürgerlich-rechtlichen) Rechtsgeschäfts bereits eine rechtlich geschützte, auf den Erwerb des Rechts gerichtete Position erworben hat, die ihm gegen seinen Willen nicht mehr entzogen werden kann, und

(ii)  die mit dem Anteil verbundenen wesentlichen Rechte sowie

(iii) das Risiko der Wertminderung und die Chance einer Wertsteigerung auf ihn übergegangen sind."[707]

Maßgebend ist auch hier wieder das „Gesamtbild der Verhältnisse". Eine vom zivilrechtlichen Eigentum abweichende Zuordnung kann daher auch in Betracht kommen, wenn nicht alle Voraussetzungen in vollem Umfang erfüllt sind. Zudem ist nicht das formal Erklärte, sondern „das wirtschaftlich Gewollte und das tatsächlich Bewirkte" entscheidend.[708] Hinsichtlich des Erwerbs einer rechtlich geschützten Position sowie des Übergangs des Risikos der Wertminderung und der Chance der Wertsteigerung überschneidet sich die Rechtsprechung zum GmbH-Anteil mit der zum wirtschaftlichen Eigentum an Aktien.[709] Zusätzlich stellt der Bundesfinanzhof in seinen Entscheidungen zu GmbH-Anteilen jedoch darauf ab, daß die Verkäufer keine wesentlichen Gesellschafterrechte in einem Umfang zurückbehalten, der den Übergang des wirtschaftlichen Eigentums ausschließt. Ausschlaggebend sind dabei das Stimmrecht und das Gewinnbezugsrecht.[710] Im Fall

---

707  So BFH VIII R 32/04, v. 11.07.2006, GmbHR 2007, 49 (51) m.w.N.

708  Vgl. BFH VIII R 32/04, v. 11.07.2006, GmbHR 2007, 49 (51).

709  Der BFH hat den Erwerb einer rechtlich geschützten Position beispielsweise angenommen (BFH VIII R 32/04, v. 11.07.2006, GmbHR 2007, 49 ff.), als einer Käuferin ein unwiderrufliches Ankaufsrecht eingeräumt worden war, bei dem sie die Anteilsrechte innerhalb eines bestimmten Zeitraums jederzeit erwerben konnte. Gleichzeitig hatten die Verkäufer während dieser Zeit ein unwiderrufliches Andienungsrecht (sog. Doppeloption) und Verfügungen über die Geschäftsanteile bedurften während der Optionszeit der Zustimmung aller Gesellschafter (zu denen auch die Käuferin gehörte).

710  Vgl. BFH IV R 226/85, v. 10.03.1988, BStBl. II 1988, 832 (834 f.); VIII R 5/00, v. 18.12.2001, DStRE 2002, 687; VIII R 26/01, v. 17.02.2004, DStRE 2004, 744; VIII R 28/02, v. 17.02.2004, DStRE 2004, 886; VIII R 34/01, v. 18.05.2005,

eines unwirksamen Kaufvertrages zwischen Fremden über einen GmbH-Anteil hat der Bundesfinanzhof festgestellt, daß das wirtschaftliche Eigentum übergehe, wenn in dem Vertrag das Gewinnbezugsrecht übertragen, das Stimmrecht eingeräumt oder eine Stimmrechtsbindung des zivilrechtlichen Gesellschafters an die Interessen des Erwerbers vereinbart worden sei, und wenn die getroffenen Vereinbarungen und die formwirksame Abtretung in der Folgezeit tatsächlich vollzogen würden.[711]

### (1) Beschränkung der Ausübung des Stimmrechts bei GmbH-Anteilen

Die Beschränkung der formalen äußeren Rechtsposition des zivilrechtlichen Eigentümers durch die Befugnisse des Erwerbers im Innenverhältnis kann sich aus einer ausdrücklichen Stimmrechtsvereinbarung ergeben, ist aber auch ohne ausdrücklich getroffene Vereinbarung möglich. Das gilt zum Beispiel – vorbehaltlich abweichender Vereinbarungen[712] – bei der Veräußerung eines Betriebes unter aufschiebender Bedingung. Aus den §§ 160 Abs. 1, 161 Abs. 1 BGB folgt nämlich, daß das vom Eintritt der Bedingung abhängige Recht während der Schwebezeit nicht beeinträchtigt werden darf. Der Veräußerer ist damit grundsätzlich gehalten, das formal bei ihm verbliebene Stimmrecht im Interesse des Erwerbers wahrzunehmen, jedenfalls wenn das Gewinnbezugsrecht auf den Erwerber übergegangen ist.[713]

Das Stimmrecht kann nach Ansicht der Rechtsprechung ferner durch die Einräumung effektiver, das heißt im Konfliktfall durchsetzbarer Mitverwaltungsrechte beschränkt sein.[714] So nahm der Bundesfinanzhof[715] an, daß Anteilsrechte

---

DStR 2005, 1849 (1851); VIII R 11/02, v. 08.11.2005, GmbHR 2006, 98 (102); BFH VIII R 32/04, v. 11.07.2006, GmbHR 2007, 49 (52); *Mildner*, GmbHR 2004, 1041 (1042).

711  Vgl. BFH VIII R 26/01, v. 17.02.2004, DStRE 2004, 744 (747).

712  So beispielsweise in BFH VIII R 5/00, v. 18.12.2001, DStRE 2002, 687 (689 f.); VIII R 28/02, v. 17.02.2004, DStRE 2004, 886 (887).

713  Vgl. BFH VIII R 28/02, v. 17.02.2004, DStRE 2004, 886 (887).

714  Vgl. BFH VIII R 34/01, v. 18.05.2005, DStR 2005, 1849 (1852); VIII R 11/02, v. 08.11.2005, GmbHR 2006, 98 (102); VIII R 32/04, v. 11.07.2006, GmbHR 2007, 49 (52).

715  Im Streitfall (BFH VIII R 32/04, v. 11.07.2006, GmbHR 2007, 49) waren die für außergewöhnliche Rechtsgeschäfte notwendigen Beschlüsse der Gesellschafterversammlung mit der Mehrheit der abgegebenen Stimmen zu fassen, wobei der eine Gesellschafter Inhaber von Geschäftsanteilen war, die 501 Stimmen gewährten. Auf die Anteile der anderen Gesellschafter entfielen 500 Stimmen. Lediglich die Erhöhung und Herabsetzung des Stammkapitals, andere Änderungen des Gesellschaftsvertrages oder die Auflösung (Verschmelzung) der Gesellschaft bedurften einer Mehrheit von 75 Prozent der abgegebenen Stimmen.

„insofern des Kernbestands ihrer Mitwirkungsrechte entkleidet" sind, als Gesellschafter bei sämtlichen von der Gesellschafterversammlung mit einfacher Mehrheit zu treffenden Beschlüssen eine gleichberechtigte, im Konfliktfall effektiv durchsetzbare Wahrnehmung ihrer Interessen nicht mehr sicherstellen können. Hintergrund dieser Entscheidung war eine Anteilsveräußerung, bei der die beiden Gesellschafter einer GmbH einen Teil ihrer Anteile an eine Käuferin abgetreten und sich zugleich deren Mehrheitsstimmrecht unterworfen hatten, so daß selbst bei einheitlicher Stimmrechtsausübung der beiden Verkäufer eine effektive Durchsetzung ihrer Interessen gegen den (Mehrheits-)Willen der Käuferin ausgeschlossen war. Dementsprechend hat der Bundesfinanzhof auch einem Sperrminoritätsrecht bei bestimmten satzungsändernden Beschlüssen nicht die Qualität eines für Zwecke des wirtschaftlichen Eigentums wesentlichen Mitwirkungsrechts abgesprochen.[716] Für das wirtschaftliche Eigentum an GmbH-Geschäftsanteilen wird außerdem als relevant angesehen, ob und unter welchen Voraussetzungen die einem Verkäufer verliehenen Geschäftsführungsbefugnisse geeignet sind, eine signifikante Beeinträchtigung der Stimmrechte zu kompensieren.[717] Liegt die Geschäftsführung bei einer Veräußerung unter Eigentumsvorbehalt weiter beim Verkäufer und kann der Erwerber diesen in der Gesellschafterversammlung nicht überstimmen, so wird das als Indiz dafür betrachtet, daß das wirtschaftliche Eigentum nicht übergegangen ist.[718] Damit wird jedoch durchgängig auf die Stimmkraft, den Einfluß des Gesellschafters auf die Gesellschaft, abgestellt und nicht auf den für die Zurechnung maßgebenden Einfluß des Gesellschafters auf das Zurechnungsobjekt, seinen Anteil.

### (2) Bedeutung des Gewinnbezugsrechts

Nach Ansicht des Bundesfinanzhofes ist wirtschaftliches Eigentum ausgeschlossen, wenn das Gewinnbezugsrecht beim zivilrechtlichen Eigentümer verbleibt.[719] Allerdings kann von Bedeutung sein, ob dem Gewinnbezugsrecht wegen der konkreten Regelungen über die Verwendung des Jahresüberschusses und der Ertragsaussichten sowie des vereinbarten Verkaufspreises[720] überhaupt ein wirtschaftlich beachtliches Gewicht zukommt. Demgegenüber ist für den Übergang

---

716  Vgl. BFH VIII R 32/04, v. 11.07.2006, GmbHR 2007, 49 (53).
717  Vgl. BFH VIII R 32/04, v. 11.07.2006, GmbHR 2007, 49 (52).
718  Vgl. dazu BFH VIII R 5/00, v. 18.12.2001, DStRE 2002, 687 (689).
719  Vgl. BFH VIII R 26/01, v. 17.02.2004, DStRE 2004, 744 (747); VIII R 28/02, v. 17.02.2004, DStRE 2004, 886; VIII R 32/04, v. 11.07.2006, GmbHR 2007, 49 (53).
720  Vgl. dazu auch BFH VIII R 5/00, v. 18.12.2001, DStRE 2002, 687 (688).

des wirtschaftlichen Eigentums nicht relevant, ob nach der Einräumung des Gewinnbezugsrechts ausschüttungsfähige Gewinne zu erwarten sind.[721]

## b. Fazit

Die auch beim wirtschaftlichen Eigentum an Aktien gebräuchliche Wendung vom „Erwerb einer rechtlich geschützten, auf den Erwerb eines Rechts gerichteten Position, die dem Käufer nicht mehr ohne weiteres entzogen werden kann", hat ihren Ursprung in der Rechtsprechung zum wirtschaftlichen Eigentum an GmbH-Geschäftsanteilen.[722] Dort ist eine solche Position indes auch leichter zu erwerben, da ein gutgläubiger Erwerb von GmbH-Anteilen wegen der Übertragung im Zessionswege ausgeschlossen ist. Aufgrund der Regelungen der §§ 158, 160, 161 Abs. 1 BGB, wonach jede vertragswidrige Verfügung des Vorbehaltsverkäufers ab Vertragsschluß unwirksam ist, erwirbt der Käufer hier tatsächlich eine unentziehbare, gesicherte Rechtsposition.[723] Der Bundesfinanzhof stellt beim Gewinnbezugsrecht darauf ab, wem der Ertrag zusteht. Kommt dem Gewinnbezugsrecht jedoch kein wirtschaftlich beachtliches Gewicht zu, so soll es für den Übergang des wirtschaftlichen Eigentums nur eine untergeordnete Rolle spielen. Anders als bei Aktien wird bei GmbH-Anteilen für die Frage des wirtschaftlichen Ausschlusses des Eigentümers auch berücksichtigt, ob dieser an der Ausübung der wesentlichen Mitgliedschaftsrechte, Stimmrecht und Gewinnbezugsrecht, gehindert ist. Auf den Besitzübergang wird jedenfalls nicht abgestellt. Das mag daher rühren, daß GmbH-Anteile im Gegensatz zu Aktien zessionsrechtlich und nicht sachenrechtlich übertragen werden. Bezieht man aber bei der Betrachtung von Aktien das ohnehin unabhängig von der Aktienurkunde entstehende und bestehende Mitgliedschaftsrecht mit ein, so ist kein Grund ersichtlich, weshalb hier nicht ebenso wie bei GmbH-Anteilen die Wahrnehmung der wesentlichen Mitgliedschaftsrechte, Stimmrecht und Gewinnbezugsrecht, relevant sein soll.[724]

## V. Wirtschaftlicher Ausschluß im Regelfall für die gewöhnliche Nutzungsdauer

Aktien zählen zu den nicht abnutzbaren Wirtschaftsgütern, deren Nutzungsdauer unendlich lang ist, solange die Aktiengesellschaft selbst existiert. Allerdings führt

---

721  Vgl. BFH VIII R 28/02, v. 17.02.2004, DStRE 2004, 886 (886 f.).
722  Vgl. nur BFH IV R 226/85, v. 10.03.1988, BStBl. II 1988, 832 (834).
723  Vgl. BFH IV R 226/85, v. 10.03.1988, BStBl. II 1988, 832 (834); *Haun/Winkler*, DStR 2001, 1195 (1197).
724  Ausgehend von der selben Schlußfolgerung *Rund*, GmbHR 2001, 96 (97 ff.); *Tschesche*, Wpg 2002, 965 (967).

das nicht zur völligen Bedeutungslosigkeit des Kriteriums „Nutzungsdauer". Entscheidend ist, wie lange der wirtschaftliche Ausschluß des Eigentümers von der Einwirkung auf die Aktie andauern muß, damit die Aktie nicht ihm, sondern dem Dritten zuzurechnen ist. Laut der Rechtsprechung vermitteln auch kurze Haltezeiten die (wirtschaftliche) Zurechnung, wenn dem Berechtigten der wirtschaftliche Erfolg aus der Weiterveräußerung gebührt und er hierbei den Substanzwert der Anteilsrechte realisiert.[725] Dem ist im Ergebnis zuzustimmen. Die Zurechnung ist jedoch nicht davon abhängig, wem der Erfolg aus der Weiterveräußerung gebührt und wer den Substanzwert realisiert, sondern davon ob der Dritte während der Haltezeit direkt oder indirekt Einfluß auf die wesentlichen Mitgliedschaftsrechte des Aktionärs hat. Die Länge der Haltedauer ist dann irrelevant.

---

725   Vgl. BFH VIII R 34/01, v. 18.05.2005, DStR 2005, 1849 (1852).

# Kapitel 4: Thesen

1. Die wirtschaftliche Vermögenszugehörigkeit und das wirtschaftliche Eigentum im Sinne des § 39 Abs. 2 Nr. 1 Satz 1 AO stimmen nicht überein.
2. Die steuerrechtliche Zurechnung erfolgt im Kollisionsfall unabhängig von der Handelsbilanz nach § 39 AO. Die steuerrechtliche Zurechnung von Aktien beurteilt sich allein nach § 39 AO.
3. Tatsächliche Herrschaft über eine Aktie i.S.v. § 39 Abs. 2 Nr. 1 Satz 1 AO ist jeder bestimmende Einfluß auf die Wahrnehmung des Stimmrechts oder des Gewinnbezugsrechts durch den Aktionär. Besitz ist keine Voraussetzung tatsächlicher Herrschaft.
4. Der wirtschaftliche Ausschluß des Aktionärs von der Einwirkung auf die Aktie durch einen Dritten hängt vom Umfang der dem Aktionär verbleibenden Möglichkeiten zur freien Wahrnehmung seines Stimmrechts und seines Gewinnbezugsrechts ab.
5. Je geringer die Einwirkungsmöglichkeiten des Aktionärs auf die Ausübung des Stimmrechts und des Gewinnbezugsrechts sind, umso eher ist die Aktie dem Dritten zuzurechnen. Entscheidend ist das Gesamtbild der Verhältnisse.
6. Kann der Dritte die Ausübung des Stimmrechts beeinflussen, ist ihm eine Aktie zumindest dann zuzurechnen, wenn der Aktionär keinen Einfluß mehr auf die sogenannten Grundlagenentscheidungen und/oder die Bestellung bzw. Abberufung des Aufsichtsrates hat.
7. Hinsichtlich des Gewinnbeteiligungsrechtes ist entscheidend, ob der Aktionär über den Dividendenausschüttungsanspruch verfügen kann.
8. Beim Kauf girosammelverwahrter Aktien im Wege des Effektengeschäftes gibt es zwischen dem Zeitpunkt der Erteilung der Kauforder und der Einbuchung der Aktien in das Depot des Erwerbers keine Phase, in der wirtschaftliches Eigentum entstehen kann. Das gilt auf Erwerber- wie auf Veräußererseite.

Alexandra Isaakidis

# Die „wertpapierfreie" Aktie

**Eine Analyse der Verkehrsfunktionen der verbrieften Aktie im deutschen Recht sowie eine Synopse des griechischen Rechts der verbrieften Aktie Zugleich eine rechtsvergleichende Untersuchung zur Gewährleistung der Verkehrsfunktionen im modernen Effektenhandel**

Frankfurt am Main, Berlin, Bern, Bruxelles, New York, Oxford, Wien, 2007. 199 S.
Europäische Hochschulschriften: Reihe 2, Rechtswissenschaft. Bd. 4501
ISBN 978-3-631-56028-0 · br. € 41.10*

Der Gesetzgeber hat in den letzten Jahren mithilfe des KonTraG, des NaStraG und des UMAG das Aktienrecht modernisiert. Ausgeschöpft ist der Reformbedarf jedoch nicht. Ungelöst bleibt die Problematik, dass seit langem an die Stelle des Aktienwertpapiers elektronische Buchungen in den Depotbüchern der Banken getreten sind. Veräußerung, Erwerb und Nachweis der Aktionärseigenschaft werden jedoch weiterhin papierbezogen konstruiert. Als Stütze für die sachenrechtliche Erfassung des Effektenwesens dient die Globalurkunde. Mit den rechtsdogmatischen Problemen dieser Vorgehensweise setzt sich die Autorin auseinander. In einem ersten Schritt untersucht sie, ob die Globalaktie Wertpapierfunktionen zu gewährleisten vermag. In einem zweiten Schritt analysiert sie die Möglichkeit, das Aktienwertpapier durch eine Eintragung in ein neutrales, zentrales und öffentliches Register zu ersetzen. Dabei wird rechtsvergleichend auf die griechischen Erfahrungen mit der seit 1996 praktizierten zentralen Registrierung der Aktien auf namentlichen Konten der Aktionäre in einem neutralen öffentlichen Register zurückgegriffen. In einem letzten Schritt präsentiert die Autorin eigene Lösungsvorschläge.

*Aus dem Inhalt*: Wertpapierfunktionen der Globalaktie · Rationalisierung des Effektengiroverkehrs · Zentralregisterlösung · Wertpapierfreies Effektenwesen · Die entmaterialisierte Aktie in Griechenland

Frankfurt am Main · Berlin · Bern · Bruxelles · New York · Oxford · Wien
Auslieferung: Verlag Peter Lang AG
Moosstr. 1, CH-2542 Pieterlen
Telefax 0041 (0) 32/376 17 27

*inklusive der in Deutschland gültigen Mehrwertsteuer
Preisänderungen vorbehalten
**Homepage http://www.peterlang.de**

Peter Lang · Internationaler Verlag der Wissenschaften